Hermann Scharnagl

DER TRIATHLON-TRAINER

DIE BESTEN PROGRAMME

Unter Mitarbeit
von Stefanie Soeder

Rowohlt Taschenbuch Verlag

Originalausgabe

Veröffentlicht im Rowohlt Taschenbuch Verlag GmbH,
Reinbek bei Hamburg, Juni 2001

Umschlaggestaltung any.way, Barbara Hanke/Cordula Schmidt
(Fotos: Tony Stone Images, Rob Thomas/VCL, Bavaria/Bongarts, Frank Peters)
Koordination und Redaktion AMS Autoren und Medienservice, Reute
Layout, Graphiken, Satz AMS/Rudolf Kempf
Druck und Bindung Clausen & Bosse, Leck
Printed in Germany
ISBN 3 499 61012 4

Inhalt

Einführung

Vierzig oder darüber und noch möglichst viele schöne Jahre voller Vitalität und Lebensfreude – wer wünscht sich das nicht? Die Jugend ist zwar vorbei, aber das Beste haben Sie vielleicht noch vor sich, denn «im Leben liegt der Zucker auf dem Boden der Tasse», wie es in diesem Zusammenhang ein amerikanischer Psychologe treffend sagte. Für Frauen und Männer im mittleren Alter Motivation genug, um dank der «schönsten Nebensache der Welt», durch Ausdauersport, leistungsfähig und erfolgreich zu bleiben. Das schafft auch beste Voraussetzungen dafür, um später bei guter Gesundheit all das ernten zu können, was im Leben gesät wurde.

Mit dem Lebenselixier Ausdauersport gute Voraussetzungen schaffen, um auch später bei guter Gesundheit ernten zu können, was im Leben gesät wurde

Der Schlüsselbegriff dazu heißt Fitness, umfassend verstanden als körperliche, geistige und seelische Fitness: als Dreiklang voller Wechselwirkungen, der seine Entsprechung auch in den drei faszinierenden Sportarten Schwimmen, Radfahren, Laufen hat. Im Triathlon sind sie abwechslungsreich vereint und bilden die ideale Form des Ausdauersports. Dazu ein eindrucksvoller Beleg: Im Auftrag der Zeitschrift *Focus* wurden 50 Sportarten analysiert und verglichen. Diese Untersuchung liegt zwar schon einige Jahre zurück, ist aber in ihrer Relevanz keiner kurzlebigen Aktualität unterworfen. Als wichtigste Parameter dienten Fitness, Sicherheit, Gesundheit und Umwelt. In Bezug auf Fitness wurden die positiven Auswirkungen auf Ausdauer, Kraft, Kraftausdauer, Koordination, Gelenkigkeit und Schnelligkeit bewertet. Der Gesamtwert für die einzelnen Sportarten summiert sich aus den Noten für Gesundheit und Umwelt. Dabei kam bei immerhin 50 untersuchten Sportarten Triathlon auf Platz 1!

Von 50 untersuchten Sportarten Triathlon auf Platz 1

Auch ein Aufsatz des Freiburger Sportmediziners Martin Huonker, Verbandsarzt der Deutschen Triathlon Union (DTU), zum Thema «Triathlonsport aus internistischer Sicht: Nutzen/Risiken» veranschaulicht, dass «Triathlon als Gesundheitssport mit dem Motiv der Gesundheitsförderung im internistischen Bereich in erster Linie das

Mit Triathlon als Gesundheitssport können Herz-Kreislauf-Erkrankungen minimiert werden

Risikoprofil für eine frühzeitig einsetzende Arteriosklerose und den damit verbundenen vielfältigen Organerkrankungen des Herz-Kreislauf-Systems (Herzinfarkt, Schlaganfall u. a.) minimiert».

Es klingt zwar banal, ist aber zutreffend: Wer regelmäßig etwas für seinen Körper tut, bleibt auch seelisch aktiv. Wer Stress in Alltag und Beruf abbaut, hat mehr Lebensfreude. Und wer den Ausdauersport mit herrlichen Naturerlebnissen verbindet und sich des Lebens freut, der spürt auch, dass die körperliche Gesundheit davon profitiert. Abwechslung erfreut – in einer Zeit, die immer hektischer wird, scheinbar keine Grenzen materiellen Wachstums kennt, ist es eine Wohltat für die Seele, mit den Elementen der Natur in Berührung zu kommen, beim Schwimmen im beruhigend und zugleich anregenden Wasser, bei einer frischen Brise das Grün der Bäume auf dem Rad zu genießen oder beim Laufen im Wald die Wunder der Natur zu erleben, die Leichtigkeit des Seins zu spüren und zu erkennen: Was wir brauchen, um glücklich zu leben, ist weitaus weniger, als wir manchmal glauben.

Triathlon als vorzügliche Schule für Willenskraft und mentale Stärke

Schließlich ist Ausdauersport, wie er in der faszinierenden Sportart Triathlon in idealer Weise praktiziert wird, zugleich eine vorzügliche Schule für Willenskraft und mentale Stärke. So ist es auch kein Zufall, dass zum Beispiel der Ausdauersportler Hubert Schwarz, Triathlon-«Urgestein» und mit seinen 40 «plus weiteren Jahren» immer noch einer der erfolgreichsten Ausdauersportler der Welt – Ironman, Ultraman, u.a. erster deutscher erfolgreicher Teilnehmer am Radmarathon Race Across America, der um Australien und zweimal, 1996 und im Jahr 2000, um die Welt radelte – vor 1500 Managementberatern in der Frankfurter Alten Oper einen mitreißenden Vortrag über Motivation und die Kraft des Willens hielt. Einer, für den nichts unmöglich ist, der nicht aufgibt und seinen Sport dafür einsetzt, Kindern in Not zu helfen.

Nicht aufgegeben hat auch Lance Armstrong, der über den Triathlon erfolgreicher Radprofi und zum Inbegriff von Seelenstärke und der Kraft des Willens wurde. Im Oktober 1996 schien seine Kariere beendet: Krebs wurde diagnostiziert. Von den meisten schon abgeschrieben, kämpfte Lance gegen die Zeit und den Krebs. Er besiegte die schreckliche Krankheit und startete bereits 1998 sein unglaubliches Comeback: Sieger der «Luxemburg-Rundfahrt», der «Rheinlandpfalz-Rundfahrt» und – Krönung seiner unbeugsamen Willensstärke – zweifacher Sieger der Tour-de-France. Ein Todgeweihter, der sich nicht fallen ließ, der «Junior», wie ihn anerkennend Mark Allen nannte, weil Lance Armstrong einst der jüngste Triathlet im US-Team war und dennoch auf hohem Niveau mithalten konnte.

Prominente Persönlichkeiten als Beispiel und Inbegriff von Seelenstärke und der Kraft des Willens

Auch die Lebensgeschichte von Andreas Niedrig – wenn auch etwas anders gelagert – ist ein eindrucksvoller Beweis für die Richtigkeit der Triathlon-Philosophie: «Du kannst alles, du musst es nur wollen.» Noch vor wenigen Jahren ein Junkie, ist Andreas heute ein Weltklasse-Triathlet, der sportliche Höchstleistungen liefert, Alkohol, Drogenhandel und Beschaffungskriminalität hinter sich gelassen hat. Ein toller Sportler und Mutmacher für viele Betroffene und ihre Angehörigen, der heute in seiner neu erworbenen Freiheit von einer ungeahnten Qualität des Lebens spricht und der zeigt, dass Drogenabhängigkeit kein unabänderliches Schicksal ist und es für jede/jeden eine Chance gibt, den Weg aus dem Labyrinth der Sucht zu finden.

Körpererlebnis, Naturerlebnis, Grenzerfahrung und seelisch-geistiges Wohlbefinden – in dieser Vielfalt bietet Triathlon wohl eine einmalige Verbindung für alle. Deshalb war der Triathlon-Sport von Beginn an auch eine großartige Herausforderung für Frauen, denn Seelenstärke, Willenskraft und Ausdauerfähigkeit waren schon immer ihre besonderen Eigenschaften, mit denen sie Männern in nichts nachstehen, sondern im Gegenteil aufgrund einiger konstitutioneller Merkmale wie geringerem Körpergewicht, verbessertem Fettstoffwechsel im Ausdauerleistungsbereich Männern gegenüber sogar begünstigt scheinen. Wenn man bedenkt, dass der Frauensport erst 1928 in das olympische Programm aufgenommen wurde und noch bei den Olympischen Spielen in Mexiko City 1968 die längste Frauenlaufstrecke 800 m betrug, zeichnet die Sportart Triathlon auch aus, dass Frauen von Anfang an hier gleichberechtigt «mitmischen» konnten: in Deutschland neben einer Reihe sehr erfolgreicher Triathletinnen beispielsweise Alexandra Kremer, die mit bravourösen Leistungen begeisterte, schon 1985 Europameisterin wurde und immer in der Weltspitze zu finden war. Ebenso rasant entwickelte sich Triathlon in unseren Nachbarländern Österreich und in der Schweiz, mit den Glanzpunkten Sydney 2000 für die Schweiz und Deutschland, um an dieser Stelle wieder eine Brücke in die Gegenwart zu schlagen.

Tolle Leistungen im Spitzensport tragen stets auch positiv zum Breitensport bei

In Sydney erlebten wir die olympische Premiere der Sportart Triathlon als mitreißende Werbung für einen Dreikampf, von dem sowohl beim Medaillen-Wettstreit der 48 Frauen als auch am Tag darauf dem der 52 Männer die über 300 000 Zuschauer und viele Millionen Menschen am Fernsehschirm gar nicht genug bekommen konnten. Bei den Frauen siegte Brigitte McMahon aus der Schweiz. «Was die Schweizerin da gemacht hat, ist unglaublich, kaum in Worte zu fassen», so kommentierte unmittelbar nach dem Wettkampf Anja Dittmer aus Deutschland, Europameisterin 1999 und WM-Fünfte 2000, den Auftritt von Brigitte McMahon bei der olympischen Premiere des Triathlon. «Unterwegs habe ich schon ein paarmal von dieser Situation geträumt, den letzten Kilometer und dann das Zielband vor Augen», erzählte die Schweizerin hinterher von dem Erlebnis, das Sportgeschichte schrieb. Erste Olympiasiegerin im Triathlon aus unserem Nachbarland, was diese Sportart – im Leistungs- wie im Breitensport – sicher in unseren Breiten auch bei den Frauen noch beliebter macht.

Bei den Männern siegte der Kanadier Simon Whitfield, der auf den letzten 400 Metern den Deutschen Stephan Vuckovic überlief und noch 13,56 Sekunden Vorsprung herauspowerte. Doch der 28-jährige Olympia-Vize aus Reutlingen hatte aus seiner Sicht nicht Gold verloren, sondern Silber gewonnen. «Ich bin der glücklichste Mann», rief StephanVuckovic nach dem Zieleinlauf aus – auch er ein toller Botschafter für diese faszinierende Sportart, die jede/jeder ausüben kann, der keine Altersgrenzen gesetzt sind und bei der das Ankommen wichtiger ist als Zeit und Platzierung, vor allem im Triathlon als Breiten- und Gesundheitssport. Haben auch Sie Appetit bzw. noch mehr Appetit auf diesen herrlichen Sport bekommen?

«Der Körper von fast jedem Menschen ist trainierbar – in jedem Alter!»

Sie müssen nur richtig trainieren. Ihr Training soll vor allem Spaß machen, Ihr Wohlbefinden steigern – körperlich und seelisch. Sie sollten sich keine zu extremen Ziele setzen, verbissene Aktivität bis zur totalen Erschöpfung bringt nichts, ist sogar schädlich. Dieses Buch will Ihnen deshalb helfen, dass Sie Schritt für Schritt die nötige Fitness für diesen Sport erwerben, Ihr Training methodisch verfeinern und Ihre Leistung auf einem bestimmten Niveau halten. Wichtig ist dabei, dass Sie Ihr Training richtig angehen. Die falsche Ausübung zum Beispiel des Lauftrainings kann nicht nur zu akuten Verletzungen, sondern auch zu langwierigen Dauerschäden führen.

Das Ankommen – wie hier mit einem Freudensprung als Selbstbelohnung – ist für Triathleten, Frauen wie Männer, vor allem im mittleren und höheren Lebensalter wichtiger als Zeit und Platzierung

Der thematisch weit gespannte Bogen dieses Triathlon-Trainers

Diese und andere Verletzungsgefahren zu vermeiden, ist ebenfalls ein wichtiges Anliegen dieses Triathlon-Trainers. Der Bogen in diesem Buch ist daher weit gespannt: Er reicht von Tipps und Tricks, Tests und Übungsprogrammen für Einsteiger über Crosstraining bis hin zu Programmen, die der methodischen Verfeinerung des Trainings für Fortgeschrittene im leistungsorientierten Wettkampf dienen. Je ein Kapitel über Regeneration und richtige Ernährung runden die Darstellung ab, ein Serviceteil mit Glossar, nützlichen Adressen und Literaturhinweisen zu Spezialfragen trägt zusätzlich dem Informationsbedürfnis der auch im leistungsorientierten Breiten- und Gesundheitssport immer größer werdenden Triathlon-Sportgemeinde Rechnung.

Für Fitness ist es nie zu spät

Und ein Wort des Trostes soll an dieser Stelle ebenfalls nicht fehlen. Auch wenn Sport bisher ein Fremdwort für Sie war: Es ist nie zu spät dafür. Der Sportmediziner Thomas Wessinghage, früher ein As über 1500 und 5000 Meter, meint dazu: «Der Körper von fast jedem Menschen ist trainierbar – in jedem Alter!» Sie sind dazu herzlich eingeladen.

Reute im Breisgau *Hermann Scharnagl*

Lebenselixier Triathlon

Vom Leistungs- zum Gesundheitssport

Der besondere Reiz, den diese Sportart ausübt und Triathlon innerhalb kurzer Zeit attraktiv und populär gemacht hat, ist sicher darin zu sehen, dass beim Triathlon die beliebtesten Ausdauersportarten miteinander kombiniert sind. In dieser Kombination wird ein hohes Maß an Vielseitigkeit der körperlich-geistigen Beanspruchung sowohl im Training als auch im Wettkampf erreicht. Außerdem wird dadurch die Eintönigkeit des Ausdauertrainings in einer einzelnen Sportart weitgehend eliminiert und eine Überlastungsgefahr für den Bewegungsapparat bei richtigem Training und Wettkampfverhalten vermieden. So wirkt sich beispielsweise die geringe statische Belastung des Körpers beim Schwimmen und Radfahren günstig aus, denn was den aktiven Bewegungsapparat betrifft, so kommen beim Schwimmen vorwiegend die Muskelgruppen der Arme und Schulter und beim Radfahren und Laufen überwiegend die Beinmuskeln zum Einsatz.

Faszination Triathlon – abwechslungsreich sowohl im Training als auch im Wettkampf

Nicht weniger attraktiv sind die einzelnen Leistungsbereiche des Triathlonsports, der wie andere Sportarten ebenso unter sehr unterschiedlichen Leistungsanforderungen betrieben werden kann:

- als Leistungs- und Hochleistungssport bzw. Spitzensport mit dem Ziel, regionale, nationale und internationale Spitzenleistungen zu erbringen
- als Breitensport, wobei das Leistungsstreben noch im Vordergrund steht, da eine jeweilige persönliche Bestleistung angestrebt wird
- als Gesundheitssport, wobei das Motiv den Ausschlag gibt, durch körperliche Aktivität Wohlbefinden, Gesundheit und Fitness zu steigern bzw. zu verbessern und so im Sinne von Prävention das Auftreten von Krankheiten zu verhüten

Die Leistungsbereiche, in denen Triathlon betrieben werden kann

Zwischen 40 und 60 – wie fit bin ich?

Wie sich der Alterungsprozess verlangsamen lässt

Die Anpassungsfähigkeit Ihres Körpers ist in den einzelnen Lebensabschnitten äußerst unterschiedlich, vor allem wenn Sie nicht regelmäßig etwas für Herz, Kreislauf und Muskelkraft tun, wie z.B. durch Schwimmen, Radfahren und Laufen. Regelmäßiger Sport in jedem Alter – wohldosiert und zur richtigen Zeit – kann den allgemeinen Rückgang von Körperkraft, Ausdauer und Beweglichkeit verlangsamen, den alle Menschen durchmachen.

In der Lebensphase zwischen 40 und 60 machen sich deutlichere Anzeichen des Alterns bemerkbar: Der Stoffwechsel wird allmählich langsamer, was zur Folge hat, dass die Verbrennung von Fett länger dauert und der Körper mehr davon einlagert. Wer Ausdauersport treibt, wirkt diesem Prozess entgegen. In diesem Lebensabschnitt geht das Muskelgewebe um einen gewissen Anteil zurück, z. B. bei untrainierten Männern zwischen 40 und 50 um durchschnittlich 2,8 kg. Sie benötigen aufgrund dieser Umstellung weniger Kalorien, doch ihr Essverhalten ändert sich vermutlich nicht. Ausdauertraining in den beliebten Sportarten Schwimmen, Radfahren, Laufen und in Kombination mit Krafttraining ist bestens geeignet, Fett abzubauen und die Muskulatur zu stärken.

Generell erhöht Ausdauertraining die physische und psychische Leistungsfähigkeit bzw. Belastbarkeit im beruflichen wie privaten Bereich, steigert das Wohlbefinden und fördert so die Gesundheit. Insbesondere wirkt es – zusammen mit der richtigen Ernährung (siehe Seite 132 ff.) – nahezu allen Risikofaktoren für Arteriosklerose bzw. koronare Herzkrankheit entgegen, die neben Krebserkrankungen, dem Tod durch Unfall und den Folgen von Alkoholmissbrauch die Lebenserwartung der Bevölkerung in unseren Industrienationen am stärksten beeinträchtigen.

Verbesserung der Lebensqualität durch regelmäßigen Sport

Es ist zwar nicht nachweisbar, dass Sport Leben verlängern kann, aber die Lebensqualität verbessert er auf alle Fälle. Erwiesen ist, dass 60-Jährige, die regelmäßig und auf vernünftige Weise Ausdauersport betrieben haben, medizinisch gesehen 15 bis 20 Jahre jünger sind, da aufgrund der verbesserten Durchblutung die Alterungsvorgänge im Körper gebremst werden. 20 Jahre 40 bleiben ist also keine Utopie, sondern Realität! Der Wiener Sportmediziner Ludwig Prokop bringt es exakt auf den Punkt, wenn er sagt: «Es ist nicht entscheidend, wie *alt* man wird, sondern *wie* man alt wird, mit dem vielleicht etwas komisch anmutenden Nachsatz: Sportler sterben gesünder.» Die Kenntnis, dass Ausdauersport in vielen Fällen gesund machen und gesund erhalten kann, müsste daher auch dem größten Skeptiker genug Motivation für sportliche Betätigung bieten. Bisherige Ausreden wie

Ausreden, die es ab heute nicht mehr geben sollte

- Habe keine Zeit – muss zu viel arbeiten
- Habe keine Ausrüstung
- Möchte in der knappen Freizeit lieber faulenzen
- Bin sowieso unsportlich
- Finde keine/keinen, die/der mit mir trainiert
- Renne bei der Arbeit und zu Hause schon genug herum
- Habe Probleme mit dem Rücken, den Knien, Bändern, Knöcheln usw.
- Zu schlechtes Wetter zum Laufen oder Radfahren usw.
- Zu schönes Wetter – bleibe lieber im Garten und faulenze
- Mein Partner/meine Partnerin tut doch auch nichts
- Bin zu alt dafür

sollte es daher ab sofort nicht mehr geben, denn ab heute haben auch diejenigen, für die Ausdauersport bisher ein Fremdwort war, die Chance, ein neues Leben zu beginnen – auf dem Weg der kleinen Schritte, wo in einem ersten Schritt die Frage beantwortet werden soll: Wie fit bin ich?

Basics – Tipps und Tricks für Einsteiger, Tests und Übungsprogramme

Multitalent Fitness und was Fitsein bewirkt

Allgemein kann körperliche Fitness definiert werden als die Art und Weise, wie der Körper sich auf die Anforderungen des Lebens einstellt. Wenn Sie Ihre Fitness durch körperliche Aktivität steigern, wird Ihnen dies sichtbar zugute kommen: Ihre Haut nimmt ein frischeres Aussehen an, Ihr Verdauungsapparat arbeitet effizienter, Sie haben einen besseren Schlaf und fühlen sich voller Tatendrang und Lebensfreude. Sie können Ihre Koordinationsfähigkeit und Beweglichkeit steigern. Auch im geistig-seelischen Bereich profitieren Sie von größerer Fitness: Ihre Konzentrationsfähigkeit nimmt zu, Sie fühlen sich ausgeglichener und sind den vielfältigen Anforderungen des Alltags beruflich wie privat besser gewachsen, denn Ausdauersport ist auch ein effizientes Mittel, um Stresshormone aktiv abzubauen.

Darüber hinaus gibt es aber auch physische Veränderungen, die Sie vielleicht nicht so deutlich wahrnehmen. Indem Sie durch Sport Ihr Herz stärker beanspruchen, steigern Sie seine Pumpleistung, wodurch es langsamer und wirksamer schlagen wird. Das Volumen Ihrer Lunge nimmt zu, sie kann Ihr Blut effizienter mit Sauerstoff versorgen. Die Venen und Arterien Ihres Körpers weisen weniger Ablagerungen auf, die Ihre Gesundheit gefährden. Ihre Muskulatur wird durch sportliche Belastung gekräftigt und gefestigt, was zu besserem Ausehen und außerdem dazu führt, dass Knochen und innere Organe besser gestützt und Gelenke entlastet werden.

«Am Ball» bleiben

Die genannten Veränderungen des Körpers treten langsam und kontinuierlich ein, sofern Sie die gewählte Sportart konsequent betreiben und «am Ball bleiben». Sie finden in diesem Buch Anleitungen, wie Sie einen geeigneten Trainingsplan aufstellen, mit dem Sie die Belastung schrittweise steigern. Dafür ist niemand zu alt oder zu unsportlich. Es gibt keinen Grund, warum Sie mit 40 und darüber nicht genauso fit sein sollten wie mit 30 – das Einsteiger-Programm Seite 31 ff. zeigt Ihnen, wie es geht.

Bevor Sie in das folgende Trainingsprogramm einsteigen, sollten Sie zunächst eine Bestandsaufnahme machen und anhand des Fitness-Fragebogens Seite 20 Ihre Belastbarkeit einstufen. So finden Sie schnell heraus, welche Einsteige-Übungen für Sie am geeignetsten sind. Mit zunehmender Fitness steigern Sie auch Kraft und Ausdauer, tun etwas für Ihr Herz und werden geistig flexibler. Regelmäßige sportliche Aktivität macht Sie fitter, doch die stärkere Belastung Ihrer Muskulatur sollte nicht mit Schmerzen oder Verletzungen verbunden sein.

Vor dem Einstieg ins Trainingsprogramm eine Bestandsaufnahme machen

Fit zu werden ist zunächst der erste Schritt, Sie müssen auch die Motivation (siehe Seite 44) mitbringen, fit zu bleiben. Mit regelmäßigem Sport, einer gesunden Ernährung (siehe Seite 132 ff.) und ausreichend Ruhe gewinnen Sie bald mehr Lebensfreude – Geist und Körper sind in Harmonie. Wir wollen uns an dieser Stelle daher noch etwas genauer mit der körperlichen Fitness beschäftigen.

Faktoren körperlicher Fitness

Sie besteht aus den drei Faktoren Ausdauer, Muskelkraft und Beweglichkeit, die durch regelmäßigen Sport gefördert werden. So gewinnen Sie beispielsweise durch Laufen an Ausdauer, Ihr Herzmuskel wird kräftiger und leistungsfähiger, während die Elastizität Ihres Körpers zunimmt. Im Folgenden betrachten wir jeden dieser Faktoren kurz für sich und gehen seiner Bedeutung auf den Grund.

Ausdauer

Hierbei handelt es sich um längeres Durchhaltevermögen. Es ergibt sich aus der Dauer des Trainings und der aufgewendeten Kraft. Die Leistungsfähigkeit des Herz-Kreislauf-Systems und des Bewegungsapparats (Muskeln, Sehnen, Bänder, Gelenke und Knochen) wirken sich also direkt darauf aus, wie lange Sie eine bestimmte Tätigkeit ausüben können. Ihre Ausdauer wird vor allem auch durch Ihre seelische Verfassung beeinflusst, und zwar mehr als die anderen Bestandteile des Fitness-Trainings. Wenn Ihnen etwas schwerfällt, was Sie jedoch unbedingt zu Ende bringen wollen, wird es Ihnen eher gelingen, als wenn Sie der Sache gleichgültig gegenüberstehen. Motivation und positives Denken spielen also eine ganz wesentliche Rolle für Ihre Ausdauer.

Auf das Durchhaltevermögen kommt es an

Kraft

Von richtigem Krafttraining profitiert auch das Aussehen

Darunter versteht man die körperliche Kraft. Muskelwachstum ist eine Reaktion auf überdurchschnittliche Beanspruchung bzw. einer gezielten Mehrbelastung. Dabei verdicken sich einzelne Fasern im Muskel und verleihen Ihrem Körper ein sportliches Aussehen. Dieser Effekt tritt jedoch nur bei konsequentem und schrittweise gesteigertem Krafttraining ein, wobei Sie etwa auf das richtige Hantelgewicht oder den angemessenen Zugwiderstand achten sollten: Sie sollten den Muskel gezielt belasten, ohne dabei jedoch eine Zerrung oder einen Muskelfaserriss zu riskieren (siehe dazu auch Seite 24 ff.). Diese Verletzungen sind schmerzhaft, und der Muskel kann sich erst dann weiter aufbauen, wenn die Verletzung verheilt ist.

Beweglichkeit

Übungen zum Training der Beweglichkeit und der Schnelligkeit halten die Muskulatur geschmeidig

Damit bezeichnet man die Eigenschaft des Körpers, Dehn- und Streckbewegungen mühelos auszuführen. Beweglichkeitsübungen erhalten die Muskeln geschmeidig, bereiten sie auf Bewegungsabläufe vor und erleichtern den Übergang von Untätigkeit zu lebhafter Aktivität. Vor allem bei kräftezehrenden Sportarten, zu denen die Ausdauersportarten Laufen, Radfahren und Schwimmen in besonderer Weise zählen, sind Dehnübungen, das so genannte Stretching, von besonderer Wichtigkeit, damit Muskeln und Gelenke nicht steif und unbeweglich werden. Es kann in größerem Umfang und isoliert durchgeführt werden, ist aber ein absolutes Muss vor bzw. nach einer Trainingseinheit, weil es zur Erwärmung und Beweglichkeit der Muskulatur beiträgt sowie vor Muskelverletzungen schützt. Auch darüber lesen Sie mehr auf den Seiten 61 ff.

Vor dem Start zum Check-up

Wenn Sie den Fragebogen zur körperlichen Eignung auf Seite 20 f. ausfüllen und in ein erstes Fitness-Programm einsteigen, sollten Sie zuvor auch einen Gesundheits-Check durchführen – beim Hausarzt, Internisten oder Sportarzt. Gerade bei Älteren nimmt die Wahrscheinlichkeit zu, dass sich im Lauf der Zeit unbekannte körperliche Schäden eingestellt haben. Vor allem bei unerkannten Herzleiden kann das Trimm-Programm gefährlich werden.

Lassen Sie prüfen, wie es um Ihr Herz steht, um den Kreislauf, um Bänder, Sehnen und Gelenke. Wer gesund ist, kann sich ohne Sorge stählen. Bei drohender Erschöpfung versagt als Erstes die Skelettmuskulatur, lange bevor der Herzmuskel den Dienst verweigert. Vermeiden Sie jedoch vor allem in der Anfangsphase übermäßigen Einsatz, und betreiben Sie den Sport Ihrer Wahl sachgemäß. Vor allem montags bevölkern viele Patienten die Arztpraxen, weil Sie sich bei den sportlichen Aktivitäten am Wochenende übernommen haben.

Wichtig ist also, dass Sie Ihr körperliches Training richtig angehen. Wie schon eingangs erwähnt, kann die falsche Ausübung nicht nur zu akuten Verletzungen, sondern auch zu langwierigen Dauerschäden führen. Das ist das Resultat, wenn ein Bewegungsablauf nicht richtig erlernt wurde, unkorrigiert bleibt und tausendfach wiederholt fehlerhaft ausgeführt wird. Lang ist z.B. die Liste der Schäden bei Läufern, die schlecht vorbereitet und falsch ernährt schon zu Beginn ihres Fitness-Programms zu weite Strecken laufen, überergeizig zu intensiv trainieren, um all das, was jahrelang versäumt wurde, schnellstmöglich nachzuholen. Häufige Ursache für chronische Beschwerden ist auch einseitiges Training. Wer immer nur rennt, ohne sich aufzuwärmen und durch Dehnübungen (siehe Seite 61 ff.) vorzubereiten, muss auf den Schaden nicht lange warten.

Mit den folgenden einfachen Tests, die Sie fast ohne Hilfsmittel zu Hause durchführen können, werden Sie herausfinden, wie fit und gesund Sie sind. Diese Tests ermöglichen Ihnen einen sinnvollen Einstieg ins Training sowie die Beurteilung Ihrer Fortschritte während des Übungsprogramms. Notieren Sie Ihre Testergebnisse, und verwenden Sie Ihre Aufzeichnungen als Fitness-Tagebuch, in dem Sie Ihre Entwicklungen protokollieren. Sofern Sie die Werte des Eingangtests mit größtmöglicher Genauigkeit erfassen und dieselben Testbedingungen bei den Folgetests einhalten, können Sie ablesen, welche Fortschritte Sie machen, und im nächsten Schritt dann Ihr gezieltes Triathlontraining angehen.

Wichtiger Hinweis: Bevor Sie beginnen, denken Sie bitte daran, dass jede Einstufung der Fitness ein gewisses Risiko birgt. Sie können jedoch jederzeit und bei jedem Test abbrechen. Hören Sie unverzüglich auf, wenn Sie ungewöhnliche Symptome bemerken, vor allem: plötzliches Schwächegefühl, Benommenheit oder Brustschmerzen. Führen Sie die einzelnen Tests so weit durch, wie Sie können, und

➤ **TIPP:** Wenn Sie sich für eine oder mehrere Sportarten entscheiden, sollten Sie sich in aller Ruhe mit ihr vertraut machen. Denken Sie an Ihre Schul- oder Studienzeit – welche Sportart hat Ihnen damals zugesagt? Der beste Weg führt über einen Sportverein oder eine Sportgruppe in Ihrer Firma – und zu jeder Disziplin gibt es heute auf dem Buchmarkt eine Fülle von Ratgebern. Probieren Sie ruhig ein paar Richtungen und Kombinationen aus, ehe Sie sich festlegen, und vor allem: Bereiten Sie sich erst einmal auf den Einstieg in die Fitness vor

Was Sie beim Ausfüllen des unten stehenden Fitness-Fragebogens beachten sollten

notieren Sie alle Ergebnisse, auch wenn Sie einen Test nicht zu Ende führen. Noch zwei Dinge, bevor Sie den Fragebogen ausfüllen:

1. Beantworten Sie die unten stehenden Fragen zu Ihrer körperlichen Eignung gewissenhaft, und befolgen Sie gegebenenfalls die dort enthaltenen Ratschläge.
2. Messen Sie an drei aufeinander folgenden Tagen vor dem Aufstehen Ihren Ruhepuls, und notieren Sie den Durchschnittswert.
   Erster Tag: ...
   Zweiter Tag: ...
   Dritter Tag: ...
   Durchschnittswert: ...

Fitness-Fragebogen

Wenn Sie beabsichtigen, mehr für Ihre Fitness zu tun, beantworten Sie zunächst die unten aufgeführten Fragen zur körperlichen Eignung. Sind Sie 40 und darüber, in letzter Zeit wenig oder nicht allzu aktiv, erörtern Sie mit Ihrem Arzt die Frage, ob regelmäßiger Sport gut für Sie ist. Lassen Sie sich bei der Beantwortung der folgenden Fragen von Ihrer Ehrlichkeit leiten. Lesen Sie sie am besten alle zunächst sorgfältig durch und beantworten Sie sie entsprechend mit einem JA bzw. NEIN.

1. Hat Ihr Arzt Ihnen jemals mitgeteilt, dass Sie herzleidend sind und nur von Ärzten empfohlene körperliche Aktivität ausüben sollten?

   ☐ JA ☐ NEIN

2. Verspüren Sie bei körperlicher Aktivität Schmerzen im Brustbereich?

   ☐ JA ☐ NEIN

3. Hatten Sie in letzter Zeit Schmerzen in der Brust, ohne körperlich aktiv gewesen zu sein?

   ☐ JA ☐ NEIN

4. Treten bei Ihnen von Zeit zu Zeit Benommenheit und damit

verbundene Gleichgewichtsstörungen auf, oder werden Sie gelegentlich ohnmächtig?

☐ JA ☐ NEIN

5. Haben Sie Probleme mit Gelenken oder Knochen, die sich durch körperliche Aktivität verschlimmern könnten?

☐ JA ☐ NEIN

6. Nehmen Sie Medikamente für Ihren Blutdruck bzw. gegen Herzleiden?

☐ JA ☐ NEIN

7. Ist Ihnen irgendein anderer Grund bekannt, weshalb Sie auf körperliche Aktivität verzichten sollten?

☐ JA ☐ NEIN

Die ehrliche Beantwortung dieser Fragen gibt zugleich Aufschluss über ausreichende Eignung für das weitere Training

Sie haben eine oder mehrere Fragen bejaht:

Besprechen Sie sich mit Ihrem Arzt und lassen Sie unbedingt ein EKG und Belastungs-EKG durchführen, bevor Sie Ihre körperliche Aktivität steigern bzw. Ihre Fitness testen. Informieren Sie Ihren Arzt über die hier beantworteten Fragen.

Was zu tun ist, wenn Probleme vorliegen sollten

Vielleicht können Sie jede gewünschte Sportart ausüben – sofern Sie es nur langsam angehen lassen und die Belastung schrittweise erhöhen. Möglicherweise müssen Sie sich auf solche Aktivitäten beschränken, die für Sie kein Risiko bedeuten. Lassen Sie sich von Ihrem Arzt beraten, welche Fitnessübungen für Sie geeignet sind.

Sie haben sämtliche Fragen verneint:

Haben Sie alle Fragen mit NEIN beantwortet,

- können Sie nach dem obligatorischen medizinischen Check-up das Training jederzeit aufnehmen. Der einfachste und sicherste Weg ist, langsam zu beginnen und die Belastung schrittweise zu erhöhen;
- können Sie Ihre Fitness bedenkenlos testen – z.B. in der Weise, wie sie auf den folgenden Seiten beschrieben ist. Dieser Test eignet sich ausgezeichnet zur Feststellung Ihrer Ausgangsfitness, auf die Sie dann Ihr Training abstimmen können.

Unbedingt beachten – Ihrer Gesundheit zuliebe

Zur Beachtung: Verändert sich später Ihr Gesundheitszustand, sodass Sie eine der oben stehenden Fragen mit JA beantworten müssen, sollten Sie mit Ihrem Arzt eine mögliche Umstellung Ihres Trainingsprogramms erörtern.

Die folgenden Tests wurden speziell ausgearbeitet, Ihre Fitness in den drei Bereichen Ausdauer, Kraft und Beweglichkeit zu bewerten. Es geht bei diesen Tests nicht darum, Ihre Gesamtleistungsfähigkeit zu ermitteln, sondern darum, Ausgangswerte für Ihr künftiges Triathlon-Trainingsprogramm zu gewinnen.

Die Tests – und allgemein Sport – sollten weder auf nüchternen noch vollen Magen gemacht werden. Falls Sie Frühsportlerin/Frühsportler sind, stehen Sie möglichst eine halbe Stunde vor dem Training auf, und essen Sie noch eine Banane oder zwei Scheiben Brot, um dem Körper etwas Energie zuzuführen. Sonst kann es passieren, dass Sie sich während der Übung etwas flau fühlen.

Tests zur Ermittlung zuverlässiger Ausgangswerte für Ihre Fitness in den Bereichen Ausdauer, Kraft und Beweglichkeit

Übungen und Tests zur Ermittlung zuverlässiger Ausgangswerte

Anhand dieser Werte können Sie Ihre Fortschritte messen, wenn Sie nach sechs bis acht Wochen eine erneute Fitness-Einschätzung vornehmen.

Körpermaße

Eine Bewertung nach Punkten findet hier nicht statt.

- Notieren Sie Ihre Körpergröße ohne Schuhe.
- Notieren Sie Ihr Gewicht einschließlich der Sportkleidung.

Messen Sie den Umfang von Oberkörper, Taille, Hüfte sowie beider Oberschenkel, Waden und Oberarme. Ziehen Sie dabei das Maßband nicht zu eng; es soll lediglich aufliegen.

Ergebnis – Körpermaße:

1. Verhältnis Taille/Hüfte

   Fetteinlagerung im Unterleib erhöht das Risiko von Herzerkrankungen und Diabetes. Teilen Sie den Taillen- durch den Hüftumfang, und notieren Sie diese Zahl. Bei einem Taillenumfang von 61 cm und einer Hüfte von 82 cm z. B. ergibt sich ein Verhältnis von 61 : 82 = 0,74

Das Risiko einer Herzerkrankung beginnt für Frauen bei 0,86, für Männer bei 0,95. Obwohl hier auch genetische Faktoren eine Rolle spielen, können sportliche Betätigung und eine Umstellung auf eine gesunde Ernährung Ihr Risiko herabsetzen.

Mögliche Risiken erkennen, analysieren und geeignete Gegenmaßnahmen treffen

2. Body Mass Index (BMI)

   Zwischen dem BMI, Körpermassenindex, und dem Risiko einer Erkrankung lässt sich ein statistischer Zusammenhang herstellen; optimal für die Gesundheit sind Werte zwischen 20 und 25. Bei einem BMI unter 20 liegt Untergewicht, bei einem BMI zwischen 25 und 30 Übergewicht, bei einem BMI über 30 eine behandlungsbedürftige Fettsucht, Adipositas, vor. Der BMI ist also ein interessanter Richtwert, den Sie ermitteln können, indem Sie Gewicht durch Körpergröße im Quadrat dividieren. Ein Rechenbeispiel: Bei einem Gewicht von 63 kg und einer Größe von 1,67 m ergibt sich:

   $63 : 1{,}67^2 = 63 : 2{,}79 =$ BMI 22,5

   Wenn Sie mehr Sport treiben, ändert sich auch Ihr BMI. In der Regel sinkt er bei Gewichtsabnahme; beachten Sie jedoch, dass er bei starkem Muskelwachstum auch steigen kann und in diesem Fall kein Gesundheitsrisiko darstellt.

Der BMI als zuverlässiger Richtwert für Ihr Körpergewicht

3. Messwerte für den Umfang verschiedener Körperpartien

   Schreiben Sie die gemessenen Werte auf, und messen Sie nach einem Monat, drei Monaten, sechs Monaten und einem Jahr erneut so objektiv wie möglich, d. h. an den gleichen Stellen und unter denselben Bedingungen. Fortschritte werden mithilfe dieser einfachen Messungen schnell sichtbar.

Ausdauer

Wichtiger Hinweis: Der folgende Test darf erst durchgeführt werden, wenn Sie die Fragen zur körperlichen Eignung gelesen und beantwortet haben.

Durch diesen Test erfahren Sie, wie Ihr Herz-Kreislauf-System gegenwärtig arbeitet. Je fitter Sie sind, desto schneller können Sie ge-

Wie Sie für den Ausdauerbereich möglichst brauchbare Ausgangswerte erhalten

hen – bei etwa gleichem Pulsschlag. Um exakte Ergebnisse zu erhalten, sollten Sie stets auf dieselbe Weise vorgehen. Sie sollten den Test nicht durchführen, wenn Sie z.B. erkältet sind. Dies gilt auch ganz allgemein für sportliche Aktivitäten.

- Halten Sie in Ihrer Nachbarschaft nach einer flachen Strecke Ausschau. Sie können z.B. den nächsten Sportplatz oder ein paar Häuserblocks umrunden oder eine vergleichbare Strecke. Die Distanz spielt eine untergeordnete Rolle, solange Sie bei der einmal gewählten Strecke bleiben und beim Walking mindestens fünf Minuten so schnell gehen, wie Sie können.
- Wärmen Sie sich zunächst durch langsames Gehen auf, danach bereiten Sie sich mit Stretching der Kniesehnen, Waden und Oberschenkel auf den Test vor (siehe Seite 65 ff.)
- Wenn Sie so weit sind, können Sie mit dem Walking beginnen (sehen Sie auf den Minutenzeiger Ihrer Uhr bzw. lassen Sie die Stoppuhr laufen).
- Absolvieren Sie die Strecke so schnell wie möglich.
- Am Endpunkt notieren Sie die benötigte Zeit in Ihrem Fitness-Tagebuch, und messen Sie unmittelbar Ihren Puls. Messen Sie während zehn Sekunden, multiplizieren Sie die Zahl der Herzschläge mit 6 und notieren Sie diesen Wert.

Ergebnisse/Ausdauer

- Liegt Ihr Puls unter 95, schreiben Sie eine 3 auf
- Liegt Ihr Puls zwischen 96 und 125, schreiben Sie eine 2 auf
- Liegt Ihr Puls über 125, notieren Sie eine 1

Kraft

Getestet wird die Belastbarkeit, also die Fähigkeit, die Anspannung eines einzelnen Muskels ständig zu wiederholen. Falls Sie dabei Ihre absolute Muskelkraft messen wollen – indem Sie das erste Gewicht heben, das Sie noch schaffen können – riskieren Sie, sich zu überanstrengen und Muskeln sowie umgebendes Gewebe zu schädigen. Dies kann selbst bei durchtrainierten Menschen zu einer Überbelastung des Herzens führen.

1. Rumpfbeugen im Liegen

Wichtiger Hinweis: Dieser Test darf nicht durchgeführt werden, wenn Sie Beschwerden im Nacken- oder Rückenbereich haben.

Mit einem einfachen Test, den Sie leicht zu Hause durchführen können, die Ausgangswerte für Kraft bestimmen

Sie benötigen eine Uhr mit Sekundenzeiger; lesen Sie die Zeit während des einminütigen Tests entweder selbst ab, oder lassen Sie sie von jemandem ablesen. Für den Test wird auch eine Rolle Tesafilm benötigt. Denken Sie während der Übung auch an gleichmäßiges Atmen, und achten Sie auf eine möglichst gute Technik. Brechen Sie den Test ab, wenn Sie sich überfordert fühlen.

- Legen Sie sich auf dem Teppich oder einer bequemen Matte auf den Rücken. Winkeln Sie die Knie an, die Fußsohlen leicht gespreizt mit einem knappen halben Meter Abstand vom Gesäß auf dem Boden.
- Legen Sie die Arme parallel zum Rumpf flach auf den Boden, und kleben Sie einen Streifen Tesafilm an die Stelle, die Sie mit den Fingerspitzen gerade noch erreichen.
- Befestigen Sie etwa 10 cm hinter der ersten Markierung einen weiteren Streifen Tesafilm.
- Stellen Sie sicher, dass sich Ihre Lage auf der Matte nicht verändert hat, und nehmen Sie wieder die Ausgangsposition ein; drücken Sie dabei das Kinn an den Oberkörper und berühren Sie mit den Fingern den ersten Streifen Tesafilm.
- Beugen Sie mit der ersten Sekunde der Testminute kontrolliert den Rumpf nach vorn, atmen Sie dabei aus und strecken Sie sich nach dem entfernteren Klebestreifen. Die Füße bleiben dabei flach auf dem Boden. Atmen Sie wieder ein, während Sie zur Ausgangsposition, d. h. zum ersten Klebestreifen zurückkehren.
- Schreiben sie auf, wie viele «echte» Rumpfbeugen Sie während einer Minute schaffen.

Ergebnisse – Rumpfbeugen im Liegen

Ergebnisse für Frauen

Frauen

Alter	40–60
Fortgeschrittene	17–35 +
Fortgeschrittene Anfänger	6–16
Anfänger	bis zu 5

Ergebnisse für Männer

Männer	
Alter	40–60
Fortgeschrittene	27–45 +
Fortgeschrittene Anfänger	8–26
Anfänger	bis zu 7

Bewertung nach Punkten

- Fortgeschrittene erhalten den Wert 3
- Fortgeschrittene Anfänger erhalten den Wert 2
- Anfänger erhalten den Wert 1

Liegestütze bzw. Pressups

2. Liegestütze

Auch dazu benötigen Sie eine Uhr mit Sekundenzeiger. Für Frauen sind hier Pressups empfehlenswert, ebenso für Männer mit Rückenproblemen:

- Stützen Sie sich auf Hände und Knie, wobei die Hände etwas mehr als schulterbreit auseinander liegen sollten. Ihre Hüften befinden sich genau über den Knien und Ihre Zehen berühren den Boden. (Für den «echten» Liegestütz legen Sie sich mit gestreckten Beinen flach auf den Bauch und stützen Sie sich mit den Händen ab.)
- Spannen Sie zum Schutz des Rückens die Unterleibsmuskulatur an, atmen Sie normal.
- Atmen Sie in der ersten Sekunde der Testminute ein, senken Sie dabei Ihren Oberkörper ab, bis Sie mit der Stirn den Boden über Ihren Händen berühren; atmen Sie nun aus. Beim Einatmen richten Sie sich wieder auf, indem Sie die Arme durchdrücken, allerdings ohne die Ellbogen zu überstrecken.
- Führen Sie eine Minute lang so viele Liegestütze bzw. Pressups aus, wie Sie können. Notieren Sie das Ergebnis.

Ergebnisse für Frauen

Ergebnisse – Liegestütze

Frauen – Pressups	
Alter	40–60
Fortgeschrittene	18–32 +
Fortgeschrittene Anfänger	3–17
Anfänger	bis zu 2

Ergebnisse für Männer

Männer – Liegestütze	
Alter	40–60

Fortgeschrittene	25–37 +
Fortgeschrittene Anfänger	12–24
Anfänger	bis zu 11

- Fortgeschrittene erhalten den Wert 3
- Fortgeschrittene Anfänger erhalten den Wert 2
- Anfänger erhalten den Wert 1

Bewertung nach Punkten

Beweglichkeit

Wenn Sie sich zu wenig oder falsch bewegen, kann dies Ihre Beweglichkeit erheblich einschränken. Bei Beweglichkeitstests sollte man seine Grenzen kennen. Gehen Sie daher nur so weit in die Dehnhaltung, bis Sie ein leichtes Ziehen im Muskel spüren. Jenseits dieser Grenze riskieren Sie Verletzungen. Machen Sie nun alle drei nachfolgenden Tests:

Einfache Tests ohne Verletzungsrisiko zur Ermittlung aussagefähiger Werte Ihrer Beweglichkeit

1. Oberschenkelrückseite

Eine Verkürzung der Oberschenkelrückseite wird häufig mit Rückenproblemen in Verbindung gebracht, da das Becken nach hinten gezogen und so das Rückgrat im Lendenwirbelbereich flacher wird. Mit diesem Test kann die Beweglichkeit festgestellt werden; außerdem ist er sicherer als die gängige Übung, bei der man im Sitzen mit gegrätschten Beinen die Zehenspitzen mit den Fingern zu berühren versucht:

- Legen Sie sich auf den Rücken, Knie angewinkelt und Füße flach auf den Boden.
- Strecken Sie ein Bein und heben Sie es gestreckt in die Höhe. Das Gesäß bleibt dabei auf dem Boden. Wenn Sie das Bein senkrecht angehoben haben, strecken Sie das andere Bein, sodass es den Boden berührt. Messen Sie den Winkel zwischen den gestreckten Beinen. Notieren Sie den Wert für jedes Bein.

Ergebnisse – Oberschenkelrückseite

- Beträgt der Winkel mehr als 90°, erhalten Sie den Wert 3
- Beträgt der Winkel 90°, notieren Sie den Wert 2
- Beträgt der Winkel zwischen 0 und 90° , notieren Sie den Wert 1

Oberschenkelrückseite: Bewertung nach Punkten

2. Hüftbeugemuskel (Vorderseite der Hüfte)

Verspannungen der Hüftbeugemuskulatur sind ebenfalls bei Rückenpatienten häufig anzutreffen, da diese Muskeln am Lendenbereich des Rückgrats ziehen und eine extreme Krümmung bewirken:

- Legen Sie sich mit dem Rücken auf einen stabilen Tisch und lassen Sie die Füße mit abgewinkelten Knien über die Tischkante hängen. Dabei sollten die Füße den Boden nicht berühren.
- Fassen sie abwechselnd jedes Bein, ziehen Sie es fest an den Oberkörper. Das andere Bein sollte dabei in der Ausgangsposition bleiben. Notieren Sie den Wert für jedes Bein.

Ergebnisse – Beweglichkeit des Hüftbeugemuskels

Hüftbeugemuskulatur: Bewertung nach Punkten

- Bleibt Ihr anderer Oberschenkel während der ganzen Übung auf dem Tisch, erhalten Sie den Wert 3
- Hebt sich Ihr anderer Oberschenkel um einige Grad vom Tisch, erhalten Sie den Wert 2
- Hebt sich Ihr anderer Oberschenkel ganz vom Tisch, erhalten Sie den Wert 1

3. Schulter

Die Schultern werden häufig beansprucht und sollten daher entsprechend beweglich sein. Machen Sie den folgenden Test, bei dem der Arm aus der Körperachse geführt wird:

- Stehen Sie gerade, mit leicht gespreizten Füßen. Die Knie sind nicht ganz durchgestreckt, der Bauch eingezogen.
- Heben Sie den Arm seitlich so weit wie möglich in die Höhe, wobei die Handfläche nach vorn zeigt und der Daumen abgespreizt ist; führen Sie den Arm über den Kopf in Richtung Ohr.
- Notieren Sie, wie weit sich der Arm schließlich der Vertikalen annähert. Wiederholen Sie den Test mit dem anderen Arm. Notieren Sie den Wert für jeden Arm.

Ergebnisse – Beweglichkeit der Schulter

Schulter: Bewertung nach Punkten

- Nähern Sie sich der Vertikalen, erhalten Sie den Wert 3
- Bleiben Sie ca. 15 cm von der Vertikalen entfernt, so notieren Sie eine 2

- Bleiben Sie mehr als 15 cm von der Vertikalen entfernt, notieren Sie eine 1

Allgemeinbefinden

Ein Blick auf Ihre sonstigen Lebensgewohnheiten hilft dabei, Ihr Allgemeinbefinden besser einschätzen zu können. Gehen Sie die folgenden Punkte durch, und tragen Sie die Ergebnisse in Ihrem Fitness-Tagebuch ein.

Durch Betrachtung bestimmter Lebensgewohnheiten das Allgemeinbefinden besser einschätzen können

Wert	**3**	**2**	**1**
Rauchen	0 Zigaretten am Tag	gelegentlich	Raucherin/Raucher
Ausgewogene Ernährung	7 Tage/Woche	3–6 Tage/Woche	0–Tage/Woche
Stress	0–2 Tage/Woche	3–6 Tage/Woche	7 Tage/Woche
Alkoholkonsum: Frauen	1–10 Einh.*/Woche *1 Einheit = $^1/_8$ Liter Wein oder $^1/_3$ Liter Bier	über 11 Einh./Woche	über 18 Einh./Woche
Alkoholkonsum: Männer	1–15 Einh./Woche	über 16 Einh./Woche	über 21 Einh./Woche
Mehr als sieben Stunden Schlaf/Woche	7 Nächte/Woche	6 Nächte/Woche	0–2 Nächte/Woche

Lesen Sie nun die folgenden Beschreibungen durch, und entscheiden Sie, welche am ehesten auf Sie zutrifft.

Denken Sie oft daran, mit Sport zu beginnen, können sich aber nicht dazu durchringen?

Überlegungen, den bisherigen Lebensstil evtl. zu ändern

Dann sollten Sie dies so schnell wie möglich ändern. Müssen Sie immer den Lift nehmen, oder könnten Sie gelegentlich auch die Treppe hochgehen? Sind Sie vielleicht körperlich aktiv, würden dies jedoch nicht als «Sport» bezeichnen? Machen Sie als Einstieg in Ihren Fitness-Plan eine Liste «pro» und «contra» sportliche Betätigung. Sie werden feststellen, dass sehr viel mehr dafür spricht als dagegen.

- Wert 0

Wie Sie die richtige Sportart finden und an Ihrer Lebensstiländerung konsequent festhalten

Haben Sie sich zwar grundsätzlich für sportliche Betätigung entschieden, sind aber bei der Umsetzung nicht sehr konsequent?
Probieren Sie weiter verschiedene Sportarten, bis Sie das Richtige finden. Halten Sie an dem Willen fest, Ihren Lebensstil zu ändern und räumen Sie mögliche Hindernisse bereits im Vorfeld aus dem Weg. Bemühen Sie sich, baldmöglichst zur nächsten Stufe vorzurücken.

- Wert 1

Sport als «schönste Nebensache» der Welt in den Lebensplan integrieren

Treiben Sie bereits aktiv, wenn auch unregelmäßig Sport?
Dann bleiben Sie auf diesem Kurs. Integrieren Sie den Sport in Ihre Lebensweise. Denken Sie stets daran, dass es vor allem darum geht, Sport zu einer festen Gewohnheit werden zu lassen. Haben Sie Geduld: Wirkliche Fortschritte und ein rundum gesunder Körper brauchen Ihre Zeit – doch es lohnt sich!

- Wert 2

Ermutigung zu gezielterem Ausdauertraining

Sind Sie bereits in einer Ausdauersportart fit?
Ruhen Sie sich nicht auf diesen Lorbeeren aus. Ihre Muskeln sind zwar bereits gekräftigt, doch Sie sollten darüber nicht andere Bereiche Ihres Körpers vernachlässigen, die ebenfalls etwas Training vertragen könnten. Wünschen Sie sich eine größere Ausdauer, empfiehlt sich ein gezieltes Herz-Kreislauf-Training, z. B. durch regelmäßiges Laufen oder Schwimmen oder Radfahren.

- Wert 3

Gesamtergebnis

Was sich hinter der Bewertung nach Punkten insgesamt verbirgt

Gratulation: Sie haben an den Tests teilgenommen, und nun ist der Augenblick der Wahrheit gekommen! Beachten Sie bitte, dass die Fitnesseinschätzung Ihre Ausgangsposition bestimmen und Ihrer Motivation dienen soll; sie fällt kein Urteil über Ihre Leistungen. Machen Sie sich nichts daraus, wenn die Ergebnisse noch hinter Ihren Erwartungen zurückbleiben. Sie wissen ja: Wer am weitesten vom Ziel entfernt ist, macht die schnellsten Fortschritte. Leben Sie das Ergebnis positiv aus – Sie können sich verbessern.

- Werte von 1–12: Sie zählen zu den Anfängern.
- Werte von 13–24: Sie zählen zu den fortgeschrittenen Anfängern.
- Werte von 25–36: Sie zählen zu den Fortgeschrittenen.

Ganz gleich, auf welcher Stufe Sie stehen – betrachten Sie sie sachlich und denken Sie positiv. Die folgenden Seiten helfen Ihnen dabei, in Ihren sportlichen Aktivitäten weitere Fortschritte zu erzielen.

Anfänger

Fortgeschrittene Anfänger

Fortgeschrittene

Erstes Programm für Einsteiger

Der Anfang vom Anfang des Fitnesstrainings

Dieses Programm ist für alle gedacht, die zuletzt keinen oder zu wenig Sport getrieben haben. Es erstreckt sich über 30 Tage und will Sie in die Lage versetzen, danach Ihr eigenes Programm zu gestalten, um Ihren Fitnessgrad selbst zu bestimmen.

Nach dem obligatorischen Check-up beim Arzt beginnt das Programm mit einem 12-Minuten-Dauerlauf: Suchen Sie sich eine ebene Waldstrecke, deren Länge gut erfassbar ist, oder gehen Sie auf den Sportplatz mit seinem 400-Meter-Rundkurs, und laufen Sie möglichst gleichmäßig 12 Minuten lang. Sie sollten nur so schnell laufen, dass Sie sich dabei wohl fühlen. Notieren Sie die Streckenlänge, die Sie in 12 Minuten bewältigen. Ihr Testergebnis vergleichen Sie bitte mit der Tabelle auf Seite 32 (Beurteilung – Laufstrecke in km bei einem 12-Minuten-Lauf):

Vom persönlichen Leistungsprofil zur richtigen Dosierung Ihres Fitnesstrainings

Sie kennen nun Ihr persönliches Leistungsprofil. Wenn Sie durchschnittliche Werte erreichten, sind die folgenden Trainingsintensitäten vermutlich gerade richtig. Wenn Sie besser oder schlechter als der Durchschnitt waren, sollten Sie die vorgeschlagenen Aufgaben mit entsprechend höherer oder geringerer Intensität durchführen. Ihre Belastung ist dann richtig dosiert, wenn Sie sich beim Training subjektiv wohl fühlen und wenn die Pulsfrequenz am Ende der Trainingsbelastung etwa 180 Schläge minus Lebensalter plus/minus zehn Schläge beträgt. Ein gesunder und nicht übergewichtiger 40-Jähriger hat demnach einen optimalen Trainingspuls, wenn er zwischen 130 und 150 Schlägen pro Minute liegt. Nun folgen für die nächsten 30 Tage ein «Indoor-Programm» für die Verbesserung Ihrer allgemeinen Fitness und ein «Outdoor-Programm» zur Entwicklung Ihrer Laufausdauer.

Männer Frauen	m w	 40–49	Altersgruppen 50–59	 60–69
Über- ragend	m w	> 2,64 > 2,14	> 2,53 > 2,08	> 2,48 > 1,89
Sehr gut	m w	2,46–2,64 2,00–2,14	2,32–2,53 1,90–2,08	2,13–2,48 1,76–1,89
Gut	m w	2,24–2,45 1,79–1,99	2,10–2,31 1,70–1,89	1,94–2,12 1,58–1,75
Mittel	m w	2,00–2,23 1,58–1,78	1,87–2,09 1,50–1,69	1,65–1,93 1,39–1,57
Schwach	m w	1,82–1,99 1,41–1,57	1,65–1,86 1,34–1,49	1,39–1,64 1,25–1,38
Sehr schwach	m w	< 1,82 < 1,41	< 1,65 < 1,34	< 1,39 < 1,25

Beurteilung Ihrer Fitness/Laufstrecke in km bei einem 12-Minuten-Lauf

Das Trainingsprogramm für drinnen

15 Minuten Indoor

Das Trainingsprogramm für drinnen sieht fünfmal pro Woche einen 15-Minuten-Circuit mit Intervallen von Belastung und Erholung vor. Das können Sie je nach Trainingszustand variieren. Hier sechs gymnastische Aufgaben, die Sie jeweils 30 Sekunden lang üben sollten:

- Dehnübungen
- Hüpfen auf der Stelle
- Liegestütz-Varianten
- Armschwingen und Armkreisen
- Übungen für Rumpf, Bauch und Rücken
- Schaukel

Die Übungen sehen Sie auf der Doppelseite 34/35 dargestellt.

30 Minuten Outdoor

In der Einstiegsphase sollten Sie zweimal pro Woche ein Ausdauertraining draußen durchführen. Sie können laufen, schwimmen oder Rad fahren. Laufen ist am einfachsten. Dabei bitte drei Regeln beachten:

1. Laufen Sie immer so, dass Sie sich wohl fühlen.
2. Laufen Sie nur so schnell, dass Sie sich noch unterhalten können.
3. Werden Sie langsamer, wenn die Beinmuskulatur zu schmerzen oder zu verkrampfen beginnt.

Das Ausdauertraining draußen und in der Einstiegsphase

Vor dem Lauf messen Sie Ihren Ruhepuls. Dann laufen Sie in der *Phase 1* rund 10 Minuten lang mit der Geschwindigkeit, die Sie bei Ihrem 12-Minuten-Testlauf hatten. Messen Sie dann Ihren Belastungspuls.

Wenn Ihr Belastungspuls geringer als 180 minus Lebensalter plus/minus zehn Schläge ist, laufen Sie in der *Phase 2* weitere fünf Minuten. Ist der Puls höher, gehen Sie fünf Minuten.

In der *Phase 3* laufen Sie fünf Minuten oder machen Sie Gymnastik Ihrer Wahl, wenn der Puls geringer als Ihr individueller Belastungspuls ist. Gehen Sie fünf Minuten, wenn der Puls höher als der empfohlene Trainingspuls ist.

Nach einer erneuten Pulskontrolle geht es in die *Phase 4*, die wie die *Phase 3* abläuft.

Nach 30 Tagen ziehen Sie eine Bilanz. Machen Sie erneut einen 12-Minuten-Lauf und vergleichen Sie die Ergebnisse mit Ihrem ersten Testlauf. Dabei beachten Sie bitte: Es ist einfacher, sich bei niedriger Ausgangsleistung zu verbessern, und schwieriger, eine bereits gute Leistungsfähigkeit noch zu steigern. Hat es Spaß gemacht, waren Sie eifrig beim Training, und haben Sie etwas geleistet? Wie sieht Ihre Gesamtbilanz aus? Positiv, negativ oder gemischt? Fühlen Sie sich besser als vier Wochen vorher? Wenn ja, dann machen Sie konsequent weiter!

➤ **TIPP:** In unserer automatisierten Umwelt droht uns stets ein Mangel an natürlicher Bewegung. Nutzen Sie jede Chance, Ihren Körper in Bewegung zu halten. Verzichten Sie auf den Lift, und steigen Sie die Treppen, lassen Sie das Auto stehen für Besorgungen um die Ecke. Und: Gehen Sie mal wieder tanzen. Auch das fördert Ihre Fitness

Zweites Programm für Einsteiger

Wenn Ihnen das 30-Tage-Programm zu kompliziert ist, können Sie auch ganz einfach einsteigen: mit Joggen im Zwei-Minuten-Takt. Als gänzlich Untrainierte/Untrainierter nehmen Sie sich am besten dreimal die Woche je 20 Minuten Zeit – für einen Lauf.

15

Minuten

Indoor

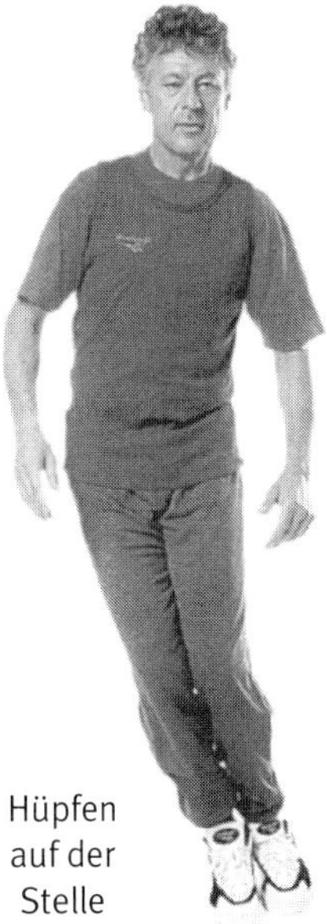

Hüpfen auf der Stelle

Hüpfen auf der Stelle

Lockerungsübungen

Liegestütz-Varianten

Armschwingen
und
Armkreisen

Übungen für Rumpf, Bauch und Rücken

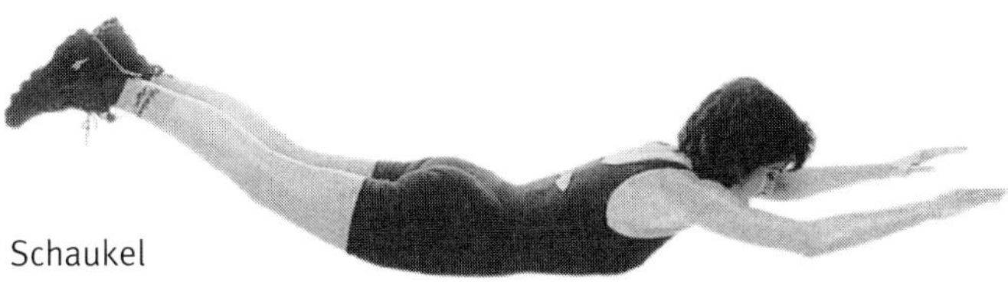

Schaukel

Aufwärmen und Dehnen nie vergessen

Wärmen Sie sich durch Gymnastik zunächst etwas auf, dehnen Sie die Muskeln ein wenig. Beginnen Sie dann mit zwei Minuten leichten, langsamen Laufens, und schalten Sie dann zwei Minuten Gehen ein. Dann wieder zwei Minuten Laufen und zwei Minuten Gehen. Das Ganze viermal und dann die Trainingseinheit mit ein paar Lockerungs- und Dehnungsübungen ausklingen lassen. Steigern Sie dann ganz nach Ihrer Laune die Laufzeit, und machen Sie weniger Gehpausen. Bald spüren Sie, wie Ihre Leistungsfähigkeit zunimmt, wie die Lust aufs Laufen wächst.

Für gesunde und nicht übergewichtige Einsteiger empfiehlt es sich, zunächst mit einem Pulsschlag von 110 Schlägen zu trainieren (den genauen individuellen Wert legen Sie am besten gemeinsam mit Ihrem Arzt fest), später können es auch 130, maximal 150 sein. Näheres dazu unter dem Stichwort «Jogging» im nächsten Abschnitt.

Nach zunächst 20 Minuten können Sie dann 25 Minuten trainieren, später 30 usw. Runden Sie Ihr kleines Laufprogramm durch einige Trainingseinheiten mit gymnastischen Übungen wie auf Seite 34 f. ab.

Mit den Einsteigerprogrammen sind Sie nun fit genug für den nächsten Schritt in Ihrem Ausdauertrainingsprogramm. In der Folge beschäftigen wir uns mit Jogging, um dann in einem weiteren Schritt ins eigentliche Triathlon-Training einzusteigen.

Jogging

Die wirkungsvollste Form des Ausdauertrainings: entspanntes Laufen

Das entspannte Laufen zählt seit vielen Jahren zu den attraktivsten und deshalb auch am häufigsten ausgeübten Sportarten. Jogging ist nach Meinung vieler Mediziner immer noch die einfachste und beste Art, sich fit zu halten. Jogging ist die wirkungsvollste Form des Ausdauertrainings. Es kräftigt Herz, Kreislauf und Atmung. Das Sauerstofftransportsystem verbessert sich spürbar, und die Lunge wird ebenfalls funktionstüchtiger.

Das Herz schlägt langsamer und gleichzeitig kraftvoller, die Zahl der Blutgefäße steigt, der periphere Blutkreislauf arbeitet wirksamer, die Körperzellen nehmen Sauerstoff leichter auf. Jogging wirkt positiv auf den Fett- und Zuckerstoffwechsel, es hilft das Zielgewicht zu erreichen oder zu halten. Pro Stunde verbrennen Sie durch Jogging bis zu 800 Kalorien. Dieses entspannte Laufen stärkt Sie auch mental. Ihr vegetatives Nervensystem wird belastbarer. Das spüren Sie auch in Stress-Situationen des Alltags, bei denen Sie als trainierter Mensch viel gelassener reagieren. Bevor Sie regelmäßig joggen, sollten Sie sich in einen Ratgeber zum Thema vertiefen, oder einem Lauftreff anschließen. So lernen Sie den richtigen Bewegungsablauf, den Rhythmus der Schritte und die richtige Atemtechnik. Lauftreffs gibt es mittlerweile in jeder größeren Stadt.

Mithilfe von Ausdauertraining belastbar in allen Lebensbereichen

In ungezwungener Atmosphäre finden sich hier die Lauffreunde zusammen, um gemeinsam in verschiedenen Leistungsstufen zu joggen, geführt von ausgebildeten Übungsleitern, die Ihnen auch die richtigen Bewegungsabläufe vermitteln. «Viele müssen das Laufen zum zweiten Mal lernen», sagt dazu der Freiburger Marathonspezialist Herbert Steffny.

Auf die Schuhe kommt es an

Kaufen Sie sich ein paar gute Joggingschuhe. Sie müssen passen, und zwar in Länge, Breite und Leistenform. Nur Schuhe, die sich der Fußform ideal anpassen, dämpfen, stützen und führen den Fuß richtig. Sie sind Ihr wichtigstes Sportgerät und müssen, wenn Sie viel laufen, nach einem Jahr durch neue ersetzt werden, da sich das Profil schnell abnutzt und die Schuhe ihre innere Spannung verlieren. Es empfiehlt sich auch, für einen Wechsel ein zweites Paar Schuhe parat zu haben.

Laufschuhe nicht mit Turnschuhen verwechseln

Bei der Kleidung sollten Sie atmungsaktive Gewebe bevorzugen.

Das optimale Gelände zum Joggen finden Sie meistens im Wald oder in Parks mit ihren federnden Böden. Asphaltstrecken sollten nur dann genommen werden, wenn man Schuhe mit sehr guter Dämpfung hat.

Entscheidend ist, dass Sie regelmäßig laufen. Zweimal zu Beginn, später besser dreimal die Woche. Weniger ist so gut wie nichts, denn nach drei, vier Tagen fangen die Muskeln an, die Trainingsreize zu «vergessen».

Beginnen Sie am besten mit 15 bis 20 Minuten Dauerlauf, und steigern Sie diese Zeit auf maximal 45 Minuten. Das reicht für eine Trainingseinheit. Für die Aufwärmphase und Abwärmphase eingerechnet, sollten Sie also pro Trainingseinheit eine runde Stunde einkalkulieren. Laufen Sie nur so schnell, dass Sie sich mit einem Partner ohne Keuchen unterhalten können. Das ist die «Sprechprobe». Wenn Sie sich überlastet fühlen, können Sie auch eine Pause schnel-

Wie Sie Überforderungen vermeiden und immer mehr Spaß an Ihrem wohldosierten Training finden

len Gehens einlegen. Nach dem Joggen sollten Sie innerhalb von höchstens 10 Minuten wieder einen normalen Puls haben, sonst haben Sie sich überfordert.

Auf- und Abwärmen

Rund um jeden Lauf sollten Sie eine Aufwärm- und Abwärmphase einplanen, also vor dem Lauf milde Dehnungsgymnastik, um Muskeln und Sehnen auf die hohen Beanspruchungen vorzubereiten. Nehmen Sie sich Zeit dafür. Ihrem Auto muten Sie ja auch keinen Kaltstart von Null auf 100 Stundenkilometer zu. Und nach dem Lauf lassen Sie es langsam ausklingen – durch leichtes Gehen, entspanntes Atmen und durch Lockerungsgymnastik.

Zwischendurch sollten Sie Ihre Muskulatur pflegen. Massagen, Wärmepackungen, Bäder, Wechselduschen, Sauna und Schwimmen entspannen die Muskeln und halten den Bewegungsapparat belastbar. Ohne solche Entspannungsphasen gibt es keinen gesunden Trainingseffekt.

In der ersten Zeit wird Ihnen sicher manchmal die Lunge eng, fühlen sich die Beine zentnerschwer an. Doch mit wohldosiertem Training und einer allmählichen Steigerung der Trainingsintensität werden Sie schon nach wenigen Wochen spüren, dass Sie mehr leisten, dass Sie in Form sind. Nach einigen Monaten sind Sie ein routinierter Jogger und können sich schon auf das bald beginnende Triathlon-Training freuen.

Wenn Sie schwitzen, ist es gut

Wie spüren Sie nun, dass Sie Ihrem Organismus einen positiven Trainingsreiz vermitteln?

Zunächst ganz einfach, indem Sie schwitzen. Wenn Sie joggen und für mindestens zehn Minuten hintereinander ins Schwitzen kommen, ohne sich unwohl oder erschöpft zu fühlen, haben Sie den einfachen und zuverlässigen Beweis, dass Sie ihrem Körper die richtige Leistung abverlangen.

Viel trinken

Den Flüssigkeitshaushalt im Gleichgewicht halten

Wer viel schwitzt, muss auch viel trinken, um den Flüssigkeitshaushalt im Gleichgewicht zu halten. Trinken Sie Fruchtsäfte, Tee oder Mineralwasser. Sehr zu empfehlen sind Fruchtsaftschorlen (1/3

Saft/2/3 Wasser).Wenn es besonders heiß ist, empfiehlt es sich, vor dem Joggen einen halben bis einen Liter Flüssigkeit zu sich zu nehmen. Wenn Sie nur joggen wollen und Laufen (noch) nicht als Leistungssport betreiben, benötigen Sie eigentlich keine anderen Zusätze. Das mit dem Schweiß ausgeschiedene Salz nehmen Sie mit dem normalen Essen wieder zu sich. Salztabletten oder Elektrolytlösungen sind nur etwas für Leistungssportler (Näheres darüber siehe Seite 176 f.).

Wenn es heiß ist, schon vor dem Sport ausreichend trinken

Was ist mit Energiedrinks?

Die vielfach gepriesenen Energiedrinks sind differenziert zu werten. Die Deutsche Gesellschaft für Ernährung (DGE) meint zum Thema «Isotonische Getränke», diese könnten «durchaus Flüssigkeits- und Mineralstoffverluste durch Schwitzen kompensieren. Unverzichtbar sind diese Getränke jedoch nicht, da auch mit anderen Getränken wie verdünnten Fruchtsäften derselbe Effekt erzielt werden kann. Zudem haben isotonische Getränke in der Regel einen hohen Zuckergehalt, der aus ernährungsphysiologischer Sicht als ungünstig zu beurteilen ist.»

Wann Energiedrinks sinnvoll bzw. unnötig sind

Wenn Sie aber wirklich intensiv Sport treiben, empfehlen sich Zusätze. Als aktiver Sportler haben Sie einen schnelleren Stoffwechsel und brauchen dafür mehr Mineralstoffe. Durch starkes Schwitzen gehen diese verloren und müssen kurzfristig ausgeglichen werden. Da dies mit der Nahrung zu lange dauert, werden Getränke empfohlen, während und nach dem Sport. Die Zufuhr sollte reichlich sein, wobei das Getränk weder zu kalt noch zu süß sein darf. Am besten sind mit Mineralwasser vermischte Fruchtsäfte ohne Kohlensäure. Auch Magnesium ist recht gut zum Ausgleich, sollte aber zusammen mit einer größeren Menge Flüssigkeit eingenommen werden. Es kann – vor dem Sport eingenommen – zu Durchfall führen.

Zum Ausgleich des erhöhten Vitaminbedarfs beim Sport werden Vitamintabletten oder Vitamingetränke angeboten. Sie werden für den Stoffwechsel gebraucht und können die Leistung stabilisieren. Aber halten wir fest: Alle diese Präparate können für Leistungssportler sinnvoll sein, als Ergänzung und nicht als vollgültiger Ersatz für andere Nahrungsmittel. Ein Hobbysportler mit geringerer Belastung braucht sie kaum, wenn er sich ausgewogen und vollwertig ernährt (darüber mehr Seite 132 ff.).

Sind Vitamintabletten oder Vitamingetränke sinnvoll?

Wie Sie Trainingsfortschritte schnell wahrnehmen

Zurück zum Laufen: Den Trainingsfortschritt bemerken Sie auch daran, dass Ihr Körper stetig leistungsfähiger wird – wenn Sie es richtig machen. Dazu zählt, die Laufgeschwindigkeit nur langsam zu steigern – und auch Gehpausen einzulegen. Der untrainierte Körper wird auf diese Weise stufenweise dazu gebracht, seine Kräfte zum richtigen Zeitpunkt zu mobilisieren. Wer unkontrolliert drauflos rennt, wird bald feststellen, daß ihm die Luft ausgeht und seine Muskeln schmerzen.

Was man auch als Anfänger über aerobe und anaerobe Energieversorgung wissen sollte

Aerobe und anaerobe Energie

Der Körper hat zwei Möglichkeiten, die Muskeln mit Energie zu versorgen – die aerobe und anaerobe. Aerob heißt es, weil dazu der Sauerstoff verwendet wird, den die Lungen aus der Luft holen. In Ruhe reicht dazu der normale Atemrhythmus aus. Wird den Muskeln mehr abverlangt, muss Sauerstoff über eine höhere Atem- und Pulsfrequenz zu den Muskeln transportiert werden.

Wenn Sie im Ihnen gemäßen Lauftempo unterwegs sind, halten sich Aufnahme und Verbrauch von Sauerstoff aus der Luft die Waage. Das ist die aerobe Energieversorgung. Es sollte im Ausdauerbereich immer Ihr Ziel sein, im aeroben Bereich zu bleiben.

Die anaerobe Energieversorgung funktioniert wie ein Notstromaggregat. Sie springt ein, wenn die aerobe nicht mehr ausreicht. Der Körper hat eigene Energievorräte, die den Muskeln sehr schnell und ohne Sauerstoffzufuhr («anaerob») zur Verfügung gestellt werden können. Sprinter zum Beispiel laufen fast nur mit anaerober Energie. Aber dieser Vorrat geht sehr rasch zur Neige. Wer für seine Verhältnisse zu schnell läuft, gerät zumindest teilweise in den anaeroben Bereich. Die damit unvermeidliche «Übersäuerung» lässt die Muskeln schmerzen («Muskelkater»).

Im «balance state»

Kern des effektiven, gesunden Joggings ist das aerobe Bewegungstraining. Es gilt, den Körper über einen längeren Zeitraum hinweg so anzustrengen, dass die Sauerstoffaufnahme und Sauerstoffausnutzung im Organismus erheblich gesteigert wird. Der aerobe Trainingszustand ist dann erreicht, wenn man innerhalb gewisser Grenzen eine bestimmte Pulsfrequenz hat und diese sich bei andauernder körperlicher Arbeit nicht mehr erhöht. Den Muskelzellen wird dabei gerade so viel Sauerstoff zugeführt wie für die Verbrennungsvorgänge im Körper zur Erzeugung von Energie nötig ist. Die Muskeln arbeiten im «balance state», wie die Amerikaner sagen. Mit jedem Trainingsfortschritt kann der Läufer länger oder bei höherem Tempo im aeroben Bereich bleiben. Oder anders ausgedrückt: Es gilt, mit niedriger Pulszahl schnell zu sein.

Kern jedes Ausdauertrainings: mit niedriger Pulszahl möglichst schnell zu laufen

Rund um den Puls

Mehrfach war schon von Pulsschlag oder Pulsfrequenz die Rede, also von der Zahl der Herzschläge pro Minute. Das ist ein wichtiger Gradmesser für Ihre körperliche Belastung, den wir hier näher beleuchten wollen. Von der Faustformel 180 minus Lebensalter plus/minus 10 Pulsschläge war auch schon die Rede – damit können Sie einfach messen, ob Sie sich optimal anstrengen und nicht überfordern. Wir können das aber noch verfeinern.

Ruhepuls

Die Sportmedizin kennt für den Belastungsbereich mehrere Pulsarten. Da ist der *Ruhepuls*. Er liegt bei gesunden Männern im Durchschnitt zwischen 60 und 80 Schlägen pro Minute, bei gesunden Frauen zwischen 70 und 90. Nach einigen Wochen Training sinkt in der Regel die Pulsfrequenz, man kommt in Form. Marathonläufer haben beispielsweise einen Puls im Bereich von 40 bis 50 Schlägen pro Minute. Nur Spitzensportler liegen sogar unter 40 Schlägen pro Minute.

Messen Sie Ihren Ruhepuls morgens. Sie können ihn am Handgelenk messen oder mit den Fingerspitzen an der Halsschlagader. Wenn Sie den Pulsschlag fühlen, zählen Sie die Schläge zehn Sekunden lang, multiplizieren diese Zahl mit sechs und erhalten so Ihren Ruhepuls. Mit dieser einfachen Methode können Sie auch während des Trainings messen.

Maximalpuls

Der *Maximalpuls* ist die höchste Frequenz, mit der das Herz schlagen kann. Er wird bei absoluten Höchstbelastungen erreicht und stellt die Grenze zur Erschöpfung dar. Der Maximalpuls ist nach der Faustformel 220 minus Lebensalter ermittelbar. Uns hilft dieser Wert bei der Ermittlung des Trainingspulses, also der Herzfrequenz, mit der wir trainieren wollen.

Trainings- oder Belastungspuls

Als *Trainingspuls* oder *Belastungspuls* bezeichnet man die Pulsfrequenz, bei der der Körper im aeroben Bereich arbeitet und bei dem ein ausreichender Trainingseffekt für das Herz-Kreislauf-System erreicht wird. Dieser Zielbereich eines sicheren und gesundheitsför-

➤ **TIPP:** Manchmal treten beim Laufen schmerzhafte Seitenstiche auf. In der Anfangsphase eines Laufs hilft es, das Tempo zu drosseln. Auch ein bewusst tiefes Ausatmen hat sich bewährt. Manchmal liegt die Ursache auch im Verdauungssystem. Also: Vor dem Lauf nichts Schweres essen, wie z. B. üppige Portionen Kartoffelsalat, Klöße und dgl.

dernden Trainings wird von zwei Pulswerten begrenzt. Die untere Grenze, der Richtpuls, beträgt 70 % des Maximalpulses, der obere Grenzwert liegt bei 85 % des Maximalpulses. Mit diesem oberen Grenzwert erreichen Sie die ungefähre Linie zwischen aerober und anaerober Tätigkeit. Das liest sich noch etwas kompliziert, ist im Kern aber recht einfach. Wenn Sie ihren persönlichen Bereich für den Trainingspuls ermitteln wollen, subtrahieren Sie zunächst Ihr Alter von 220. Etwa 70 % dieser Zahl ergibt Ihren Richtpuls, mit 85 % erreichen Sie Ihre obere Trainingsgrenze, sofern Sie gesund und nicht übergewichtig sind.

Mit regelmäßigem Training erwerben Sie aerobe Ausdauer. Joggen ist dafür die einfachste Methode, aber auch Radfahren und Schwimmen, zwei Sportarten, mit denen wir uns in den nächsten Abschnitten noch näher befassen werden, sind effektive Methoden für aerobes Training. Der Freiburger Sportmediziner Prof. Dr. med. Dr. h. c. Joseph Keul formulierte es einmal so: «Der menschliche Körper ist die einzige Maschine, die funktionsuntüchtig wird, wenn sie nicht genutzt wird. Ja, unser Körper ist sogar das einzige System, das umso besser und gesundheitsfördernder arbeitet, je mehr es beansprucht wird.»

Joggen ist auch ein hervorragendes Mittel zur Entspannung

Lockerer und freier

Joggen ist einfach weit mehr. Es ist ein ganzheitliches Erlebnis für Körper und Seele. Prof. Dr. Alexander Weber von der Universität Paderborn: «Mit zunehmender Lauferfahrung spürt jeder, der regelmäßig und genügend intensiv läuft, dass Laufen ein hervorragendes Mittel zur Entspannung darstellt. In dem Maße, wie sich der ganze Körper während des langsamen Laufens von Kopf bis Fuß entspannt, wie er lockerer und freier wird, lösen sich auch emotionale Verspannungen. Laufen wirkt beruhigend und macht ausgeglichener.»

«Glückshormone», die es gratis gibt

Endorphine treiben an

Diese von vielen beschriebene Wirkung hält auch nach dem Joggen an. Ein begeisterter Jogger ist z. B. auch Showmaster Frank Elstner. Er sagt: «Man läuft sich in einen richtigen Rausch. Man kann süchtig danach werden.» Das ist auch auf die Endorphine zurückzuführen, jene «Glückshormone», die der Körper beim Joggen ausschüttet. Damit joggen sich Läufer in jenen selig-beschwingten Zustand, in dem sie glauben, wie von selbst vorwärts getragen zu werden.

Man sollte es aber vor allem als Einsteiger nicht übertreiben. Joggen soll Freude vermitteln, Ihr Lebensgefühl steigern, nach und nach Teil Ihres Lebensprogramms werden, aber es soll nicht gänzlich Ihr Leben bestimmen. Darum hören Sie auf Ihren Körper, wenn er mal nicht will, und legen Sie kleine Pausen ein. Viele Jogger sind gerne allein oder mit ihrem Walkman unterwegs, andere suchen die Gruppe oder das Laufen mit dem Partner/der Partnerin.

Auf das richtige Maß und Freude am Sport kommt es an

Laufen mit dem Partner / der Partnerin kann die Freude sogar verdoppeln

Motivation

Sport nie als monotone Pflichtübung empfinden, sondern stets als willkommenen Ausgleich der zunehmenden Hektik im beruflichen Alltag genießen

Das Laufen sollte ebenso wie die anderen Ausdauersportarten nie als monotone Pflichtübung betrachtet werden, sondern vielmehr als Möglichkeit, abzuschalten und den Alltag mit seinen Anforderungen bewusst hinter sich zu lassen. Dennoch wird es im Verlauf Ihres Trainingsprogramms immer Tage geben, an denen Überdruss oder Müdigkeit schon mal die Oberhand gewinnen können. Das gehört dazu – machen Sie sich deshalb noch keine Gedanken. Sollten Sie sich allerdings bei ständigen Ausreden ertappen, um das Training ausfallen zu lassen, gibt es eine Reihe guter «Tricks», die Ihnen behilflich sein können, weiterzumachen und «am Ball» zu bleiben. Einer dieser «Tricks» könnte z. B. sein, dass Sie gezielt verinnerlichen, dass einer der Hauptgründe für sportliche Aktivität in der Förderung der körperlichen, geistigen und seelischen Gesundheit liegt. Damit Sie dies im Bewusstsein halten und auch an solchen Tagen trainieren, an denen Sie am liebsten gar nichts tun möchten, empfehle ich aus eigener Erfahrung die Orientierung an positiven Konzepten bzw. Zielvorstellungen. Zum Beispiel: Ich tue etwas für meine Fitness und Gesundheit, weil ich

- den ganzen Tag über gelassen sein möchte (Psyche),
- mein Leben besser im Griff haben will (Geist),
- überflüssige Pfunde loswerden (Körper) und mein Wohlfühlgewicht stabil halten will.

Setzen Sie sich am besten ein konkretes, erreichbares Ziel zunächst für die Dauer von drei bis vier Wochen, in denen Sie z.B. dreimal wöchentlich einen Dauerlauf von 45 Minuten einschließlich Stretching einplanen. Suchen Sie sich am besten einen Trainingspartner, mit dem Sie sich messen können. Vergleichen Sie Ihre Ziele, ermutigen und motivieren Sie sich gegenseitig.

Und dann beginnen Sie in der Freude über das Erreichte am besten wieder von vorn. Wiederholen Sie auch den Fitnesstest, damit Sie sich von Ihren Trainingserfolgen schnell überzeugen können. Protokollieren Sie kurz Ihre sportliche Aktivitäten – das führt Ihre Fortschritte auf dem Weg zum Triathlon deutlicher vor Augen.

Die nächsten Schritte zum Triathlon

In der Vielfalt liegt der Reiz

Der gesundheitliche und sportliche Wert von Triathlon im Anfänger- und Breitensportbereich

Die Wege zum Triathlon sind vielfältig. Oft sind es Freunde oder Bekannte, die den ersten Anstoß geben und zu einem ersten Triathlon-Abenteuer «verführen».

Dieser Einstieg wird dem Anfänger seit einigen Jahren auch recht leicht gemacht. Vor allem die Volks- oder Jedermann-Triathlons sind es, mit denen für viele – Frauen, Männer, ganze Familien – zunächst ein Anreiz geschaffen wird. Vor dem ersten Start zu einem Triathlon steht aber häufig die Frage: Welche gesundheitlichen und sportlichen Chancen bietet der Triathlon, welcher Aufwand und welche Risiken sind mit ihm verbunden?

Allein die Kombination von drei Ausdauersportarten verschiebt den Wert der Sportart Triathlon gegenüber einzelnen Ausdauerdisziplinen in Richtung Gesundheit, wie ich bereits eingangs dargelegt habe. Überlastungen, die beim Training nur einer Sportart nicht selten sind, werden durch den Wechsel der Sportarten reduziert. Das gilt vor allem für Schäden am Bewegungsapparat, trifft aber auch für andere Organsysteme zu.

Positiv sind auch die Trainingsmethoden für den Anfängerbereich einzuschätzen. Triathlonwettkämpfe dauern auch unter einfachen breitensportlichen Bedingungen mindestens eine Stunde. Es handelt sich deshalb schon für Anfänger um eine Langzeit-Ausdauerbelastung. Das Training muss auf diese Wettkampfdauer eingestellt werden. Das wiederum setzt voraus, vorwiegend Trainingsmethoden anzuwenden, die nur eine gemäßigte – und damit schonende – Trainingsintensität zulassen.

Das Training vorwiegend im aeroben Bereich erleichtert vor allem den höheren Altersstufen und den wenig Trainierten die Auseinandersetzung mit längeren Strecken. Außerdem gilt aerobes Training

Training im aeroben Bereich ist leicht steuerbar und die Belastungsform mit dem höchstem Gesundheitswert

als die Belastungsform mit dem höchsten Gesundheitswert. Darüber hinaus ist diese Trainingsform relativ leicht zu steuern, da nur Umfang und Häufigkeit des Trainings festgelegt werden müssen. Beide Kriterien lassen sich mithilfe einer Leistungsdiagnostik individuell ziemlich sicher dosieren.

Die Gefahr eines Übertrainings lässt sich so ebenfalls besser ausschließen. Wie schon an anderer Stelle erwähnt, wird neben der Ausdauer auch die Fähigkeit der Kraft entwickelt, eine Voraussetzung für zufriedenstellende Leistungen im Schnelligkeitsbereich. Als Vorzüge des Triathlon gelten:

Vorzüge des Triathlonsports auf einen Blick

- Die drei Sportarten Schwimmen, Radfahren und Laufen verlangen motorische Grundfertigkeiten, die keinen langwierigen Lernprozess voraussetzen.
- Alle drei Teildisziplinen zählen zu den lebensbegleitenden Sportarten, die von der Kindheit bis ins hohe Lebensalter betrieben werden können.
- Triathlontraining bietet günstige Voraussetzungen, bei entsprechender Ernährung (siehe Seite 132 ff.) das Soll- bzw. Zielgewicht stabil zu halten.
- Durch die einfache Bestimmung des Belastungsumfangs und der Belastungsintensität im aeroben Bereich ist das Training in den Triathlonsportarten leicht zu gestalten.
- Verbesserungen der Leistungen in den Triathlonsportarten sind schon nach relativ kurzer Trainingsdauer durch motorische Leistungstests, zum Beispiel 5000-m-Lauf, 400 m Schwimmen, 20 km Radfahren messbar. Weitere allgemeine Anpassungserscheinungen sind durch einfache medizinische Untersuchungsmethoden nachweisbar: geringere Pulsfrequenz in Ruhe und für eine bestimmte Leistung, Erhöhung der maximalen Sauerstoffaufnahme sowie positive Veränderungen des Blutdrucks.
- Der Erlebnisgehalt des Triathlonsports kann gar nicht hoch genug eingeschätzt werden. Bereits das Training bietet viel Abwechslung, und Wettkämpfe sind nicht selten Ereignisse mit Abenteuergehalt, bei denen man auch mal alte Bekannte aus der gemeinsamen Schul- oder Studentenzeit wieder trifft und sich nach den Meetings noch gerne und lange daran erinnert.

- Schließlich führt die durch Triathlon erworbene Leistungsfähigkeit zu einem höheren Selbstwertgefühl und auch zu positiven Einflüssen auf den psychischen Zustand. Die Trainingszeit selbst kann sehr variabel gestaltet werden, und auch beruflich stark Belastete können passende Trainingszeiten finden.
- Trainingsmöglichkeiten bestehen fast immer und überall. Sollten im Winter örtlich eingeschränkte Trainingsgelegenheiten beim Radfahren und Schwimmen bestehen, dann kann diese Zeit durch Laufen und Ausgleichstraining wie Skilanglauf, Mountainbiking, Training in der Halle (Gymnastik, Ballspiele), im Fitness-Studio usw. überbrückt werden.

Trainingsmöglichkeiten bestehen fast immer und überall

Durch methodisch richtig aufgebautes, individuell angepasstes Training, Beachten einfacher Hygiene-Regeln, durch funktionsgerechte Kleidung, medizinische Kontrollen sowie verkehrsgerechtes Verhalten beim Radtraining können die Risiken, die mit dem Triathlon verbunden sind, auf ein Minimum gesenkt werden. Der Einsteiger muss aber auch wissen, dass Triathlon, der wettkampfmäßig oder gar im Mittel- und Langbereich betrieben wird, eine trainingsaufwändige Angelegenheit ist. Das absolute Minimum für das wöchentliche Training liegt bei vier bis fünf Stunden, für die sich vor allem für Einsteiger das so genannte Crosstraining eignet, womit wir uns im Folgenden näher beschäftigen wollen. Die Anschaffungskosten für Material, Kleidung und sonstige Ausrüstung sind zwar nicht gering (siehe Seite 70, 83, 102), können teilweise, insbesondere Rad, Pulsmesser usw. gebraucht gekauft werden (siehe Anzeigen in Triathlon- und Laufmagazinen). Die notwendige Ausrüstung und die Geräte können auch über längere Zeit genutzt werden, wenn die Sportlerin/der Sportler nicht jeden Modetrend mitmacht. Auch die sonstigen Kosten halten sich im Rahmen, wenn das Wettkampfangebot in der näheren bzw. weiteren Umgebung des Wohnorts genutzt wird.

Auch Risiken können unter Beachtung einiger Regeln auf ein Minimum gesenkt werden

Durch Crosstraining auf den Geschmack kommen

Es wächst ohnehin die Zahl derer, die ihr Fitness-Programm möglichst abwechslungsreich gestalten und sich nicht stur im Training und Wettkampf auf «nur» eine Ausdauersportart «beschränken» wollen. Sie betreiben entweder zum Ausgleich zu ihrem Lauftraining oder als Erweiterung ihres Fitnessprogramms das bereits oben erwähnte

Durch Crosstraining willkommene Ausflüge in andere Sportarten

Vielseitiges Training wird vor allem im Breiten- und Gesundheitssport favorisiert

Crosstraining. Es ist auch wissenschaftlich erwiesen: Trainingsausflüge in andere Sportarten können überaus beflügelnd wirken, und Vielseitigkeit gilt als Trainingsvorteil. Vor allem Läufer – darunter so bekannte Langstreckenläufer wie Herbert Steffny, 13-facher Deutscher Meister, Dritter bei der Marathon-Europameisterschaft 1986 und heute noch bei den Altersklasse-Athleten in der Weltspitze zu finden – sind vom Crosstraining angetan. So ist es auch kein Wunder, dass in einer Studie über 90 % aller Sportler, die Laufen als Hobby im Breiten- bzw. Gesundheitsport betreiben, sich regelmäßig in anderen Ausdauersportarten engagieren, wobei Radfahren und Schwimmen an der Spitze liegen. Und seit einigen Jahren schon wird Crosstraining – auch erweitertes Training genannt – als Trainingsmethode für künftige Triathleten popularisiert, weil sie in Training und Wettkampf schwimmen, Rad fahren und laufen und in den Augen vieler Experten von allen Athleten am durchtrainiertesten sind.

Crosstraining ist grundsätzlich für alle sinnvoll, die entschlossen sind, ihre Ausdauer zu trainieren. Ein wichtiger Grund, weshalb Läufer im Rahmen ihres Trainings einen Teil des Programms häufig durch Radfahren oder Schwimmen ergänzen, ist darin zu sehen, dass die ausgewogene Verteilung der körperlichen Belastung bei diesen Sportarten und damit die Senkung des Verletzungsrisikos erreicht werden soll. Im Vergleich zum Laufen sind Schwimmen und Radfahren nicht nur Aktivitäten mit geringeren Belastungen, sondern sie fordern auch unterschiedliche Muskeln bzw. dieselben Muskelgruppen auf verschiedene Weise. Bei Ausdauersportarten kommt es oft zu Verletzungen, weil eine Muskelgruppe stärker entwickelt ist als die gegenüberliegende. Durch Abwechslung beim Sport kommt es erst gar nicht zu einem solchen Ungleichgewicht, und das Risiko von Muskel- oder Gelenkverletzungen wird erheblich gesenkt.

Falls Sie sich aber einmal verletzen sollten, können Sie Ihre Fitness im Ausdauerbereich erhalten, indem Sie während der Regeneration eine andere Sportart trainieren, die andere Muskeln beansprucht. Schwimmen im Kraulstil ist eine exzellente Alternative für Radsportler oder Läufer mit lädierten Knien, weil hier die Muskeln des Oberkörpers die Antriebskraft bereitstellen. Außerdem werden beim Schwimmen Ober- und Unterkörper gleichmäßiger trainiert als beim Laufen oder Radfahren allein. Auch auf mentaler Ebene sorgt das Training von zwei oder drei Ausdauersportarten für Abwechslung – das Training wird interessanter und macht mehr Spaß. Ebenso werden beim Training einer neu begonnenen Sportart in der Regel relativ schnell erste Fortschritte sichtbar, was zusätzliche Motivation schafft. Es ist insbesondere für ältere Sportler unerheblich, ob das Crosstraining teilweise das Training in der Hauptsportart ersetzt oder ob man verschiedene Sportarten gleichmäßig trainiert – man fühlt sich rundherum besser in Form. Auch die Muskeln werden besser entwickelt, wenn man sich nicht nur auf eine Sportart beschränkt.

Zusätzliche Motivation durch sichtbare erste schnelle Fortschritte

Wem nützt Crosstraining am meisten?

Weil jede Sportart spezielle Muskeln anspricht, stimmen Experten weitgehend überein, dass für Spitzensportler die Trainingsergänzung durch eine andere Sportart wenig sinnvoll ist. Wer seine Geschwindigkeit und Ausdauer als Läufer steigern will, sollte im Training eigentlich nur laufen; dasselbe gilt für den Radsport, das Schwimmen und jeden anderen Ausdauersport. Einige Athleten sind jedoch der Meinung, dass Crosstraining – in kleinen wohldosierten Mengen – ihre Leistung im gewählten Sport fördern. Der von Sportlern am häufigsten genannte Grund für Crosstraining ist jedoch der, während der Rehabilitation bei einer Verletzung die aerobe Fitness nicht zu verlieren bzw. auf dem erreichten Niveau zu erhalten. Daher nützt Crosstraining neben Triathleten vor allem Sportlern, die nur sporadisch an Wettkämpfen teilnehmen, ebenso Fitness-Begeisterten, denen es nicht unbedingt auf Spitzenleistung in einer bestimmten Sportart ankommt, denen das Ankommen in einem Triathlon-Wettbewerb wichtiger ist als Zeit und Platzierung.

Crosstraining nützt Fitness-Begeisterten am meisten

Optimierung der Herzfunktion

Für die Optimierung der Herzfunktion ist eine aerobe Sportart an sich ausreichend. Die positiven Auswirkungen der Ausdauersportarten auf das Herz-Kreislauf-System sind komplex: Ein trainiertes Herz pumpt bei jeder Kontraktion mehr Blut, die Blutgefäße sind besser in der Lage, die größere Blutmenge zu transportieren, mehr Blut erreicht die Lungen, sodass den Muskeln mehr sauerstoffhaltiges Blut zur Verfügung steht. Dieser so genannte Trainingseffekt setzt unabhänging von der gewählten aeroben Sportart ein. Dagegen gibt es bei den peripheren Wirkungen – das sind strukturelle Änderungen, über die arbeitende Muskeln mehr Sauerstoff zur Energiegewinnung nut-

Ein ganzes Spektrum an positiven Auswirkungen auf das Herz-Kreislauf-System durch Ausdauersport

Günstige Auswirkungen auf den Stoffwechsel

zen – sehr wohl Unterschiede zwischen den einzelnen Sportarten. Genau genommen hängt dies von der Belastungsintensität und -dauer ab, mit der ein bestimmter Muskel beansprucht wird. Die Anzahl und Produktivität der Mitochondrien, der Energiekraftwerke in der Zelle, nehmen zu, die Muskeln bilden mehr Kapillaren, sodass mehr Blut in sie hineinfließt. Dadurch wird die Enzymaktivität positiv beeinflusst, was wiederum die biochemischen Stoffwechselabläufe effektiver macht. Während sämtliche Ausdauersportarten die Fitness des Herz-Kreislauf-Systems verbessern helfen, werden zudem die peripheren Muskeln entsprechend besser entwickelt.

Ein Indikator, um Ausdauer «messbar» zu machen, ist die anaerobe Schwelle, die ein wichtiger Parameter für Ausdauerathleten ist. Was versteht man unter anaerober Schwelle?

Anaerobe Schwelle

Die anaerobe Schwelle als wichtiger Parameter im Ausdauersport

Darunter versteht man den Punkt, an dem der Körper vom aeroben Stoffwechsel – der sauerstoffabhängigen Energiegewinnung für länger anhaltende Anstrengungen – auf den anaeroben Stoffwechsel umschaltet, der ohne Zuhilfenahme von Sauerstoff die Energie für kurze Ausbrüche intensiver Anstrengung liefert. Das beste Beispiel dafür liefern 400- oder 800-m-Läufer. Der anaerobe Stoffwechsel kann nur für wenige Minuten aufrechterhalten werden. Deshalb erlaubt eine Verbesserung der anaeroben Schwelle, dass länger und damit intensiver trainiert werden kann. Die anaerobe Schwelle hängt mit der maximalen Sauerstoffaufnahme (VO_2max) zusammen. Allerdings wird das individuelle Verhältnis sowohl vom Fitness-Niveau als auch vom Tempo und der Dauer der Anstrengung bestimmt (Näheres dazu siehe Seite 58 f.). Untrainierte erreichen ihre anaerobe Schwelle durchaus schon bei 40–50 % des VO_2max, während durchtrainierte Sportler oft bei bis zu 80 % des VO_2max trainieren, ohne die anaerobe Schwelle zu erreichen.

Längst haben Forscher herausgefunden, wie diese Beziehung durch Messung der Anhäufung von Milchsäure bzw. Laktat, dem Salz der Milchsäure, dargestellt werden kann. Die Milchsäure ist – vereinfacht ausgedrückt – ein chemisches Produkt des anaeroben Stoffwechsels, das sich in Muskeln und Blut bei Ermüdung anhäuft. Studien mit Trainierten und Untrainierten zeigen, dass bei leichter und mäßiger Anstrengung die Milchsäuremengen der beiden Gruppen nahezu konstant bleiben. Nimmt die Anstrengung aber zu, steigt der Pegel bei Untrainierten schneller als bei Trainierten, deren Körper erst bei einem höheren prozentualen Wert des VO_2max verstärkt Milchsäure bildet. Die hohe anaerobe Schwelle ist daher auch für die herausragenden Leistungen von Spitzenausdauerathleten die Voraussetzung, die sich ohne Ermüdung stärker verausgaben können.

Gründe für die schnelle Laktatbildung bei Untrainierten

Das Phänomen der anaeroben Schwelle erklärt somit, weshalb ein durchtrainierter Läufer relativ schnell Erschöpfungszeichen zeigt, wenn er mit dem Schwimmtraining beginnt oder auf ein Rad steigt. Die fehlende Konditionierung der peripheren Muskeln bewirkt einen stärkeren Aufbau von Milchsäure, als es beim Laufen mit gleichem Sauerstoffverbrauch der Fall wäre. Wer aber rundum fit werden will, sollte im Training versuchen, seine anaerobe Schwelle für verschiedene Aktivitäten zu verbessern. Das verlangt nicht unbedingt mehr Trainingszeit, stellt jedoch eine größere Herausforderung dar.

Mehr Fitness durch die Verbesserung der anaeroben Schwelle

Wie lässt sich die anaerobe Schwelle verbessern?

Um die anaerobe Schwelle zu verbessern, müssen bestimmte Typen von Skelettmuskelfasern konditioniert werden. Die Skelettmuskeln weisen zwei unterschiedliche Grundtypen von Muskelfasern auf: schnell kontrahierende und langsam kontrahierende. Die schnell kontrahierenden Muskelfasern (SK-)Muskeln beziehen ihre Energie größtenteils aus anaeroben Reserven, während die langsam kontrahierenden (LK-)Muskeln, die sich nur etwa halb so schnell zusammenziehen, über den aeroben Stoffwechsel versorgt werden. Bei leichter Anstrengung, wie z.B. Gehen oder Joggen, nutzt das Nervensystem vor allem die LK-Faserstränge, die auch langsam-oxidative Fasern genannt werden, da diese reich an Kapillaren sind, nur langsam ermüden und sich deshalb für Ausdaueraktivitäten sehr gut eignen. Legt man mit langsamen Tempo große Strecken zurück bzw. trainiert man regelmäßig und andauernd im unteren Herzfrequenzbereich (extensiver Bereich), so sind hauptsächlich die LK-Fasern beansprucht. Die anaerobe Schwelle wird durch diese Form des Trainings auch verbessert, aber nicht nennenswert.

Wissenswertes über die Grundtypen von Muskelfasern

Die größeren, aber schneller ermüdenden SK-Fasern kommen ins Spiel, sobald die Anstrengung zunimmt. Man unterteilt sie in zwei Typen von Fasern: schnell-oxidative-glykolytische Fasern (Typ A) und schnell-glykolytische Fasern (Typ B). Die Typ-A-Fasern werden

Energiebereitstellung durch Typ-A- und Typ-B-Muskelfasern

aktiv, wenn man seine Geschwindigkeit erhöht, also beispielsweise vom lockeren Joggen zum schnellen Lauf übergeht. Die Typ-B-Fasern hingegen liefern die für explosive Energieausbrüche, etwa einen rasanten Sprint, nötige kontraktile Kraft. Verbesserung der anaeroben Schwelle erlangt man hauptsächlich durch Training von Typ-A-Fasern, da diese ihre Energie sowohl aus aeroben als auch anaeroben Quellen beziehen.

Training an der anaeroben Schwelle, ohne sie jedoch zu überschreiten

Dabei muss man dicht an der anaeroben Schwelle trainieren, ohne sie jedoch zu überschreiten. Studien belegen, dass die anaerobe Schwelle umso mehr verbessert wird, je dichter man sich ihr annähert. Die Kapitel über Schwimmen, Radfahren und Laufen sehen Trainingseinheiten zur Verbesserung der anaeroben Schwelle vor, beispielsweise durch Intervalltraining und Sprints. Das führt uns zu der Frage: Lässt sich durch Training das Mengenverhältnis zwischen SK- und LK-Fasern beeinflussen?

Kaum. Zwar gibt es Hinweise, dass fast vollständig von anaerobem Stoffwechsel abhängige Typ-B-SK-Fasern durch Training in Typ-A-SK-Fasern umgewandelt werden können. Eine Umwandlung von SK-in LK-Fasern und umgekehrt scheint jedoch ausgeschlossen. Es gibt beträchtliche individuelle Unterschiede in Bezug auf die Verteilung der Fasern, und auch bei ein und derselben Person können die Proportionen von Muskel zu Muskel variieren. Unser Körper besitzt etwa 45–50 % LK-Fasern, die relative Proportion der Fasertypen wird jedoch vom Erbgut bestimmt. Fest steht aber, dass durch Training die Leistungsfähigkeit beider Fasertypen gesteigert werden kann.

Trainingsumfang

Die für Aufbau und Erhaltung der Fitness des Herz-Kreislauf-Systems nötige Trainingsmenge ist bekannt: dreimal wöchentlich mindestens 45 Minuten (30 Minuten Training im Zielbereich der Herzfrequenz, 15 Minuten verteilt auf Aufwärmen und Abwärmen – Warm-up und Cool-down). Wieviel Training die peripheren Muskeln brauchen, ist jedoch – je nach persönlichem Ziel – der zur Verfügung stehenden Zeit und dem jeweiligem Fitnessgrad unterschiedlich. Eine Studie mit Altersklassen-Triathleten ergab, dass Wettkampfathleten zwar im Durchschnitt eineinhalb bis zwei Stunden täglich trainieren, die Mehrzahl der Sportler jedoch über kürzere Distanzen geht und das Training einschiebt, wann immer der Tagesplan dies erlaubt.

Was eine Trainingsstudie mit Altersklassen-Triathleten ergab

Viele Sportmediziner und Trainer sind sich darüber einig, dass die Trainingqualität ebenso wichtig ist wie der Trainingsumfang. So ist es zum Beispiel bei Schwimmern schon lange kein Geheimnis mehr, dass das Schwimmen relativ kurzer Strecken mit Ruhepausen zwischendurch die aerobe Fitness schneller aufbaut als gleichmäßig langsames Zurücklegen endloser Bahnen (nähere Informationen zum Schwimmen siehe Seite 70 ff. ff). Ähnlich ist es beim Laufen, wo man durch Intervalltraining sein Tempo verbessern kann, ohne zu sehr zu ermüden. So ist es z.B. für die meisten Menschen unmöglich, beispielsweise 1500 m in vier Minuten zu laufen. Durchaus machbar ist es aber, etwa in 15 Sekunden bei diesem Tempo zu laufen und nach jedem Sprint 30 Sekunden Pause einzulegen. Wenn man insgesamt 10 Minuten und 30 Sekunden auf diese Art trainiert, hat man das Äquivalent von 1,5 km in vier Minuten bewältigt.

Trainingsqualität ebenso wichtig wie Trainingsumfang

Woran erkennt man Übertraining?

Teil jedes sinnvollen Trainingsprogramms sind ausreichende Ruhe- und Erholungsphasen. Übertriebenes Training, besonders die tagtägliche intensive Verausgabung ohne dazwischenliegende Tage mit leichterer Gangart, führt früher oder später zu Leistungsabfall und Konditionsverlust. Viele hochmotivierte Sportler stoßen auf dieses Problem, wenn die Anpassungsmechanismen des Körpers bis zur totalen Erschöpfung beansprucht wurden. Es gibt ein paar Warnsignale vor zu heftigem Training: Gewichtsverlust, Gelenk- und Muskelschmerzen ohne Vorliegen von Verletzungen, Übelkeit, Erkältung und ständige Abgeschlagenheit. Bei Frauen kann es zu Unregelmäßigkeiten im Monatszyklus kommen. Bei Verdacht auf Übertraining setzt man am besten ein paar Tage aus. In ernsten Fällen sollten Sie eine Woche oder länger pausieren. Bei Trainingswiederaufnahme trainiert man zunächst weniger hart oder kürzer als gewohnt, bis man sich wieder völlig erholt hat.

Ohne ausreichende Ruhe- und Erholungsphasen keine Trainingserfolge möglich. Es kommt zu Leistungsabfall und Konditionsverlust

Crosstraining – vom Alter unabhängig

Crosstraining kann unabhängig vom Alter betrieben werden. Aktive Ausdauerathleten erreichen ihre Leistungsspitze oft mit Ende 20 oder Anfang 30 – und viele Freizeitsportler und Triathleten sind älter,

Faustregel bei Ausdauersportarten: Je länger die Distanz ist, umso eher haben ältere Sportler unter bestimmten Trainingsvoraussetzungen einen Vorteil

denen in diesem Buch ja auch das besondere Interesse gilt. Bei Ausdauersportarten gilt die Faustregel: Je länger die zurückzulegende Distanz, umso eher haben ältere Sportler einen Vorteil, vorausgesetzt, sie sind ebenso gut trainiert wie die jungen Mitstreiter. Diese Überlegenheit resultiert aus jahrelangem konsequenten Training der älteren Athleten (höheres Trainingsalter). In einer aktuellen Statistik über Top-Triathleten liegt das Durchschnittsalter der Männer bei 35, das der Frauen bei 32 Jahren.

Das Image vom Triathlonsport als «Sport für harte Männer» stammt vom legendären Ironman-Triathlon im Jahr 1978 auf Hawaii, dem ersten Sportereignis dieser Art. Damals war diese Bezeichnung durchaus berechtigt: Die Teilnehmer schwammen erstmals ohne Unterbrechung zunächst 3,8 km im offenen Wasser, radelten 180 km und absolvierten schließlich noch einen 42,2-km-Marathonlauf. Im Zuge der wachsenden Bedeutung des Triathlon als Breitensport sind diese spektakulären Ironman-Distanzen allerdings kaum praktikabel und mehr den Profis vorbehalten. Die Strecken für ältere Sportler liegen sinnvollerweise in der Kurzdistanz. Der Abschnitt Seite 154 ff. enthält deshalb ein Trainingsprogramm, mit dem man sich gezielt auf einen Kurztriathlon vorbereitet. Die Kapitel Seite 70 ff., Seite 83 ff. und Seite 100 ff. erläutern Techniken für Schwimmen, Radfahren und Laufen, die im Triathlon angewandt werden und für Athleten im mittleren und höheren Lebensalter relevant sind. Die Ausführungen dort zeigen, wie sich Schwimmen, Radfahren und Laufen im Rahmen eines effektiven Trainingsplans verbinden lassen, und welche Ausrüstung im Einzelnen am sinnvollsten und zweckmäßigsten ist. Doch fassen wir zunächst noch einmal alle Vorzüge des Crosstrainings zusammen, wie es ausführlich im Buch «Fit und gesund – Triathlon» beschrieben ist. Ausgezeichnete Experten haben daran mitgewirkt, denen an dieser Stelle mein besonderer Dank gilt.

Die Vorzüge des Crosstrainings auf einen Blick

Keine Monotonie durch Crosstraining

- Selbst begeisterten Sportfans passiert es manchmal, dass sie nach monate- oder jahrelangem einseitigem Training ihren Sport als monoton empfinden und ihre Fitness nicht mehr steigern können. Wenn es Ihnen auch so oder ähnlich geht, können Sie

TESTRENNEN

	Strecke	Zeit	Herzschlag/Min.	Tempo
SCHWIMMEN	500 m			
RADFAHREN	3 km			
LAUFEN	1500 m			

GESCHWINDIGKEITSTABELLE

SCHWIMMEN		RADFAHREN		LAUFEN	
Gesamtzeit	Min./100 m	Gesamtzeit	km/h	Gesamtzeit	Min./1500 m
11:15	2:15	9:00	20	10:30	10:30
10:25	2:05	8:11	22	9:30	9:30
9:35	1:55	7:30	24	8:30	8:30
8:45	1:45	6:55	26	7:30	7:30
7:55	1:35	6:25	28	7:15	7:15
7:05	1:25	6:00	30	7:00	7:00
6:40	1:20	5:37	32	6:45	6:45
6:15	1:15	5:17	34	6:30	6:30
5:50	1:10	5:00	36	6:15	6:15
5:25	1:05	4:44	38	6:00	6:00
5:00	1:00	4:30	40	5:45	5:45
		4:17	42	5:30	5:30
		4:05	44	5:15	5:15
		3:54	46	5:00	5:00
		3:45	48	4:45	4:45
		3:36	50	4:30	4:30

Training im Wechsel der Jahreszeiten

die Anforderung ebenso wie den Erfolg beim Training steigern, indem Sie mehrere neue Sportarten dazunehmen. Der Übergang zu Crosstraining ist völlig unkompliziert – man kann sich z. B. ganz einfach von der Jahreszeit leiten lassen. Nach dem Schwimmen im Sommer fährt man im Herbst Rad und macht im Winter Skilanglauf. Oder man setzt sich höhere Ziele und bereitet sich nach striktem Plan (siehe Seite 152 ff.) auf einen Triathlonwettkampf vor.

Bei ausreichender Fitness Crosstraining stufenweise angehen, steigern und später «Stabilisierungsphasen» einplanen

- Wer eben erst mit dem Fitness-Training begonnen hat, sollte bei einer Sportart bleiben, bis er genügend Kondition hat. Zwei – oder mehrere – Aktivitäten beanspruchen mehr Muskelgruppen und rufen zusätzlichen Muskelkater hervor, wenn sich der Körper noch nicht darauf eingestellt hat. Außerdem braucht man bei ständigem Wechsel zwischen den Sportarten länger, um die jeweiligen Techniken richtig zu beherrschen. Trainieren Sie daher anfangs dreimal wöchentlich 30 Minuten, 20 Minuten davon sind der Belastungsphase im Zielbereich der Herzfrequenz gewidmet. Sobald Sie dies bequem schaffen, können Sie auf Crosstraining umsteigen. Mit der Verbesserung der Herz-Lungen-Kapazität kann man Intensität und Trainingsdauer stufenweise erhöhen – oder aber andere Aktivitäten hinzunehmen. Allerdings sollte man nicht übersehen, dass neue Aktivitäten nicht mit gleicher Intensität wie gewohnte Übungsmuster angegangen werden. Steigern Sie sich langsam. Trainingsumfang und -intensität sollten wöchentlich um maximal zehn Prozent heraufgesetzt werden. Später sollten langsame bzw. «Stabilisierungsphasen» eingeplant werden. Ein zu schnelles Vorgehen bedeutet eine zu große Belastung für den gesamten Organismus und erhöht die Verletzungsgefahr.
- Wenn Sie mehr als einmal durch Verletzung über mehrere Tage hintereinander am Training gehindert wurden, ist es durchaus möglich, dass Ihr Bewegungsapparat durch Ihr derzeitiges Sportprogramm überlastet wird. Besonders dann, wenn die Verletzungen immer an derselben Stelle auftauchen – wenn Sie beispielsweise ständig Probleme mit den Knien haben oder wenn eine Schienbeinreizung Sie wiederholt vom Training abhält. Mit Ausnahme von Unfallverletzungen, wie z. B. Knöchelverstauchungen, sind die Sportverletzungen in aller Regel Folge

eines Überlastungssyndroms durch wiederholte bzw. Überbeanspruchung eines Körperteils oder auch durch angeborene Fehlstellungen im Bewegungsapparat, z. B. X-Beine usw. Da unterschiedliche Sportarten unterschiedliche Muskelgruppen beanspruchen, senkt man das Risiko von Verschleißschäden, indem man bisher vernachlässigte Muskeln mit zusätzlichen und ungewohnten Sportarten kräftigt. Somit wird die Belastung ausgewogen auf den ganzen Körper verteilt, und die Gelenke werden durch eine kräftige «Muskelmanschette» gestützt.

Durch die Beanspruchung unterschiedlicher Muskelgruppen das Risiko von Verschleißschäden senken

- Die drei klassischen Elemente beim Crosstraining sind wie beim Triathlon Schwimmen, Radfahren und Laufen. Dabei werden jeweils bestimmte Muskelgruppen gefordert und unterschiedliche Techniken verlangt. Schwimmen ist physiologisch am wenigsten belastend, einmal wegen des belastungsarmen Mediums, zum anderen weil es bei horizontaler Lage für das Herz-Kreislauf-System leichter ist, Blut zu den Muskeln zu pumpen. Demgegenüber ist die korrekte Schwimmtechnik durchaus schwierig zu erlernen. Häufig dauert es Jahre, bis man die technischen Feinheiten – im Abschnitt Seite 75 ff. erläutert – und die neuromuskuläre Koordination entsprechend entwickelt. Anders das Laufen: In der Ausführung (siehe Näheres Seite 110 ff.) einfach, wird der Bewegungsapparat hier durch wiederholte Aufprallerschütterungen völlig anders belastet. Das im Abschnitt Seite 86 ff. behandelte Radsport-Training liegt zwischen den beiden Ausdauersportarten Schwimmen und Laufen und bietet eine weitere willkommene Abwechslung.
- Wer an vier bis fünf Tagen in der Woche je eine Stunde Zeit hat, kann Crosstraining in seinen Alltag integrieren. Wer meint, diese Zeit nicht zu haben, sollte sie sich dennoch nehmen. Dafür wechselt man einfach die Sportarten nach selbstgewähltem Muster ab oder man trainiert systematischer und mit mehr Zeitaufwand, um sich auf einen Triathlon vorzubereiten. Dann sind zehn bis zwölf Stunden pro Woche erforderlich. Ein entsprechendes Programm finden Sie im Abschnitt auf Seite 154 ff. Viele Experten stimmen wie gesagt heute darin überein, dass die Trainingsqualität genauso wichtig ist wie der Trainingsumfang. Das bedeutet, dass man häufiger mit Kurzintervallen, Bergstrecken und mit verschiedenen Techniken trainieren sollte.

Je nach Zeit und Lust Crosstraining in den Alltag integrieren

Achtung, fertig, los – das richtige Trainingstempo

Ob man nun an einem Wettkampf teilnehmen oder durch Crosstraining einfach seine Fitness verbessern möchte – für optimalen Trainingsnutzen müssen sowohl die aerobe als auch die anaerobe Kapazität erhöht werden. Der Schwerpunkt liegt wie gesagt auf aerober Ausdauerarbeit, wofür man mindestens 20 Minuten bei 60 bis 85 % der VO_2max trainiert.

Ein sinnvolles Trainingsprogramm enthält jedoch auch Abschnitte zur Verbesserung der anaeroben Schwelle, wobei bei 75 % bis 90 % der VO_2max trainiert wird, sowie spezielle Sprint- oder Geschwindigkeitseinheiten bei 100 bis 120 % des VO_2max. Um zu bestimmen, mit welcher Geschwindigkeit oder Herzfrequenz man die angesprochenen Trainingsbereiche gestaltet, ist es erforderlich, den persönlichen VO_2max-Wert zu kennen.

Während für eine präzise Wertmessung Labortests erforderlich sind, erlaubt die maximale Herzfrequenz bei einem Testrennen über die in der Tabelle auf Seite 55 aufgeführten Distanzen Rückschlüsse auf die VO_2max-Herzfrequenz mit einer geringfügigen Ungenauigkeit von 5 %.

Führen Sie die unterschiedlichen Testrennen an verschiedenen Tagen durch und wärmen Sie sich vorher gründlich auf. Da die Strecken relativ kurz sind, wird mit 100 % Intensität trainiert. Sofort nach dem Rennen wird die Zeit und der Puls gemessen – am besten mit Puls-

VORSCHLÄGE FÜR AUSDAUERTRAINING

(60–85 % VO_2max)

SCHWIMMEN		RADFAHREN		LAUFEN	
Test-Zeit	Trainings-tempo	Test-Zeit	Trainings-tempo	Test Zeit	Trainings-tempo
Min./100 m		km/h		Min./1500 m	
2:15	3:45-2:39	20	12.0-17.0	10:30	17:30-12:20
2:05	3:28-2:27	22	13.2-18.7	9:30	15:48-11:12
1:55	3:11-2:15	24	14.4-20.4	8:30	14:12-10:00
1:45	2:55-2:04	26	15.6-22.1	7:30	12:30-8:48
1:35	2:38 1:51	28	16.8-23.8	7:15	12:06-8:30
1:25	2:21-1:40	30	18.0-25.5	7:00	11:40-8:12
1:20	2:13-1:34	32	19.2-27.2	6:45	11:15-7:54
1:15	2:05-1:28	34	20.4-28.9	6:30	10:48-7:36
1:10	1:56-1:22	36	21.6-30.6	6:15	10:24-7:24
1:05	1:48-1:16	38	22.8-32.3	6:00	10:00-7:06
1:00	1:40-1:11	40	24.0-34.0	5:45	9:36-6:48
		42	25.2-35.7	5:30	9:12-6:30
		44	26.4-37.4	5:15	8:45-6:12
		46	27.6-39.1	5:00	8:20-5:54
		48	28.8-40.8	4:45	7:54-5:36
		50	30.0-42.5	4:30	7:30-5:18

TRAINING AN DER ANAEROBEN SCHWELLE

(75–90 % VO_2max)

SCHWIMMEN		RADFAHREN		LAUFEN	
Test-Zeit	Trainings-tempo	Test-Zeit	Trainings-tempo	Test Zeit	Trainings-tempo
Min./100 m		km/h		Min./1500 m	
2:15	3:00-2:30	20	15.0-18.0	10:30	14:00-11:40
2:05	2:46-2:18	22	16.5-19.8	9:30	12:40-10:36
1:55	2:33-2:07	24	18.0-21.6	8:30	11:20-9:24
1:45	2:20-1:56	26	19.5-23.4	7:30	10:00-8:20
1:35	2:06 1:45	28	21.0-25.2	7:15	9:40-8:06
1:25	1:53-1:34	30	22.5-27.0	7:00	9:20-7:48
1:20	1:46-1:29	32	24.0-28.8	6:45	9:00-7:30
1:15	1:40-1:23	34	25.5-30.6	6:30	8:40-7:12
1:10	1:33-1:18	36	27.0-32.4	6:15	8:20-6:54
1:05	1:27-1:12	38	28.5-34.2	6:00	8:00-6:40
1:00	1:20-1:07	40	30.0-36.0	5:45	7:40-6:24
		42	31.5-37.8	5:30	7:20-6:06
		44	33.0-39.6	5:15	7:00-5:48
		46	34.5-41.4	5:00	6:40-5:36
		48	36.0-43.2	4:45	6:20-5:18
		50	37.5-45.0	4:30	6:00-5:00

SPRINTTRAINING

(100–120 % VO_2max)

SCHWIMMEN		RADFAHREN		LAUFEN	
Test-Zeit	Trainings-tempo	Test-Zeit	Trainings-tempo	Test Zeit	Trainings-tempo
Min./100 m		km/h		Min./1500 m	
2:15	2:15-1:53	20	20.0-24.0	10:30	10:30-8:45
2:05	2:05-1:44	22	22.0-26.4	9:30	9:30-7:54
1:55	1:55-1:36	24	24.0-28.8	8:30	8:30-7:06
1:45	1:45-1:28	26	26.0-31.2	7:30	7:30-6:15
1:35	1:35 1:19	28	28.0-33.6	7:15	7:15-6:00
1:25	1:25-1:11	30	30.0-36.0	7:00	7:00-5:48
1:20	1:20-1:07	32	32.0-38.4	6:45	6:45-5:36
1:15	1:15-1:03	34	34.0-40.8	6:30	6:30-5:24
1:10	1:10-0:58	36	36.0-43.2	6:15	6:15-5:12
1:05	1:05-0:54	38	38.0-45.6	6:00	6:00-5:00
1:00	1:00-0:50	40	40.0-48.0	5:45	5:45-4:48
		42	42.0-50.4	5:30	5:30-4:36
		44	44.0-52.8	5:15	5:15-4:24
		46	46.0-55.2	5:00	5:00-4:12
		48	48.0-57.6	4:45	4:45-4:00
		50	50.0-60.0	4:30	4:30-3:45

messer am Arm –, um die Werte in eine Tabelle wie auf Seite 55 einzutragen und die maximale Herzfrequenz abzulesen.

Anhand der Testwerte bestimmen Sie nach der Tabelle Seite 55 die Geschwindigkeit. Anschließend gehen Sie auf die Tabellen Seite 58/59, um aus der VO_2max-Geschwindigkeit die richtige Geschwindigkeit für die verschiedenen Aktivitäten abzuleiten. Alle sechs bis sieben Wochen folgt ein erneuter Test, um Trainingsfortschritte zu messen und um die aktuellen Trainingsbereiche hinsichtlich Herzfrequenz und Geschwindigkeit anzupassen. Ein starkes, trainiertes Herz pumpt wie gesagt mit jeder Kontraktion eine größere Blutmenge als ein untrainiertes Herz. Sobald das Herz kräftiger wird, muss man daher das Trainingstempo steigern, um die maximale Herzfrequenz zu erreichen.

Wöchentlicher Trainingskalender

Bessere Einschätzung und zusätzliche Motivation durch die Aufzeichnung der sportlichen Fortschritte

Ein präzise geführter Trainingskalender ist im Grunde nichts anderes als eine Aufzeichnung der sportlichen Fortschritte. Damit können Sie Ihr Training und Ihre Leistung richtig einschätzen und deutlich verbessern. Ein Trainingskalender ist alles andere als kompliziert.

Man notiert einfach die täglichen Trainingsdaten: die Art des Trainings – für Ausdauer, Sprint oder «Schwellentraining» –, Umfang und Trainingsdauer. Außerdem wird notiert, wie man sich beim Training fühlte. Sinnvoll ist auch, Regenerationsmaßnahmen und die Schlafdauer einzutragen, denn mit steigender sportlicher Belastung steigt die benötigte Schlafdauer.

Ebenso wie die quantitativen Angaben sind die Kommentare über das physische und psychische Befinden während des Trainings ein wichtiger Maßstab zur Beurteilung der Effektivität. Waren Sie nach dem Training erschöpft? Hatten Sie mit Verletzungen zu kämpfen? Haben Sie Ihre Ernährung umgestellt? Notieren Sie einfach alles, was Ihren Fortschritt behindern könnte, Erkältungen etwa, oder auch negative emotionale Reaktionen. Werten Sie dann diese Informationen aus, um zu entscheiden, ob Ihr Programm richtig auf Ihre Zwecke und Bedürfnisse abgestimmt ist oder ob Sie etwas ändern sollten.

Auf der Basis der Eintragungen im Trainingstagebuch das Training methodisch verfeinern

Lockern, Aufwärmen und Abwärmen

Ohne Training der Beweglichkeit keine Fitness

Nur wer sich geschmeidig hält, ist auch fit. Unabhängig vom Alter werden Sie von den hier vorgestellten Übungen profitieren. Ob Sie sie nun zwei- bis dreimal pro Woche als eigenständiges Gymnastikprogramm nutzen oder zum Dehnen und Aufwärmen vor dem Haupttraining bzw. nach dem Training zum Abwärmen durchführen – sie tragen enorm zur Beweglichkeit bei und verbessern so Körperhaltung, Atmung und Wohlbefinden.

Das Ziel beim Aufwärmen, dem Warm-up, ist es, die Körpertemperatur allmählich und gleichmäßig anzuheben. Zwar wärmt auch ein heißes Bad oder eine heiße Dusche, doch ein aktives Warm-up ist sinnvoller, denn dadurch werden die Nervenbahnen und chemischen Mechanismen im Muskel angeregt und der Körper auf die Bewegung vorbereitet. Die Muskeln gewinnen an Elastizität, und Sie bauen Energie für das Training auf. Auch werden die Muskeln gelockert, besonders die verspannte Hals-, Rücken- und Schulterpartie. Beim Aufwärmen werden die Gelenke mit einer Schutzflüssigkeit «geschmiert» und arbeiten bei der dann anstehenden Belastung geschmeidiger. Auch Verletzungen wird so vorgebeugt. Außerdem stimmen Sie sich beim Aufwärmen mental auf Ihr Training ein.

Üblicherweise besteht die Aufwärmphase aus einer Reihe sanfter Stretchübungen für die wichtigsten Muskelgruppen, die Sie nach einer fünf- bis zehnminütigen Einlaufphase durchführen (siehe folgende Seiten). Gehen Sie jede Dehnübung sachte an, und hören Sie sofort auf, wenn Sie ein Stechen verspüren. Überanstrengen Sie sich nicht. Ihr Körper zeigt Ihnen, wie viel er verkraften kann. Konzentrieren Sie sich auf jede einzelne Bewegung, und Sie werden schnell Fortschritte bei allen Dehnübungen feststellen. Bringen Sie sich mit Ihrem Körper in Einklang, und glauben Sie fest an Ihre Leistungskraft, dann nimmt auch Ihre Geschmeidigkeit schnell zu.

Im Einklang mit dem Körper sein und auf die Leistungskraft vertrauen

Der Hauptvorteil beim Cross- bzw. Triathlontraining liegt darin, dass es mehr Muskeln beansprucht, als eine Sportart allein. Während man beim Laufen vorwiegend die Kniebereiche stabilisiert, kräftigt das Radfahren vor allem die Quadrizeps-Muskeln. Durch Training beider Disziplinen erzielt man eine ausgewogene Muskelentwicklung. Ähnlich ist es mit dem Schwimmen, dadurch werden die Muskelgruppen der Brust- und Schulterpartie gekräftigt. Ein derartig

Vor dem eigentlichen Dehnen erst einige Minuten aufwärmen

umfassendes Körpertraining verlangt daher ein ebenso umfassendes Aufwärmen. Die Dehnübungen hier und auf den folgenden Seiten machen die beim Schwimmen, Radfahren und Laufen beanspruchten Muskeln geschmeidig und beweglich. Auch wenn man täglich nur eine Disziplin trainiert, sollte man das Gesamtprogramm an Dehnübungen absolvieren, um komplementäre Muskelgruppen zu dehnen und vor Verletzung zu schützen.

Bevor Sie mit dem eigentlichen Dehnungsgrogramm beginnen, schalten Sie etwa fünf bis zehn Minuten einige Lockerungs- und leichte Übungen zum Aufwärmen vor: z.B. lockeres Laufen, schnelleres Gehen, Hüpfen, schwingende und dynamische Übungen, wie z.B. weites Armschwingen. Diese Bewegungen bereiten Ihren Körper auf das eigentliche Stretching wie den folgenden Übungen und auf das anschließende Haupttraining optimal vor.

Übungen für ein eigenständiges Gymnastikprogramm

Übung 1

Aufrecht sitzen; die Hände sind seitlich aufgelegt, die Beine sind nach vorne gestreckt, die Zehen ebenfalls gestreckt. Von der Hüfte aus langsam vorbeugen und versuchen, die Fußgelenke zu umfassen. Die Dehnung mindestens 30 Sekunden halten. In die Ausgangsposition zurückkehren; zwei- bis dreimal wiederholen.

Übung 2

Auf dem Bauch liegen. Rechtes Knie beugen, mit dem rechten Arm den Fuß umfassen. 30 Sekunden halten, das Bein senken und wechseln. Zwei- bis dreimal wiederholen.

Übung 3

Sitzen; das linke Bein ist gestreckt. Das rechte Bein über das linke Bein kreuzen, die Arme um das rechte Knie schlingen und zur Brust ziehen. Zwei- bis dreimal wiederholen, Bein wechseln.

Übung 4

Mit geradem Rücken in der Grätsche sitzen; die Hände liegen auf dem Boden. Hände in Richtung der Füße schieben, aus der Hüfte vorbeugen; die Brust kommt zuerst nach vorne. 30 Sekunden halten; zwei- bis dreimal wiederholen.

Übung 5
Auf dem Boden sitzen, Knie beugen und Fußsohlen gegeneinander legen. Fußgelenke umfassen und die Füße so weit wie möglich zum Körper ziehen. Die Position 30 Sekunden halten; zwei- bis dreimal wiederholen.

Übung 6
Eine Armlänge von einer Wand entfernt stehen, die Hände in Schulterhöhe dagegen pressen. Das linke Bein beugen, rechtes Bein nach hinten strecken; dabei die Fersen fest auf den Boden drücken. Hüfte nach vorne schieben. 30 Sekunden stehen bleiben; Bein wechseln; zwei- bis dreimal wiederholen.

Übung 7
In schulterbreiter Grätsche aufrecht stehen und Arme seitlich halten. Den linken Arm heben und über den Kopf ziehen, dabei den Rumpf nach rechts beugen. 10 bis 15 Sekunden halten, dann in die Ausgangsposition zurückkehren. Seite wechseln, dreimal wiederholen.

Übung 8
Aufrecht stehen, den Arm anheben und gebeugt hinter den Kopf bringen. Mit der linken Hand den rechten Ellbogen umfassen und sanft nach links ziehen. 30 Sekunden dort halten. Danach die Arme wechseln; die ganze Sequenz zwei- bis dreimal ausführen.

Übung 9
Flach auf den Bauch liegen, die Beine spreizen und die Hände in Schulterhöhe aufsetzen. Oberkörper von der Matte drücken, ins Hohlkreuz gehen, Kopf in den Nacken legen und zur Decke schauen. 5 bis 10 Sekunden halten, danach in die Ausgangsposition zurückkehren. Zwei- bis dreimal wiederholen.

Übung 10
Mit gestreckten Beinen und Füßen auf dem Boden oder einer Unterlage sitzen. Die Hände im Nacken verschränken und sich sanft, ohne zu zerren, nach vorne beugen; Nacken dehnen und dabei die Ellbogen auf die Oberschenkel senken. 15 bis 30 Sekunden halten, langsam wieder aufrichten. Zwei- bis dreimal wiederholen.

Stretching vor und nach dem Haupttraining trägt enorm zur Beweglichkeit bei, minimiert die Verletzungsgefahr, verbessert Körperhaltung, Atmung und Wohlbefinden

Übung 11

Aus kniender Stellung nach vorne beugen, den linken Arm gerade zur rechten Seite strecken. Die rechte Hand auf die linke Hand legen, Oberkörper von den Händen weg nach links ziehen und dehnen. 30 Sekunden halten und die Ausgangsstellung wieder einnehmen; zweimal nach jeder Seite wiederholen.

Übung 12

In Kniestand Hände auf die Matte setzen. Rechten Arm zur rechten Seite ausstrecken. Kopf und Schulter nahe an den Boden/Unterlage bringen. Oberkörper leicht nach links ziehen. Man spürt die Dehnung in der Brust. 30 Sekunden halten, danach die Seite wechseln. Zweimal wiederholen.

Es gibt inzwischen einige wissenschaftlich fundierte Studien, die aussagen, dass zum Aufwärmen dynamische Übungen sehr vorteilhaft sind.

Nach dem Haupttraining müssen Sie sich wieder abkühlen bzw. abwärmen. Planen Sie daher nach jedem Training etwas Zeit auch für ein Cool-down ein; zehn Minuten sollten für die Übungen eingeplant werden, die Sie bereits kennen und nun in demselben Umfang oder in modifizierter Form (siehe weiteren Vorschlag für ein Stretching-Minimalprogramm Seite 65 ff.) wie zu Beginn auch zum Abwärmen durchführen. Beginnen Sie mit langsamem Gehen nach Ihrem Haupttraining.

Stretching-Minimalprogramm, von allen bevorzugt, die aufgrund beruflicher Verpflichtung mit ihrer Zeit geizen müssen

Abruptes Beenden des Trainings ist ebenso wenig Ihrer Fitness förderlich wie ein «Kaltstart». Die Muskeln ziehen sich zusammen und kühlen zu rasch ab, während das Blut noch immer schnell durch den Körper zirkuliert. Es besteht die Gefahr eines Muskelfaserrisses; sanfte Muskelbewegungen unterstützen jedoch den Blutrückfluss zum Herzen und verringern dieses Risiko.

Konzentrieren Sie sich nun ganz auf das Gefühl des allmählichen Abwärmens; der Herzschlag verlangsamt sich, die Anspannung der Muskulatur lässt nach. Atmen Sie tief, bewegen Sie sich langsam und kontinuierlich. Auf diese Weise hat der gesamte Körper die Möglichkeit, sich richtig zu erholen. Nutzen Sie den Ausklang, um sich zu sammeln. Denken Sie daran und verinnerlichen Sie dabei, welche Fortschritte Sie nun auch mit dem heutigen Training wieder gemacht haben. Hier ein weiterer Vorschlag für Ihr Stretching-Minimalprogramm.

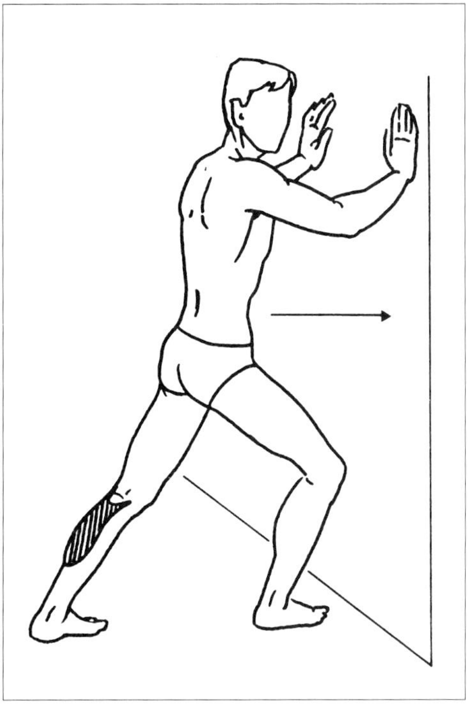

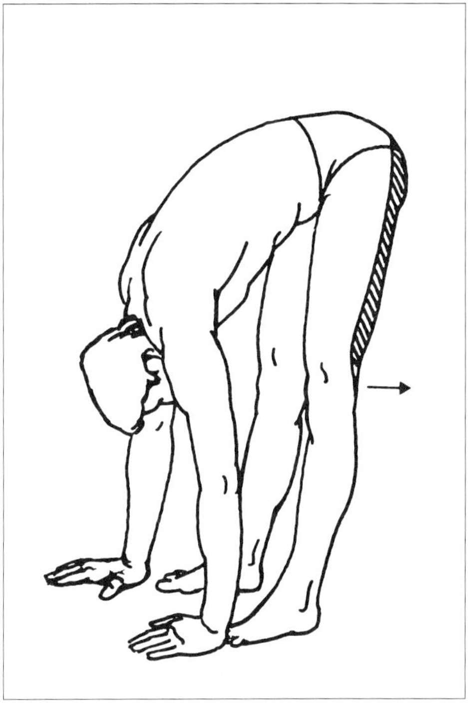

Übung 1 (links): Dehnung der Wadenmuskulatur. Fuß steht gerade, ganzflächig und weit genug nach hinten gesetzt bei gestrecktem Knie. Spannung wird durch Beckenbewegung reguliert. 30 Sekunden halten, danach die Seite wechseln.

Übung 2 (rechts): Dehnung der Hüftstrecker und Oberschenkelbeuger. Füße etwa schulterbreit parallel stellen, dann bei gestreckten Kniegelenken (können anfangs leicht gebeugt sein) Oberkörper langsam nach vorne bücken, Arme in Ruhe hängen bzw. Bodenkontakt halten lassen, auf ruhige Atmung achten. 30 Sekunden halten, zweimal wiederholen.

Wichtiger Hinweis: Auf keinen Fall dürfen bei diesen Dehnübungen wie generell bei Stretching irgendwelche Schmerzen auftreten. Treten Schmerzen auf, ist die Dehnungsspannung zu hoch. Kein Stretching bei Verletzungen und schmerzhaften Beschwerden. Verletzungen müssen vollkommen ausgeheilt sein, bevor wieder behutsam Dehnungsübungen ausgeübt werden können.

Dieses Programm eignet sich auch recht gut für spezielle Stretching-Trainingseinheiten, wobei jeder Vorgang pro Muskelgruppe 2- bis 3-mal wiederholt wird. Für den ambitionierten Hobbysportler empfiehlt es sich, wöchentlich 3 x 15–20 Minuten zu stretchen, der Leistungssportler stretcht 4- bis 5-mal wöchentlich zu je 30 Minuten

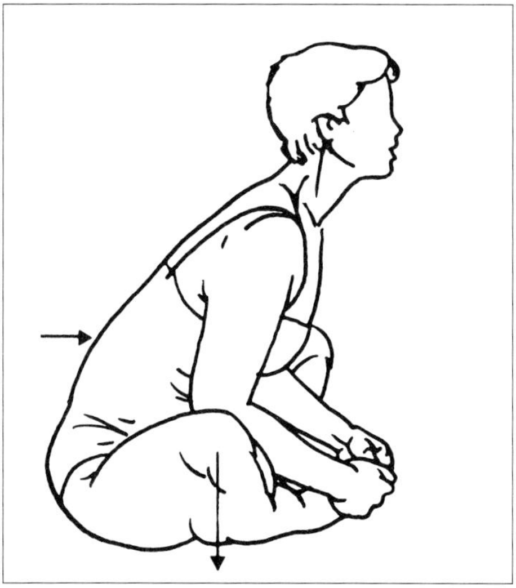

Übung 3 (links): Adduktorendehnung. Aufrecht sitzen, beide Füße ganz dicht an den Körper führen und mit den Händen halten. Knie entspannt fallen lassen und ruhig atmen. Durch Beckenkippung nach vorn und Oberkörperneigung kann Dehnung verstärkt werden. Verstärkte Adduktorendehnung (rechts): zunächst Ausgangslage wie auf vorheriger Abbildung, dann Oberkörper und Becken nach vorne neigen und Unterarme gegen beide Knie drücken – keinen Rundrücken machen. Beide Dehnungen jeweils etwa 30 Sekunden halten.

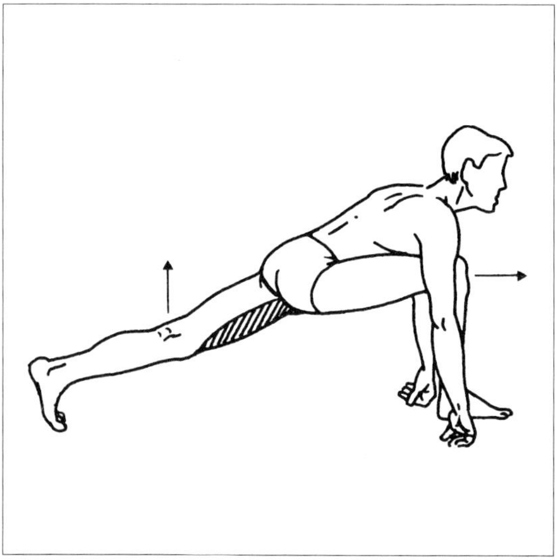

Übung 4 (links): Dehnung der Oberschenkelstrecker. Große Schrittstellung bei starker Hüftbeugung einnehmen und hinteres Knie gestreckt halten. Das Gesicht ist nach vorne gerichtet. 30 Sekunden halten, danach die Seite wechseln.

Übung 5 (Seite 67 links oben): Beidseitige Dehnung der Oberschenkelstrecker und der Schienbeinmuskel. Mit aufrechtem Rücken auf die Fersen setzen bei überstreckten Füßen. Diese Dehnung ebenfalls etwa 30 Sekunden halten.

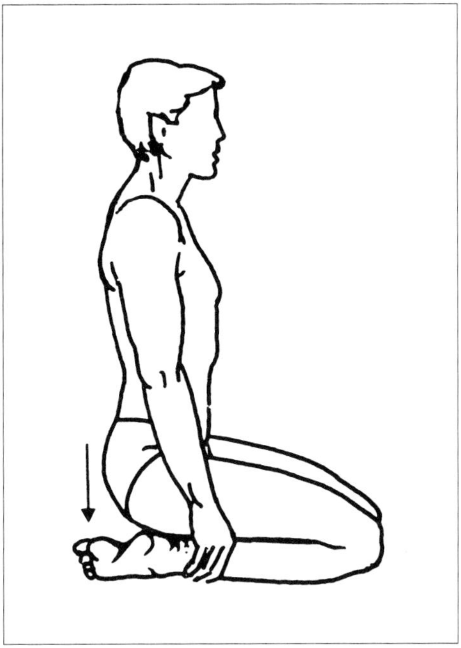

Übung 6 (links unten): Dehnung der Flankenmuskulatur, der Oberarmstrecker und Adduktoren. Im Abstand von etwa einem halben Meter zu einer Wand mit gestreckten Beinen bei schulterbreit parallel gestellten Füßen den Rücken ohne Verdrehung seitwärts neigen, bis die Hände senkrecht übereinander die Wand berühren. Nun die Hüfte von der Wand etwas entfernen und die Hände tiefer setzen, bis die gewünschte Dehnung eintritt. Etwa 30 Sekunden halten, die Seite wechseln.

Übung 7 (rechts unten): Dehnung des breiten Rückenmuskels, einiger kleiner Schultermuskeln und des großen Brustmuskels. Bei gespreizten gestreckten Beinen und rechtwinklig in der Hüfte gebeugtem Oberkörper die schulterbreit gestreckten Arme auf gut einen Meter hohen Tisch oder dgl. legen. Dann den Oberkörper bis zur erwünschten Dehnung nach unten drücken, ruhig atmen. 30 Sekunden halten, zwei- bis dreimal wiederholen.

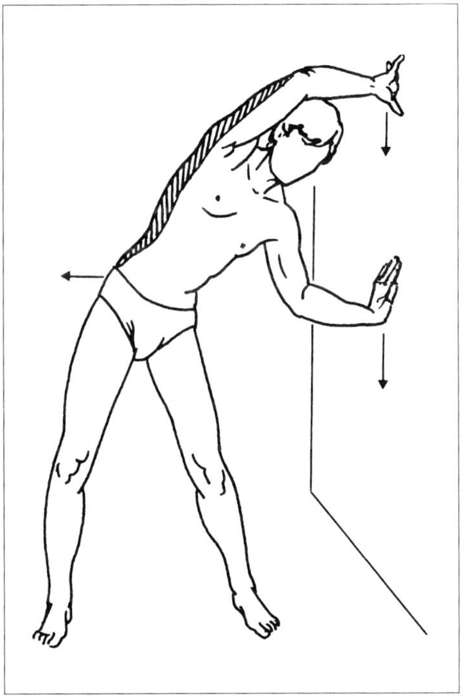

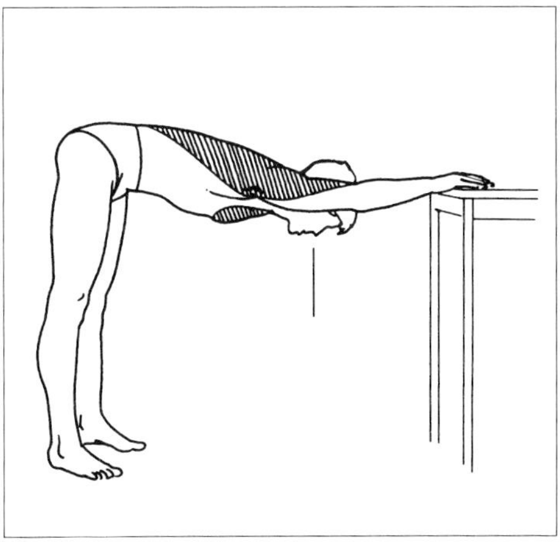

Kraftentwicklung – ohne Power geht nichts

➤ **TIPP:** Training für Kraftausdauer, auch als Muskelausdauer bezeichnet, auf keinen Fall vernachlässigen. Es trägt wesentlich dazu bei, alle im Triathlon beanspruchten Kontraktionen gegen Widerstand möglichst lange durchzuführen

Ausdauersportler neigen dazu, das Krafttraining zu vernachlässigen. Das ist ein Fehler, denn ohne Power geht auch im Triathlon nichts, vor allem beim Schwimmen und Radfahren. Ähnlich wie für Training der Ausdauer und der Beweglichkeit muss auch Zeit für das Krafttraining eingeplant werden.

Hauptformen der Kraft – Kraftausdauertraining

Im Wesentlichen werden Maximalkraft, Schnellkraft und Kraftausdauer unterschieden. Unter Maximalkraft versteht man die höchste Kraft, die ein Sportler bei maximaler, willkürlicher Muskelkontraktion auszuüben vermag. Was in der wissenschaftlichen Definition etwas abstrakt klingt, wird anschaulich zum Beispiel in den schwerathletischen Sportarten Gewichtheben und Ringen, wo die Maximalkraft leistungsbestimmend ist. Sie hat aber auch entscheidende Bedeutung für die Wurf- und Stoßdisziplinen in der Leichtathletik.

Unter Schnellkraft versteht man die Fähigkeit des Sportlers, Widerstände mit hoher Kontraktionsgeschwindigkeit zu überwinden. Sie ist die Voraussetzung, um z. B. im leichtathletischen Sprint, Sprung, Wurf und Stoß, in den Spielsportarten, in den Sprintdisziplinen des Radsports und des Eisschnellaufs gute Leistungen zu erzielen. Die Kraftausdauer als Widerstandsfähigkeit gegen Ermüdung bei langandauernden Kraftleistungen hat schließlich einen hohen Stellenwert in den Ausdauersportarten, denn hier muss über einen längeren Zeitraum ständig ein relativ hoher äußerer Widerstand überwunden werden.

Maximal- und Schnellkrafttraining haben für Triathleten im Breitensport keine vorrangige Bedeutung, können aber im Sinne von Crosstraining ein abwechslungsreiches Zusatzprodukt des Krafttrainings sein. Ich selbst halte ein Kraftausdauertraining für gute Leistungen auch im Altersklassen-Triathlon bzw. Breitensport für völlig ausreichend. Außerdem stelle ich in den folgenden Abschnitten über die einzelnen Triathlonsportarten Schwimmen, Radfahren und Laufen jeweils noch gesondert einige Kräftigungsübungen vor. In Vorbereitung darauf sei hier als Grundlage auf ein kleines Programm zum Kraftausdauertraining verwiesen, das ebenso wie das Stretching als gesondertes Training durchgeführt werden kann.

Kraftausdauertraining
Für die Entwicklung der Kraftausdauerfähigkeit ist das Kreistraining wie auf unten stehender Grafik eine geeignete Trainingsmöglichkeit.

Diese Form des Trainings für Kraftausdauer empfiehlt sich schwerpunktmäßig auch in der Halle in den Wintermonaten. Es sollten pro Übung 10 bis 30 Wiederholungen ausgeführt und die Erholungspausen zwischen den einzelnen Serien kurz (eine halbe bis zwei Minuten oder kürzer) gehalten werden. Bei acht bis zehn Stationen wie hier auf der Grafik sind zwei bis drei Durchgänge zu absolvieren.

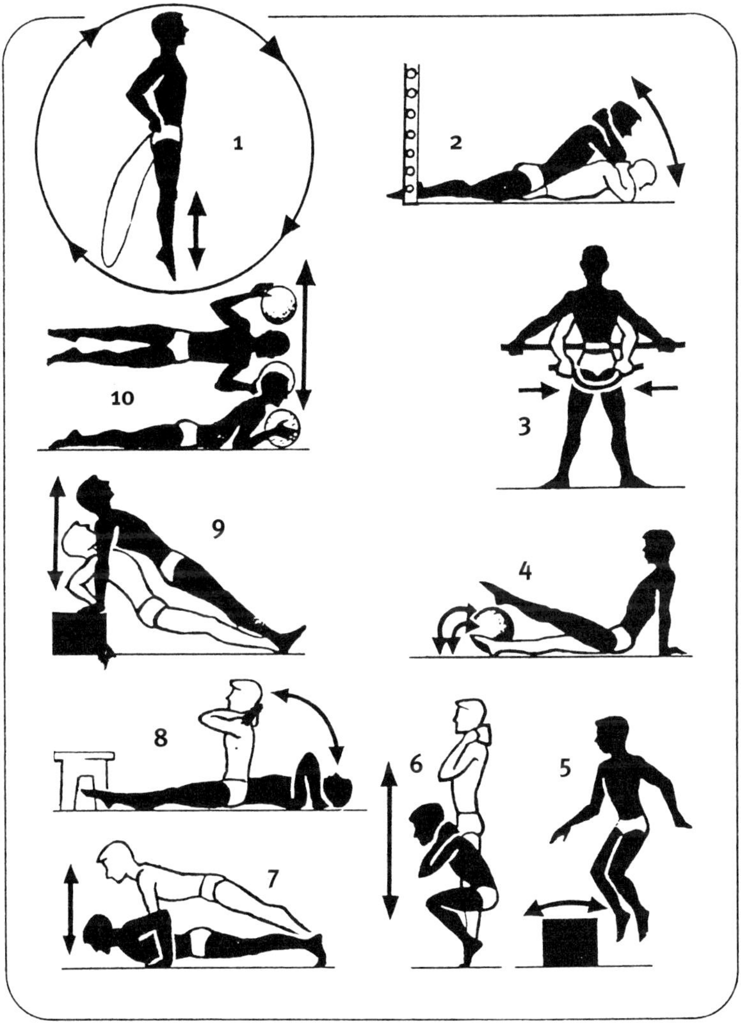

Für die Entwicklung der Kraftausdauerfähigkeit ist das Kreistraining mit Beispielen wie hier eine geeignete Trainingsmöglichkeit zur Verbesserung der Gesamtleistung

Schwimmen

Ausrüstung

Grundausstattung fürs Triathlon-Schwimmtraining

Badehose bzw. Badeanzug und eine Schwimmbrille zählen zur Grundausstattung fürs Triathlon-Schwimmtraining.

Schwimmbrillen schützen die Augen insbesondere vor dem Chlorzusatz in öffentlichen Bädern oder vor dem Salz beim Schwimmen im Meer, denn längeres Training kann zur Rötung und zur schmerzhaften Reizung der Bindehaut der Augen führen. Bei der Auswahl der Brillen sind der Phantasie keine Grenzen gesetzt. Es empfiehlt sich jedoch, eine so genannte Anti-Fog-Brille auszuwählen, die nicht anläuft, weil sie entsprechend präpariert ist. Aber auch nichtpräparierte Brillen bilden keinen Beschlag, wenn sie zuvor z. B. mit Haarshampoo ausgespült werden.

Sportlerinnen und Sportlern, die allergisch auf Chlor reagieren oder das Eindringen von Wasser in Nase und Ohren als unangenehm empfinden, empfehle ich Nasenklammern und Ohrenstöpsel.

Der einteilige Triathlonanzug bzw. Zweiteiler wird im Triathlon-Wettkampf ohne Wechsel in allen drei Disziplinen getragen. Er besteht aus einem speziellen, schnell trocknenden Material und sollte am Körper so eng anliegen, dass die Bewegungsfreiheit nicht beeinträchtigt wird.

Bei häufigen Teilnahmen an Triathlon-Wettkämpfen ist ein Neoprenanzug zu empfehlen

Wer häufiger bzw. regelmäßig an Triathlon-Wettkämpfen teilnehmen möchte, der/dem sei ein Kälteschutzanzug aus Neopren empfohlen. Neopren zeichnet sich durch seine gute Dehnbarkeit und hervorragende Wärmeisolation aus. Mithilfe des Neoprenanzugs kann man längere Zeit ohne das Risiko einer Unterkühlung im Wasser verbringen. Die Neoprenhaut ist innen kaschiert, d. h. mit Stoff überzogen, was dafür sorgt, dass der Kälteschutzanzug bequem an- und schnell auszuziehen ist. Ein funktionell entwickelter Neoprenanzug schützt den Körper jedoch nur bei optimaler Passform. Ein zu großer Anzug lässt permanent Wasser an den Körper, sodass es zu Wärmeentzug kommt, während ein zu enger Anzug die Blutzirkulation der Haut behindert und zu einer starken Bewegungseinschränkung führt. Da sehr viel Körperwärme beim Schwimmen über den Kopf abgegeben wird, sollte bei kalten Wassertemperaturen, wie sie z.B. im Mai häufig noch vorherrschen, zusätzlich eine Neoprenhaube getragen werden. Diese schützt auch die Ohren gegen Zug. Da durch den Neoprenanzug zusätzlicher Auftrieb entsteht, trägt dies auch positiv zu Ihren Schwimmzeiten bei.

Übungs- und Trainingshilfen

Pullbuoy, Schwimmbrett und Paddles sind die am häufigsten verwendeten Übungs- und Trainingshilfen im Schwimm- und Triathlontraining. Pullbuoys werden zwischen den Oberschenkeln festgeklemmt und sichern so beim speziellen Armzugtraining eine flache Wasserlage. Das Schwimmbrett ist ein gutes Hilfsmittel zum Erlernen und Trainieren des Kraul-Beinschlags und sollte somit vom Anfänger bis zum Leistungs- und Spitzensportler genutzt werden.

Die Handflächen werden durch Schwimm-Paddles vergrößert. Das sind kleine Kunststoffbretter, die mit Gummis an Handgelenk und Fingern befestigt werden. Schwimmen mit vergrößerten Handflächen erfordert einen vermehrten Kraftaufwand und trägt so optimal zum Kraftausdauertraining bei. Die in unterschiedlichen Größen erhältlichen Paddles tragen außerdem zur Verbesserung der Armzugtechnik bei. Ungünstige Handstellungen in der Unterwasserphase der Arme (Antriebsphase) werden mit Paddles durch den erhöhten Wasserwiderstand deutlicher wahrgenommen. Schließlich ist eine wasserdichte Armbanduhr mit Intervall-Countdown für jede Triathlonsportlerin/jeden Triathlonsportler eine sinnvolle Anschaffung. Mit ihr ist im Training eine ständige Leistungskontrolle möglich, im Wettkampf kann mit dieser Uhr eine Zwischenzeitabnahme zur besseren Einteilung der Kraftreserven vorgenommen werden.

Strategien und Techniken zur Verbesserung von Schnelligkeit, Ausdauer und Form

Aufgrund des belastungsarmen Mediums Wasser ist Schwimmen die schonendste Form von Ausdauertraining. Ausdauertraining wiederum ist der Grundpfeiler aller Schwimmprogramme. Ist die Ausdauer-

Intervalltraining hat doppelten Nutzen – als Abwechslung zum monotonen Bahnenchwimmen und zur Leistungsverbesserung

basis erst erreicht – wenn man mindestens 20 Minuten am Stück im Bereich der Herzzielfrequenz schwimmen kann –, empfiehlt es sich, Langeweile und Stagnation, wie sie durch eintöniges Bahnenschwimmen schnell entstehen können, durch frühzeitige Programmabwechslung zu verhindern und zudem eine weitere Leistungsverbesserung zu erreichen.

Das gelingt mit Intervalltraining, d. h. der Aufteilung des Programms in kurze, schnelle Schwimmabschnitte mit dazwischengeschobenen, kurzen Ruhepausen. Die folgende Übersicht veranschaulicht unterschiedliche Vorgehensweisen beim Intervalltraining:

Das Wichtigste fürs Intervalltraining auf einen Blick

Intervalltraining

- Beim Intervalltraining nennt man die jeweiligen, ohne Unterbrechung zurückgelegten Distanzen Wiederholungen; Serien von Wiederholungen werden als Blöcke bezeichnet. Wenn man z. B. Wiederholungen von 100 m in einem 25-m-Becken schwimmt, bedeutet das, dass man viermal ohne eine Pause die Beckenlänge schwimmt.
- Intervalle werden so ausgedrückt: Wiederholungszahl mal Streckenlänge mal Pausen. Bei Intervallen von 10 x 100 x 1:50 heißt das, man legt 10 Wiederholungen à 100 Meter zurück und ruht 1 Minute 50 Sekunden lang aus. Je schneller man den Block schwimmt, desto länger muss die Zeit zum Ausruhen sein.
- Eine weitere Variante sind abnehmende Intervallblöcke, bei denen die Zeiten immer kürzer werden. Man kann z. B. die ersten drei von 10 Bahnen in 1 Minute 45 Sekunden absolvieren, die nächsten drei in 1:30, die letzten in 1:15. Nach diesem letzten Block darf man sich besonders lang erholen, bevor man die letzte Wiederholung so schnell wie möglich schwimmt.
- Als Alternativen sind auch Pyramiden mit Wiederholungen, die regelmäßig länger werden, sinnvoll. Man nimmt sich z. B. Strecken zu 50, 100, 150, 200, 250 und 300 m in einem Sechser-Block vor. Um die Intervalle festzulegen, kalkuliert man eine konstante Pause – 30 Sekunden beispielsweise – zwischen den Intervallbahnen ein.

Ein typisches Schwimmprogramm mit Intervalltraining besteht aus langsamem Einschwimmen zum weiteren Aufwärmen nach dem Dehnungsprogramm, der Intervallphase und dem abschließendem Abwärmen. Auf das Aufwärmen werden in der Regel ca. 15 bis 20 % der Gesamtstrecke verwendet, auf das Ausschwimmen bzw. Abwärmen entfallen rund 20 %. Bei besonders anstrengendem Training sollten diese Phasen ausgedehnt werden. Weitere 30 % der Trainingszeit feilt man an der sauberen Technik für Armzug, Beinschlag und Atmung, wie sie auf den Seiten 76 ff., 79 f. und 80 f. erklärt sind.

Am Anfang steht zum weiteren Aufwärmen langsames Einschwimmen

Die Konzentration auf ein bestimmtes Trainingsziel ist eine bewährte Methode zur Maximierung des Trainingseffekts. Das Verhältnis von Trainingsintensität bzw. Geschwindigkeit, Umfang und Erholungsphase gibt den Ausschlag, wie aerob oder anaerob eine Trainingseinheit ist. Zu einem ausgewogenen Schwimm-Trainingsprogramm gehören kurze Abschnitte mit maximaler Intensität, um die Sprintkapazität und -technik zu entwickeln. Mittellange Strecken dienen der Verbesserung der Laktattoleranz und der Verbesserung der anaeroben Schwelle. Langstrecken dienen der Förderung von Ausdauer, Konzentration und Zeitgefühl.

Maximierung des Trainingseffekts durch Konzentration auf ein bestimmtes Trainingsziel

Die Länge der Ruhepausen und die erbrachte Anstrengung bestimmen, ob vorwiegend das Sprintvermögen oder die Laktattoleranz betont werden: Je weiter die Herzfrequenz zwischen den Wiederholungen – ohne Pause geschwommene Strecken – absinkt, desto stärker wird Schnelligkeit – im Gegensatz zu Ausdauer – entwickelt. Im Rahmen eines Dauerschwimmprogramms, bei dem mehrere Bahnen aneinander gereiht werden, schwimmt man kontinuierlich bis zu 2000 m oder mehr. Die Ruhepausen betragen 20 bis 25 % der Gesamttrainingszeit. Ziel des Dauerschwimmens, das über die übliche Wettkampfdistanz in einem Kurztriathlon hinausgeht, ist das Aufrechterhalten einer beschleunigten Herzfrequenz und gleichmäßiger Geschwindigkeit über relativ lange Zeit. Kürzere Wiederholungen von weniger als 200 m, die so schnell geschwommen werden, dass die Muskeln anaerobe Energie verbrauchen, sind typisch für mittellange Strecken. Aufgrund des höheren Tempos im Vergleich zum Dauerschwimmen müssen die Pausen hier länger sein. Ein Mittelstreckenprogramm beginnt z. B. mit 200 m gemäßigtem Schwimmen und 30 Sekunden Pause; die nächsten 200 m werden schneller geschwommen, es folgt dann eine Pause von 20 Sekun-

Vom Sprinttraining profitiert auch die Schwimmtechnik

den. Am Ende schwimmt man noch einmal 200 m bei schnellstmöglichem Tempo.

Während das Hauptziel beim Sprinttraining die Temposteigerung ist, profitiert jedoch auch die Schwimmtechnik durch eine Verbesserung der neuromuskulären Koordination. Auch wenn es nicht darum geht, die/der schnellste Schwimmerin/Schwimmer weit und breit zu werden, kann man durch Sprints die Technik vervollkommnen. Kurze, zügige Schwimmabschnitte bewirken eine rasche Pulsbeschleunigung bis zur Zielfrequenz bzw. darüber hinaus und entwickeln das Sprintvermögen. Weil das schnelle Vordringen in hohe Belastungszonen den Körper stark fordert, muss besonders am Anfang viel Wert auf ausreichende Pausen zur Erholung gelegt werden.

Die Pausen sollten um einiges länger als die Schwimmabschnitte sein. Ein typischer Sprint dauert weniger als 10 Sekunden, eine typische Pause sollte mindestens doppelt so lang sein. Die Schwimmstrecken bei dieser Trainingsmethode betragen zwischen 15 und 100 m.

Um die verschiedenen Strategien in ein Wochenprogramm zu integrieren, empfiehlt es sich, einmal Dauerschwimmen, zwei- bis dreimal Mittelstreckenschwimmen und ein oder zwei Sprinttrainings einzubauen und mit diesen Einheiten immer wieder abzuwechseln, damit keine Langeweile aufkommt.

➤ **TIPP:** Günstig ist insbesondere für den Anfänger in regelmäßigen Abständen einmal pro Woche ein Techniktraining unter Traineraufsicht

Es ist sinnvoll, sich als erstes auf Ausdauer und Technik zu konzentrieren, um dann nach und nach die Geschwindigkeit zu verbessern. Die Technik ist deshalb so wichtig, weil sich selbst bei erfahrenen Schwimmern immer wieder kleine Fehler einschleichen, die sich beim Schwimmen eher als beim Radfahren oder Laufen nachteilig auswirken können, weil der Wasserwiderstand größer als der Luftwiderstand ist. Die nächsten Seiten zeigen nicht nur die beste Technik für das Kraulen, dem beim Ausdauerschwimmen häufigsten und sinnvollsten Schwimmstil, sie benennen auch die Hauptfehlerquellen vieler Schwimmer. Außerdem gibt es nützliche Tipps, um die Technik zu vervollkommnen. Am besten nimmt man sich für jedes Training einen bestimmten Aspekt vor, an dem man gezielt arbeitet. Somit wachsen Herausforderung und Reiz beim Training, was mit langsamem, aber stetigem Erfolg belohnt wird.

Die Ideallage im Wasser

Es bedarf kaum des Hinweises, dass Triathleten, die nicht vom Schwimmen kommen, in dieser Sportart ein geringeres Leistungsvermögen haben als ehemalige Leistungsschwimmer. Häufig sind sie noch in der Lernphase und können nur wenige Meter im Kraulstil zurücklegen. Sie müssen daher ein anderes Schwimmtraining durchführen als geübte Schwimmer bzw. Leistungsschwimmer, um den Kraulstil zu erlernen bzw. zu perfektionieren und längere Strecken in dieser Schwimmlage zurücklegen zu können. Für das Erlernen einer sauberen Technik muss von Beginn an auf eine möglichst stromlinienförmige Körperlage geachtet werden, denn eine flache, stromgünstige Wasserlage verursacht nur wenig Aufwirbelung des Wassers. Das bedeutet, das Wasser bietet weniger Widerstand, der bremsen könnte, und die/der Schwimmerin/Schwimmer muss weniger Energie aufwenden, um vorwärts zu kommen.

Triathleten, die nicht vom Schwimmen kommen, müssen ein anderes Training durchführen als ehemalige Leistungsschwimmer

Die korrekte Körperlage ist daher die wichtigste Voraussetzung für eine saubere Schwimmtechnik, denn auf ihr basieren die Effizienz von Armzug, Beinschlag und Atmung. Der Körper sollte daher bei horizontaler und bei Seitlage stromlinienförmig ausgerichtet sein. Die horizontale Stromlinienlage hält den Körper flach und minimiert die Widerstandsfläche in Schwimmrichtung so klein wie möglich, sodass man bei der Vorwärtsbewegung einen möglichst geringen Wasserwiderstand hat.

Die stromlinienförmige Seitlage bewirkt eine gerade Körperlinie, sodass Hin- und Herpendeln der Hüfte, das den Widerstand nur unnötig erhöht, vermieden wird. Häufige Fehler bei Wasserlage und Armzug sowie andere technische Mängel sind auf den folgenden Seiten ebenso ausführlich beschrieben wie entsprechende Verbesserungsvorschläge, um Fehler zu beseitigen oder erst gar nicht aufkommen zu lassen

Vorteilhaft ist daher grundsätzlich, wenn man einen Betreuer am Beckenrand hat. Kennt man niemanden, der diese Funktion übernehmen kann oder will, sollte von außenstehenden, guten Schwimmern Rat geholt werden. Viele Leistungsschwimmer sind gerne bereit, kurz den Schwimmstil eines Triathleten zu betrachten und ein paar Ratschläge zu geben. So ist eine gelegentliche Kontrolle der Wasserlage und vor allem des Armzugs zusätzlich möglich.

Der Kraul-Armzug

Auf den richtigen Armzug kommt es an, denn aus ihm kommt vorwiegend die Antriebskraft beim Schwimmen

Aus dem Armzug kommt ein wesentlicher Teil der Antriebskraft beim Schwimmen. Auf diesen und den folgenden Seiten wird daher die Armbewegung beim Kraulstil ausführlich beschrieben, da Kraulen bei Breitensportlern wie bei Leistungssportlern zur meistgenutzten Technik zählt. Die Armbewegung wird in die einzelnen Phasen zerlegt, typische Fehler werden genau erklärt und entsprechende Verbesserungsvorschläge gemacht. Man sollte die nötige Zeit aufwenden, diese Elemente besonders sorgfältig zu analysieren und einzuüben, da dies die Schwimmeffizienz erheblich steigert.

Es werden beim Kraul drei Phasen unterschieden. Die erste besteht aus dem Armeinholen, d. h. der Einleitung des Armzugs und dem Zeitpunkt, zu dem die Hand zum ersten Mal unter Wasser taucht.

Diese Phase endet mit dem Armziehen, wenn die unter Wasser befindliche Hand erstmals Druck auf das Wasser ausübt. Durch die Antriebsphase, die die auf den Seiten 77 f. beschriebene Zug-, Druck- und Endphase umfasst, wird das Wasser nach hinten geschoben und der Körper nach vorn getrieben. In der auf den Seiten 78 f. erklärten Entspannungsphase führt man Hand und Arm erst nach hinten, um sie aus dem Wasser zu heben und sie dann kreisförmig durch die Luft wieder ins Wasser zu tauchen. Obwohl die drei Phasen unabhängig voneinander erläutert werden, darf nicht übersehen werden, dass sie untrennbar miteinander verbunden sind: Für einen kräftigen Kraul-Armzug muss auch die Einhol- und Entspannungsphase stimmen. Wer die Technik erlernen bzw. vervollkommnen möchte, sollte gleichermaßen an allen Teilbereichen arbeiten.

Armeinholen

Bei korrektem Armeinholen keine Widerstand erzeugende Luftblasen

Die Stelle, an der die Hand ins Wasser taucht, befindet sich ca. 30–40 cm vor dem Kopf auf einer Linie mit dem Ohr. Während die Hand noch aus dem Wasser ragt, den Ellbogen hochhalten, sodass der Arm beinahe einen 90-Grad-Winkel bildet. Die Handfläche ist etwa 45 Grad nach außen gedreht, sodass der Daumen und die Hand zuerst ins Wasser eintauchen, der gebeugte Ellbogen folgt. Bei korrektem Armeinholen mit gedrehter Handfläche bilden sich kaum Widerstand erzeugende Luftblasen. Als Vorbereitung auf den Armzug den

Ellbogen beim Eintauchen strecken und mit der Hand nach vorne drücken. Schultergürtel heben, die Hand allmählich bis auf 30 cm unter die Wasserfläche drücken.

Typische Einholfehler und Korrekturübungen dazu

Wie Sie typische Fehler vermeiden oder am besten korrigieren können

Ein typischer Fehler beim Armeinholen ist die Streckung des Arms vor dem Eintauchen. Dadurch werden nicht nur Schultern und Rücken belastet, sondern es bilden sich auch mehr Luftblasen. Der Widerstand wächst und die Rumpfrotation kann behindert werden.

Ein weiterer typischer Fehler: Ausholbewegungen über die Körpermittellinie hinaus stören die Seitenlage, denn sie begünstigen ein Hin- und Herpendeln von Schulter und Hüfte. Der Arm darf beim Eintauchen nicht vor dem Kopf gekreuzt werden.

Korrekturübungen: Durch Übertreibung des Eintauchmoments kann man den Unterschied zwischen richtigem und falschem Armeinholen durch zu weites Strecken des Arms nach vorn und nach der Seite sowohl spüren als auch visualisieren. Statt 30 cm vor dem Kopf den Ellbogen extrem anwinkeln, die Hand fährt direkt neben dem Ohr wie ein Kolben in das Wasser. Über fünf bis zehn Bahnen à 25 m immer wieder abwechseln; auf eine Bahn «Korrekturschwimmen» folgt eine normal durchgeschwommene Bahn.

Die Antriebsphase 1

Die Antriebsphase, bestehend aus Zug-, Druck- und Endphase

In dieser Phase des Kraulzugs wird der Arm von der Eintauchposition vor dem Körper zur Endposition nach hinten geführt. Die Antriebskraft hängt im Wesentlichen von der Rotation der Schulter und des Oberkörpers ab, die bei Vorbeiführen des Arms etwa 45 Grad nach oben gerollt werden sollen. Der Antrieb beginnt mit der Zugphase, bei der man die Hand nach unten drückt und zur Körpermitte hindreht und die Beugung des Ellbogens einleitet. Die nächste Zugphase entsteht in der Beugung des Handgelenks und des Ellbogens, der schließlich, wenn er sich unterhalb der Brust befindet, einen Maximalwinkel von 90 Grad bildet. Hier erfolgt der Übergang zur Druckphase, wo die Hand gedreht wird, dass sie fast direkt nach hinten zeigt und das Wasser wegdrückt. In der Endphase beginnt der Ellbogen sich zu strecken und aus dem Wasser zu heben. Dabei wird die zum Oberschenkel zeigende Hand weiter nach hinten geschoben. Verlässt nun auch sie das Wasser, geht der kleine Finger voraus. Bei korrekt ausgeführter Antriebsphase ist ein konstanter Wasserdruck gegen die Handfläche spürbar.

Die Antriebsphase 2

Die korrekte Ellbogenbeugung in der Antriebsphase ist wesentlich für die Erzeugung maximaler Antriebskraft. Sobald der Arm zu ziehen beginnt, sollte man bereits die Ellbogenbeugung einleiten; die maximale Beugung von 90 Grad wird direkt unter dem Körper erreicht. Je weiter der Arm zurückbewegt wird, desto größer wird dann wieder der Winkel.

Typische Fehler in der Antriebsphase: Ein herunterhängender Ellbogen ist der schwerwiegendste Fehler beim Kraulzug. Die Gelenkbeugung erfolgt zu früh, sodass der Ellbogen sich beim Eintauchen unterhalb der Hand befindet. Das kostet unnötig Energie, denn Ellbogen und Schulter sind nicht in der richtigen Position, um optimalen Antrieb zu erzeugen und das Wasser effektiv zu bewegen. Außerdem erhöht die falsche Position die Gefahr von Schulterverletzungen.

➤ **TIPP:** Spezielles Zugtraining für das Armschwimmen sollte 10 bis 20 % der Trainingszeit beanspruchen. Mit einem Beinschlauch um die Fußgelenke die Beine in korrekter Höhe «lahmlegen», sodass die gesamte Kraft allein aus dem Oberkörper kommt. Das erreicht man zusätzlich noch, indem man einen Pullbuoy zwischen die Oberschenkel klemmt

Auch die Ausführung des Armzugs mit geradem Ellbogen ist ineffektiv, denn hier stellt allein der Arm die Kraft zum Antrieb bereit, während die größeren und stärkeren Rückenmuskeln ungenutzt bleiben. Darüber hinaus kann die unkorrekte Position die Rotation des Oberkörpers behindern und zu Schulterverletzungen führen.

Übungen zur Korrektur: Schwimmen in Seitlage hilft, die richtige Rotationstechnik des Oberkörpers einzuüben und die Antriebsphase effektiver zu machen. Nach einem regulären Armzug mit dem linken Arm auf die rechte Seite drehen, rechten Arm unter dem Körper hindurch nach vorn strecken und 10 Beinstöße ausführen. In die Bauchlage zurückkommen, einen Armzug mit dem rechten Arm ausführen, auf die linke Seite legen und wiederholen. Auf diese Weise 25 m zurücklegen.

Entspannungsphase

Die Entspannungsphase sollte einen ruhigen Übergang zu den dynamischeren Eintauch- und Antriebsphasen bilden. Zuerst ragt der Ellbogen aus dem Wasser, wobei sich der Unterarm im rechten Winkel zum Oberarm befindet. Dann Ellbogen stärker beugen, Hand aus dem Wasser heben und seitlich durch die Luft ziehen, Unterarm strecken und die Hand vor den Kopf führen. Schließlich den gesamten Arm möglichst weit nach vorn ziehen und die Eintauchphase vorbereiten.

Die Entspannungsphase als Übergang zu den dynamischeren Eintauch- und Antriebsphasen

Typische Fehler: Ein typischer Fehler in der Entspannungsphase ist eine Ausholbewegung, bei der der Arm gestreckt bleibt und weit nach außen schwingt. Dadurch wird die seitliche Stromlinienlage gestört und Energie vergeudet. Den Ellbogen immer vor der Hand aus dem Wasser heben und darauf achten, dass er in der gesamten Entspannungsphase gebeugt bleibt.

Auch die Handfläche sollte in der Entspannungsphase nicht völlig nach außen gedreht sein. Dem Arm soll in dieser Phase Gelegenheit zur Erholung gegeben werden; das Nach-außen-Drehen der Handfläche erhöht nur die Belastung und kann so Schulterverletzungen herbeiführen.

Der Kraul-Beinschlag

Stabilisierung der Ideallage durch richtigen Beinschlag

Während die Antriebskraft beim Schwimmen fast nur aus der Zugbewegung der Arme kommt, erfüllt auch der Beinschlag eine wesentliche Funktion. Er verhindert ein Absinken des Unterkörpers und trägt dazu bei, die Stromlinienlage stabil zu halten.

Die beiden gängigsten Varianten sind der Zweier- und der Sechser-Beinschlag. Beim Zweier-Beinschlag erfolgt die Trittbewegung je einmal pro Armzug; beim Sechser-Beinschlag jeweils dreimal pro Armzug. In der Regel sinken die Arme beim Zweier-Rhythmus etwas tiefer ins Wasser als bei dem schneller ausgeführten Sechser-Schlag. Daneben gibt es weniger gebräuchliche Beinschlagarten, z. B. den Vierer-Schlag – zweimal pro Armzug – und den Zweier-Kreuzschlag, bei dem die Füße wie bei einer Schere gekreuzt werden. Am besten man entwickelt nach Vervollkommnung des Armzugs seine eigene Paddelmethode. Welche Variante man hauptsächlich und am effizientesten anwendet, sollte von der individuellen Körpermechanik und Armzugtechnik abhängig gemacht werden. Auch dazu geben erfahrene Schwimmer gerne Tipps.

Unabhängig vom gewählten Beinschlag ist die Ausführung selbst immer dieselbe. Die Zehen werden gestreckt und die Knie gerade gehalten. Der Beinschlag kommt aus der Hüfte, die Füße sollten sich

> ➤ **TIPP:** Mithilfe eines Schwimmbretts kann man den Beinschlag vervollkommnen und die Beinmuskulatur kräftigen. Dabei hält man mit gestreckten Armen das Schwimmbrett vor den Körper; die Hände befinden sich am Ansatz der Rundung. Der Körper wird auf einer Linie gerade gehalten; die Schultern werden gesenkt und die Hüfte nahe an die Wasseroberfläche gebracht. Man sollte etwa 10 bis 15 % der Gesamttrainingszeit auf das Trainieren der Beinschlagtechnik verwenden

nicht mehr als maximal 30 cm auseinander bewegen. Den oberen Fuß nie ganz aus dem Wasser heben, nur das Fersenende ragt knapp über die Wasseroberfläche hinaus.

Typischer Fehler: Der angewinkelte Fuß mit gebeugtem Fußgelenk und stark nach unten gestreckten Zehen verringert die Effektivität des Beinschlags. Aufgrund der beeinträchtigten Stromlinienlage zieht die falsche Schlagtechnik den Unterkörper nach unten, und so wird unnötig Kraft verschwendet.

Bei einer anderen Übungsmethode liegt man auf der Seite. Dabei wird der untere Arm ganz gestreckt, um den Körper oben zu halten. Der Beinschlag wird in der Hüfte eingeleitet. Zunächst 25 m auf der linken Seite schwimmen, dann auf die rechte Seite drehen und die Übung wiederholen.

Atmung 1

Rhythmisches, entspanntes Atmen ist eine wesentliche Komponente beim Schwimmen, da es frühzeitiger Ermüdung vorbeugt und die Armzugtechnik unterstützt. Die Atmung sollte genauso selbstverständlich erfolgen wie bei anderen Körperaktivitäten. Einfach durch Mund und Nase vollständig ausatmen, während das Gesicht sich unter Wasser befindet; durch den Mund wird eingeatmet, sobald der Zugarm die Entspannungsphase einleitet. Einmal Luftholen pro Zyklus – ein rechter und ein linker Armzug – ist für die meisten Schwimmer am angemessensten.

Auf welcher Seite Sie atmen, bleibt jeder/jedem selbst überlassen. Viele Experten meinen, dass Schwimmer die beidseitige Atmung beherrschen sollten, was im Wettkampf in freien Gewässern natürlich von Vorteil ist. Doch gleichgültig, ob man rechts oder links oder beidseitig atmet, man hält den Kopf stets in die durch den Vorwärtsschub verursachte Bugwelle. Die hinter der Bugwelle folgende Wasserrinne gibt einem mehr Zeit zum Einatmen.

Typische Fehler: Wenn man spät atmet oder den Kopf unter den Arm dreht, wird die Seitenlage des Rumpfes und die Effizienz des Armzugs gestört. Dies lässt sich dadurch vermeiden, dass man den Kopf zu Beginn der Entspannungsphase zu drehen beginnt.

Atmung 2

Die korrekte Kopfhaltung wie oben beschrieben unterstützt die Atmung und gewährt eine optimale Stromlinienlage. Beim Ausatmen befindet sich der Kopf zur Hälfte unter Wasser, der Blick ist im 45-Grad-Winkel nach unten gerichtet. Wenn der Arm die Zug- und Druckphase beendet und die Entspannungsphase einleitet, lässt man den Kopf der Rollbewegung des Oberkörpers folgen. Dabei wird er weitergedreht, sodass Mund und Nase zum Einatmen aus dem Wasser kommen.

Korrekte Kopfhaltung unterstützt Atmung und gewährt optimale Stromlinienlage

Kräftigungsübungen als Ergänzung zum Schwimmtraining

Durch Schwimmen wird zwar die Oberkörpermuskulatur gekräftigt, doch sind auch andere Hauptmuskelgruppen des Körpers gefordert. Die Ausbildung dieser Muskelpartien durch spezielle Kraftübungen erhöht die Kraft von Armzug und Beinschlag und steigert damit die Bewegungseffizienz. Die Folge ist, dass Sie ausdauernder und schneller schwimmen können, ohne vorzeitig zu ermüden. Die nachfolgend beschriebenen Übungen sind vor allem für die Kräftigung der Schultergürtel-, Bein- und Rumpfmuskulatur gedacht. Sie dienen der Entwicklung der primären und sekundären Muskelgruppen, die beim Schwimmen zum Einsatz kommen. Für einige Übungen sind Gewichte erforderlich. Anfangs nimmt man 1- oder 1,5-kg-Fausthanteln oder Gewichtmanschetten. Mit zunehmender Kräftigung können schwerere Gewichte verwendet werden.

Mit speziellen Übungen die Kraft von Armzug und Beinschlag erhöhen und die Bewegungseffizienz steigern

Übungen 1

Übung a): Mit den Hanteln in beiden Händen und mit geschlossenen Füßen aufrecht stehen. Die Arme hängen locker an der Rumpfseite, die Arme werden seitlich bis auf Schulterhöhe angehoben und gesenkt. Danach Arme frontal auf Schulterhöhe heben und wieder senken, 8 bis 15 Wiederholungen ausführen.

Übung b): Gebeugtes rechtes Knie und geraden rechten Arm auf einer Bank abstützen, Rücken gerade halten. Die Hantel in der linken Hand halten, Arm locker hängen lassen. Ellbogen beugen und die

Auch diese Übungen tragen gezielt zur Kräftigung der Schultergürtel-, Bein- und Rumpfmuskulatur bei

Hantel hoch zur Rumpfseite ziehen. Wieder senken, nach 8 bis 15 Wiederholungen die Arme wechseln.

Übungen 2

Übung a): Mit seitlich aufgestützten Händen aufrecht sitzen, rechtes Bein anwinkeln, linkes Bein vor den Körper strecken. Linkes Bein 10 bis 30 cm vom Boden heben, kurz halten, dann langsam wieder senken. Nach 10 bis 20 Wiederholungen Bein wechseln.

Übung b): Auf dem Rücken liegen und rechtes Bein anwinkeln. Das linke Bein zur Decke hochstrecken; das Knie dabei gebeugt lassen. Langsam wieder senken. Nach 10 bis 20 Wiederholungen das Bein wechseln. Achtung: nicht ins Hohlkreuz fallen!

Übung c): Mit gestreckten Beinen auf dem Bauch liegen, die Ellbogen in Schulterhöhe anwinkeln. Die Zehen gestreckt lassen, Gesäß anspannen und rechtes Bein heben, ohne ins Hohlkreuz zu gehen. Zwei Sekunden halten, dann langsam senken. Nach 10 bis 20 Wiederholungen das Bein wechseln.

Übung d): Gewichtmanschetten um die Fußgelenke schnallen, auf den Bauch liegen und die Ellbogen in Schulterhöhe anwinkeln. Rechten Unterschenkel heben; wieder senken; nach 10 bis 20 Wiederholungen das Bein wechseln.

Übungen 3

Übung a): Mit angewinkelten Beinen rücklings auf einer Trainingsbank liegen, Oberschenkel Richtung Brust ziehen. Der Rücken ist flach ausgestreckt. Mit gestreckten Armen und leicht gebeugten Ellbogen die Hantel über der Brust halten. Arme über den Kopf nach hinten führen und die Hantel herunterhängen lassen. Wieder in die Ausgangsposition zurückkehren und 8- bis 15-mal wiederholen.

Übung b): Mit angewinkelten Beinen und flach aufstehenden Füßen auf dem Rücken liegen, die Arme über der Brust kreuzen. Bauchmuskeln anspannen, Kopf, Schulter und oberen Rücken heben. Einen Moment halten; wieder senken und 10 bis 30 Wiederholungen ausführen.

Radfahren

Ausrüstung

Für die zweite Sportart im Triathlon, das Radfahren, ist die Ausrüstung etwas aufwändiger als für das Schwimmen und das abschließende Laufen. Ich schließe mich hinsichtlich der Ausrüstung gerne den Empfehlungen von Gerhard Wachter an, «Urgestein» im deutschen Triathlon, mit dessen Tipps ich ebenfalls in Training und Wettkampf bei den Altersklassen-Triathleten gute Erfahrungen machte.

Für das Radfahren ist die Ausrüstung von allen drei Triathlon-Sportarten zwar am aufwändigsten, aber anhand dieser Tipps kann man viel Geld sparen, denn ein sehr teures Rad wie z.B. eine Zeitfahrmaschine muss nicht automatisch auch die richtige, beste und zweckmäßigste Anschaffung sein

Dazu zählt, dass es die ideale Ausrüstung für das Radfahren beim Triathlon eigentlich nicht gibt. Jede/jeder stellt die Ausrüstung am besten so zusammen, wie es auch finanziell sinnvoll erscheint. Außerdem ist es so, dass z.B. eine teure Zeitfahrmaschine mit allen Raffinessen für DM 5.000,– nicht automatisch auch eine hilfreiche Anschaffung für alle Triathleten im mittleren und höheren Lebensalter sein muss. Es ist nämlich keineswegs immer sinnvoll, ein solches Fahrrad im Training oder im Wettkampf zu benutzen. Ist die Strecke sehr bergig und sehr lang, so wird das Fahren auf einer Zeitfahrmaschine wegen der niedrigen Oberkörperposition recht mühsam. Dies kann Rückenschmerzen hervorrufen, vor allem wenn man es üblicherweise gewohnt ist, auf einem Standard-Rennrad zu trainieren. Eine Zeitfahrmaschine mit Triathlonlenker erbringt aber nur bei einer überwiegend flachen Strecke mit gutem Belag einen Vorteil. Die wenigsten Triathlonveranstaltungen finden jedoch auf einer solchen Radstrecke statt. Auch wirken sich die relativ kleinen Materialunterschiede erst bei Spitzenathleten, bei denen die Leistungsdichte sehr hoch ist, spürbar aus. Schließlich überwiegt der Vorteil des geringeren Luftwiderstands den Nachteil der unbequemen Sitzposition erst bei Durchschnittsgeschwindigkeiten von mehr als 40 km/h. Somit macht nur eine sehr gute Leistungsfähigkeit auf dem Rad überhaupt einen Sinn für die Benutzung einer Zeitfahrmaschine. Ein systemati-

Für das Training ist ein Standard-Rennrad zu empfehlen

sches Training auf einem Standard-Rennrad ermöglicht hingegen, in einem Kurztriathlon über die Olympische Distanz, bei der ohnehin das frühere Verbot des Windschattenfahrens aufgehoben wurde, eine Durchschnittsgeschwindigkeit um 40 km/h und sogar darüber zu erreichen. Im Breitensport ist das außerdem sehr schnell.

Falls Sie noch kein Rennrad haben, wird man Sie beim Kauf in jedem Fachgeschäft kompetent beraten – sei es im Hinblick auf die richtige Rahmenhöhe, einen Lenkeraufsatz, Laufräder zum Wechseln, richtige Bereifung, Pedalkurbeln bis hin zur richtigen Auswahl der Zahnkränze, Pedale und eines Radcomputers. Einige Grundkenntnisse können aber nicht schaden, sobald Sie sich für den Kauf eines Rennrads entschlossen haben. Daher folgende Tipps:

Für optimalen Trainingsnutzen und Fahrkomfort ist es wesentlich, dass das Rad den Körperproportionen angepasst wird. In jedem guten Fachgeschäft hilft daher der Verkäufer, die entsprechenden Messungen und Einstellungen vorzunehmen. Aber auch mit Unterstützung eines Partners kann man leicht alles einstellen, wenn man folgende Richtlinien beachtet:

Beachtenswertes zur Feineinstellung Ihres Rennrads

- Die erste Voraussetzung ist, dass der Rahmen die richtige Größe hat, denn er kann nicht verstellt werden. Sie sollten vor allem die richtige Rahmenhöhe wissen, bevor Sie sich mit anderen Einzelteilen befassen. Dazu die Griffe festhalten, mit gespreizten Beinen vor dem Sattel über dem Rad stehen. Die Füße flach aufstellen, der Abstand zwischen Oberrohr und Schritt sollte etwa 3 bis 5 cm betragen. Bei Mountain-Bikes, bei denen ein kleinerer Rahmen besser ist, darf der Abstand durchaus 5 bis 7 cm betragen.
- Zur Bestimmung der Sattelhöhe bitten Sie einen Helfer, den Lenker festzuhalten, während Sie in bequemem Sitz die Hände auf die Griffe legen. Wenn das Pedal am tiefsten Punkt in der 6-Uhr-Position ist, sollten Sie die Knie nur leicht beugen müssen.
- Um zu wissen, wie weit man den Sattel vorschieben muss, braucht man ein Lot. Bequem auf dem Sattel Platz nehmen; der Partner hält das Rad fest. Pedale in die 3-Uhr-/9-Uhr-Position bringen. Das direkt hinter die Kniescheibe gehaltene Lot sollte hinter dem Fußballen gerade hinunter zur Pedalachse fallen.
- Zum Justieren des Lenkers auf den Sattel setzen, während je-

mand das Fahrrad festhält. Lenkerbügel und -vorbau 3 bis 5 cm unter der Sattelunterkante feststellen. Um die Länge des Lenkervorbaus zu bestimmen, Ellbogengelenk gegen die Sattelspitze halten und Unterarm gerade zum Lenker strecken. Der Mittelfinger sollte bis zur Hälfte des Lenkervorbaus reichen.

Die richtige Justierung des Lenkers

Radhose und Trikot

Im Training ist es nicht sinnvoll, in einem Triathloneinteiler oder Zweiteiler zu fahren, der im Wettkampf getragen wird. Dazu ist die Sitzfläche zu wenig gepolstert. Radhosen hingegen haben eine komfortable Sitzfläche. Diese verhindert das Wundwerden und verhütet damit sehr unangenehme Schmerzen.

Radhose und Trikot sind für das Training am besten. Triathloneinteiler oder Zweiteiler sollten nur im Wettkampf getragen werden

Ein Trikot ist für das Training ebenfalls zu empfehlen. Trikots sind länger als einfache T-Shirts und bedecken auch in gebückter Haltung noch die Nieren. Außerdem sind sie meist aus Funktionsfasern und können sich nicht wie T-Shirts «vollsaugen». In den an der Rückseite aufgenähten Taschen kann vielerlei mitgeführt werden. Bei längeren Fahrten ist dann ein Rucksack oder eine Radtasche entbehrlich, denn einen Ersatzschlauch und ein Minimum an Werkzeug – Imbusschlüssel und Hebel zum Schlauchwechsel im Fall einer Panne – führen Sie bei Ihren Trainingsfahrten in einem Täschchen mit, das unterhalb des Sattels angebracht ist.

Schuhe

Besonderes Augenmerk sollte man den Schuhen widmen. Sie sollten eine harte Sohle haben sowie mit den Schuhplatten und «Klickpedalen» fest verbunden werden können. Das erleichtert einen Bewegungsablauf mit einer runden Tretbewegung ebenso wie parallele Beinführung.

Bei der Wahl der Schuhe sollte man auch an die Wechsel im Wettkampf denken. Daher empfiehlt es sich, Schuhe mit Klettverschluss zu wählen. Sind die Schuhe fest an den Pedalen angebracht und ist der Klettverschluss geöffnet, so ist es möglich, sie während des Fahrens an- und auszuziehen.

Helm

Das Tragen eines Helms ist in jedem Triathlon Pflicht. Aber auch im Training sollte man den Kopf stets vor Stürzen schützen. Auch bei der

Helm ist Pflicht

Auswahl des richtigen Helms werden Sie in jedem Fachgeschäft gut beraten.

Handschuhe

Handschuhe dienen nicht nur dem passenden Outfit, sie haben vor allem Schutzfunktion

Zur Vermeidung von Schwielen bei langen Radfahrten und Schürfwunden bei Stürzen tragen viele Radfahrer Radhandschuhe, was ich ebenfalls für Trainingsfahrten nur empfehlen kann. In einem Wettkampf müssen diese an- und ausgezogen werden. Zieht man sie im Fahren an, können kritische Situationen entstehen. Jeder muss daher selbst entscheiden, ob er auf sie verzichten will oder nicht.

Sonnenbrille

➤ **TIPP:** Wichtig ist, dass die Sonnenbrille UVA- und B-Filter besitzt. Für Fahrten bei schlechtem Wetter, im Herbst und Frühjahr ist eine transparente – besser noch eine kontrasterhöhende gelb getönte – Brille zu empfehlen. Einige Brillenhersteller bieten hierfür inzwischen Wechselgläser an, sodass man ein Gestell und entsprechende Gläser zum Wechseln hat

Eine Sonnenbrille ist nicht nur zu den Modeartikeln zu zählen. Beim Radfahren schützt sie vor zu intensiver Sonnenstrahlung, hält außerdem Wind, Fliegen und aufgewirbelte Steinchen, Sand usw. den Augen fern. Hier kann der Finanzkraft und/oder der Eitelkeit der/des Einzelnen mehr Entscheidungsfreiheit zugebilligt werden als bei den zuvor genannten Ausrüstungsgegenständen.

Optimales Training

Erfahrene Radsportler kennen bereits die Vorzüge, die dieser Sport bietet. Radfahren trägt nicht nur zur Straffung und Kräftigung der Beine und Schultern bei, sondern auch zur Dehnung des unteren Rückens, was wiederum für das Schwimmen und Laufen von Vorteil ist.

Während ein gutes Ergebnis beim Schwimmen auch im leistungsorientierten Breitensport eine solide Basis für die weiteren Teildisziplinen sichert, kommt es beim Radfahren darauf an, dieses Niveau zu halten oder die Position noch auszubauen, wenn das Radfahren die «Paradedisziplin» ist, zumal es die längste Teilzeit im Triathlon beansprucht. Wer daher geeignete Voraussetzungen durch richtiges Training für die Radstrecke schafft, hat auch gute Chancen, ein achtbares Gesamtergebnis zu erzielen.

Das bedeutet, neben dem Training von Ausdauer, Kraft und Schnelligkeit die technischen Fähigkeiten im Auge zu behalten und zu verbessern, wobei das Techniktraining beim Radsport ideal mit der Verbesserung der konditionellen Fertigkeiten verbunden werden kann. Wir orientieren uns im Hinblick auf die richtige Fahrtechnik an einigen Schwerpunkten. Sie lauten:

Schwerpunkte richtiger Fahrtechnik auf einen Blick

- richtige Körperhaltung
- Trittbewegung
- Trittfrequenz
- Linie fahren
- Kurventechnik
- Bergfahren

Die richtige Körperhaltung

Die Körperhaltung hat entscheidenden Einfluss auf den Trainingseffekt. In einer Studie, bei der untersucht wurde, wie unterschiedliche Faktoren das Fahrtempo beeinflussen, brachte eine verbesserte Haltung – bei vier Minuten und 31 Sekunden Zeitersparnis auf einer Strecke von 150 km – höhere Leistungsgewinne als andere Faktoren. Voraussetzung für die richtige Körperhaltung ist die auf Seite 84 f. erläuterte Feineinstellung des Rades auf die jeweiligen Körperproportionen bezogen. Erst nach diesen Vorarbeiten kann an der eigentlichen Haltung gefeilt werden. Für die optimale Fahrposition spielen zwei dynamische Faktoren eine wichtige Rolle:

Auf die richtige Körperhaltung kommt es an, denn sie hat entscheidenden Einfluss auf den Trainingseffekt

- Erstens muss man seinen Körperschwerpunkt zwischen Lenker und Sattel richtig positionieren. Die Position des Körperschwerpunkts hängt von dem jeweiligen Gelände ab und kann durch unterschiedliche Handpositionen (siehe unten und folgende Seite) sowie durch Vor- und Zurückrutschen auf dem Sitz geändert werden.
- Zweitens muss der Luftwiderstand so gering wie möglich sein. Studien belegen, dass 90 % der Fahrenergie darauf verwendet wird, um den Luftwiderstand zu überwinden. Je stromlinienförmiger der Körper und je horizontaler der Rumpf positioniert wird, desto effektiver ist das Radfahren und desto weniger muss man bei Gegenwind und hoher Geschwindigkeit in die Pedale treten; bei Rückenwind kommt man automatisch schneller voran. Hier zunächst die wichtigsten Handhaltungen.

Zwei wichtige Faktoren für eine optimale Fahrposition

Obere Lenkergriffhaltung: Die Hände fassen den Lenker in gleichmäßigem Abstand neben dem Vorbau. Die Haltung des Oberkörpers ist relativ aufrecht und bietet so die Möglichkeit, den Rücken, der sonst stark gebeugt wird, zu entlasten. Ein Nachteil dieser Haltung ist, dass

Obere Lenkergriffhaltung

die Kontrolle über das Fahrrad nicht im selben Maß wie bei den beiden nachfolgend beschriebenen Handhaltungen gewährleistet ist. Geeignet ist die obere Lenkergriffhaltung in erster Linie für Trainingsfahrten, für lange, aber nicht zu steile Bergauffahrten sowie zur oben erwähnten Entlastung der Rückenmuskulatur.

Bremsgriffhaltung

Bremsgriffhaltung: Bei Steigungen, die einen kräftigen Einsatz von Arm- und Rumpfmuskulatur erfordern, und beim Fahren im Wiegetritt (siehe Seite 93) wenden viele Triathleten eine Haltung an, bei der das obere Ende der Bremsgriffe zwischen Daumen und Zeigefinger gefasst wird. Die Bremshebel sind aus dieser Position schnell erreichbar. Auch bei längeren Trainingsfahrten sorgt die Bremsgriffhaltung für eine bequeme Sitzposition bei geringerer Windangriffsfläche.

Untere Lenkergriffhaltung

Untere Lenkergriffhaltung: In Situationen, in denen eine aerodynamische Sitzposition mit möglichst geringer Windangriffsfläche besonders wichtig ist – bei Bergabfahrten, bei Gegenwind und flacher Wettkampfstrecke – sollte der Lenker im Bogen unterhalb der Bremsgriffe gefasst werden. Der Oberkörper ist nun stark gebeugt. Diese Handhaltung ermöglicht eine gute Kontrolle über das Rennrad und permanente Bremsbereitschaft.

Die Trittbewegung

Gute Beinarbeit Voraussetzung für richtig ausgeführte Trittbewegung

Der richtig ausgeführte Tritt ist das wichtigste Element beim Radsport. Voraussetzung dafür wiederum ist eine gute Beinarbeit.

Die Beine sollen sich beim Radfahren wie zwei Pleuelstangen in zwei zum Rahmen parallelen Ebenen bewegen – die Knie dicht am Oberrohr des Rahmens. Diese ideale Beinarbeit ist nur möglich, wenn die Füße richtig in den Pedalen fixiert sind: das Großzehengrundgelenk möglichst genau über der Pedalachse, die Längsachse der Radsportschuhe senkrecht zur Pedalachse und damit parallel zum Rahmen. Dann können die Füße richtig parallel zur Ebene des Rahmens arbeiten, eine wichtige Voraussetzung für einen vollkommenen Fahrstil.

Bei effektiver Trittbewegung bewegen sich beide Beine ständig und mit gleicher Kraft. Wenn der eine Fuß aus der 12-Uhr-Position die Abwärtsbewegung beginnt, befindet sich der andere Fuß in der 6-Uhr-Stellung auf dem Weg nach oben. Die 12- auf 6-Uhr-Abwärtsbewegung beansprucht Quadrizeps und vordere Unterschenkelmuskeln, bei der Aufwärtsbewegung von 6- auf 12-Uhr sind Kniebeuger und Waden gefordert. Um eine optimale Kraftübertragung zu erreichen, muss also versucht werden, in jeder Phase des Trittes aktiv Vortrieb zu erzeugen, was nur durch einen ununterbrochenen Einsatz der betroffenen Muskelgruppen gewährleistet ist, die Beinkraft beim Tretvorgang stets senkrecht zur Tretkurve wirkt, der Bewegungsablauf so dosiert wird, dass in jedem Punkt einer Kurbelumdrehung dieselbe Kraft einwirkt.

Wie eine optimale Kraftübertragung erreicht wird

Ein nicht runder oder ungleichmäßiger Tritt bedeutet unnötigen Kraft- und Energieverlust sowie vorzeitige Ermüdung einzelner überbeanspruchter Muskelgruppen.

Die Trittfrequenz

Entgegen den Ergebnissen, die bei Laboruntersuchungen ermittelt wurden, liegt die ökonomischste Trittfrequenz nicht zwischen 40 und 60 Kurbelumdrehungen pro Minute, sondern weitaus höher, bei etwa 100 bis 110 Umdrehungen pro Minute, was eine Analyse der Stundenweltrekorde der letzten 40 Jahre ergab. Im Training werden sogar noch weit höhere Werte erreicht. Nur wer hohe Frequenzen über einen längeren Zeitraum treten kann, erreicht auch das Ziel, den runden Tritt zu beherrschen.

Die optimale Trittfrequenz liegt bei 100 bis 110 Umdrehungen pro Minute

Sie sollten einen Durchschnitt von 80 bis 90 Umdrehungen pro Minute anstreben. Diese Frequenz geht allmählich in Fleisch und Blut über. Um die Trittfrequenz zu ermitteln, zählt man 15 Sekunden lang die Tretbewegungen eines Fußes und multipliziert die Zahl mit vier. Wenn man es komfortabel mag, installiert man einen Trittfrequenzmesser am Rad.

Linie fahren

Auf gerader Linie zu fahren, Hindernissen auf der Straße auszuweichen und Kurven sicher zurückzulegen, erscheint leichter, als es ist. Das Fahren auf gerader Linie ist eine wichtige Fähigkeit beim Radfahren, die man jederzeit beherrschen muss. Denn so wird das Fahrverhalten für Autos und andere Radsportler nicht nur besser kalkulierbar, man spürt auch wertvolle Energien, die man sonst durch überflüssige Ausgleichsbewegungen vergeudet.

Ökonomisierung der Energie auf gerader Linie

Am besten trainiert man auf einer geraden Linie etwa 15 cm vom Straßenrand entfernt. Trainieren Sie dies, indem Sie auf einem leeren

Der richtige Blickfokus und die korrekte Körperhaltung

Parkplatz oder einem ruhigen Straßenabschnitt ohne Autos auf dem weißen Streifen fahren. Als Steigerung versucht man, parallel zu der Linie zu fahren und gleichzeitig über die Schulter zu blicken.

Für das Fahren auf einer Linie gilt dasselbe wie für andere Radfahrtechniken: Man muss die Geländebeschaffenheit berücksichtigen und voraussehen, was als Nächstes kommt. Es geht darum, so wenig wie möglich von der Linie abzuweichen: Hindernisse sollten rechtzeitig erkannt und umfahren werden.

Beim Fahren auf einer Linie sind zwei Faktoren entscheidend, der richtige Blickfokus und die korrekte Körperhaltung. Experten raten, den Blick bei einer Geschwindigkeit von etwa 25 km/h stets etwa 6 m voraus zu richten; für jeden zusätzlichen km/h fügt man 15 cm hinzu. So kann man Hindernisse früh erkennen und sich darauf einstellen. Handgelenke und Ellbogen beim Fahren stets entspannt lassen.

Um ein Hindernis auf der Straße zu umfahren, setzt man die Hüften ein und erzielt durch solche Gewichtsverlagerung die erwünschte Richtungsänderung. Den Oberkörper nur so weit wie nötig zur Seite bringen. Dadurch bleiben Vorder- und Hinterrad auf einer Linie, und man spart Energie. Man lässt sich dabei von seinem Blickfokus leiten. Er weist, nachdem man Straßenverhältnisse und Verkehr einkalkuliert hat, den besten Weg, das Hindernis zu umfahren.

Kurventechnik

Eine gute Kurventechnik trägt erheblich zur Sicherheit im Training bei und bedeutet Zeitgewinn im Wettkampf

Grundsätzlich ist zu beachten: Je höher die Geschwindigkeit und je kleiner der Kurvenradius ist, desto stärker wirkt die Zentrifugal- oder Fliehkraft. Mithilfe der richtigen Kurventechnik müssen Sie der Fliehkraft in der Kurve entgegenwirken, um nicht aus der Kurve hinausgetragen zu werden.

Zunächst müssen Körper und Rennrad nach der Seite der Kurve geneigt und die Position auf dem Rad stabilisiert werden. Dazu wird das kurvenäußere Bein durchgestreckt, um durch Druck auf das kurvenäußere Pedal ausreichende Stabilität zu erzielen. Zusätzlich wird die Stabilität in der Kurve verstärkt, indem man in der unteren Lenkergriffhaltung fährt und das Gewicht auf dem Sattel nach hinten verlagert, um so das Hinterrad stärker zu belasten und dadurch die Bodenhaftung zu vergrößern. Der Lenkereinschlag wird umso geringer, je höher die Geschwindigkeit wird. Dies ist auch der Grund, weshalb Sie bei höherer Geschwindigkeit Ihre Neigung und die des Rads

Auch im Hinblick auf Sicherheit geht nichts über eine gute Kurventechnik. Idealerweise sollten Fahrer und Rad dieselbe Schräglage haben

zur Kurveninnenseite entsprechend verstärken. Die maximale Neigung, die Profis mit dem Rennrad auf trockenem Asphalt einnehmen können, beträgt etwa 70 Grad, auf Beton etwa 80 Grad. Bei stärkerer Neigung besteht die Gefahr, dass die Laufräder wegrutschen. Im Idealfall sollten Fahrer und Rennrad in der Kurve dieselbe Schräglage haben.

Es wird aber auch eine Kurventechnik angewandt, in der der Oberkörper aufrechter bleibt und das Rad stärker geneigt wird. Es ist auch möglich, sich mit dem Oberkörper nach der Kurveninnenseite zu neigen und das kurveninnere Bein etwas hinauszustellen. Diese

➤ **TIPP:** Grundsätzlich rechts fahren, auch in übersichtlichen Kurven. So machen Sie in unübersichtlichen Kurven instinktiv nie den Fehler, große «Ausholmanöver» zu veranstalten und die Kurve zu «schneiden». Zur Verminderung der Fliehkraft sollten Kurven nur in Rennen geschnitten werden, bei denen die Straße vollkommen gesperrt ist

Technik kann dann sehr hilfreich sein, wenn man erst in der Kurve feststellen sollte, dass man sie zu schnell angefahren hat.

Bei Bergabfahrten ist zu beachten, dass die Haftungskräfte mit sehr stark aufgepumpten Reifen vermindert sind, ebenso wenn die Fahrbahn durch Regen oder Sand rutschig wird.

Empfehlungen wie in manchen Radsport-Ratgebern, im Training Kurven höchstens bis zum Mittelstreifen der Straße zu «schneiden», möchte ich auf keinen Fall weitergeben. Nicht selten habe ich bei meinen Trainingsfahrten insbesondere auf den Höhenpanoramastraßen des Schwarzwalds erlebt, wie mir plötzlich in Kurven deutlich über der Mittellinie wagemutige Motorradfahrer entgegengerast kamen. Ich war jedes Mal heilfroh, dass ich deutlich vom Mittelstreifen entfernt auf der rechten Straßenseite radelte. Ist die Straße jedoch gesperrt, macht es Sinn, die Kurve außen anzufahren und gleichmäßig nach innen zu ziehen.

Bergfahren

Fürs Bergfahren gibt es zwar keine festen Regeln, wohl aber ein paar nützliche Tipps

Für die Technik des Bergfahrens gibt es keine festen Regeln, weil die Art der Überwindung eines Anstiegs auch von individuellen Eigenheiten abhängt. Man kann bergauf sowohl im Sitzen als auch im Stehen fahren. Ebenso kann man von einer Technik zur anderen wechseln. Im Sitzen besteht die Möglichkeit, den Lenker entweder am oberen Lenkerbügel oder an den Bremsgriffen zu fassen, im Stehen fährt man in Bremsgriffhaltung im Wiegetritt.

Wählt man beim Bergauffahren die Oberlenkerhaltung, umfasst man den oberen Lenkerbügel von oben mit beiden Händen und kann so einen kräftigen Zug am Lenker ausüben. Dabei sitzt man im Sattel etwas weiter hinten als gewöhnlich, um einen guten Druck auf die Pedale ausüben zu können. Der Tritt wird beim Bergauffahren naturgemäß langsamer, der Krafteinsatz dabei höher. Schon vor dem oberen toten Punkt der Pedalumdrehung wird die Fußspitze gehoben, um das Pedal kraftvoll nach vorn und unten zu schieben. Die Atmung sollte locker und rhythmisch bleiben. Man fährt im eigenen Tret- und Atemrhythmus, bis man die Kuppe erreicht hat.

Die Bremsgriffhaltung hingegen ist die häufig bevorzugte Position bei mittleren Steigungen. Man kann mit dieser Griffposition ebenfalls einen starken Zug am Lenker ausüben. Die Armhaltung ist breiter, sodass die Atmung etwas freier als bei der Oberlenkergriffhaltung sein kann. Außerdem kann man aus der Bremsgriffhaltung sofort in den Wiegetritt übergehen, ohne die Griffposition am Lenker ändern zu müssen.

Im Wiegetritt wird nahezu der gesamte Körper beansprucht, vor allem die Muskulatur der Arme und der Lendenwirbelsäule. Mit den Händen meist an den Bremsgriffen, geht man aus dem Sattel und verlagert das Körpergewicht abwechselnd auf das jeweils gestreckte Bein, während man gleichzeitig mit Armen und Rumpf einen Gegenzug am Lenker ausübt. Dadurch wird das Rennrad zur entgegengesetzten Seite gekippt. Trotz der «wiegenden» Hin- und Herbewegung des Rennrads bleibt der Rumpf immer senkrecht. Vor allem bei sehr steilen Anstiegen ist man auf diese Technik angewiesen. Auch für Fahrer mit relativ hohem Körpergewicht ist der Wiegetritt besonders geeignet. Für diese Technik ist eine dynamische Kraftausdauer in der Arm-, Oberkörper-, Rumpf- und Rückenmuskulatur erforderlich.

Wenn die Bergkuppe erreicht ist, wird man für die Mühe durch die Bergabfahrt belohnt. Schon auf der Kuppe schaltet man auf eine größere Übersetzung und tritt mit voller Kraft in möglichst aerodynamischer Haltung in die Abfahrt hinein. Dabei umfasst man die unteren Lenkerbögen, nimmt die Ellenbogen nach innen, stellt die Tretkurbeln und die Pedale mit den Füßen waagerecht. Der Kopf wird in den Nacken genommen, damit man die Strecke genau überblicken kann. Man kann sich bei der Abfahrt zwar etwas ausruhen und neue Kräfte für die Fahrt in der Ebene sammeln, doch bei aller Entspannung muss man bei hohen Geschwindigkeiten in der Abfahrt stark konzentriert bleiben, um Hindernisse, Straßenunebenheiten, Sand und Rollsplitt rechtzeitig zu erkennen. Die Kurven müssen mit einwandfreier Technik durchfahren werden. Durch gefühlvolles Bremsen muss die Geschwindigkeit an die Kurvenkrümmung bereits vor der Kurve angepasst werden.

➤ **TIPP:** Vor der Kurve so weit die Geschwindigkeit verringern, dass in der Kurve nicht mehr gebremst werden muss. Beim Bremsen in der Kurve kommt es zum Aufrichten des Rads aus der Schräglage, was bis zum Kontrollverlust und Sturz führen kann. Als Anfänger also eher zu viel anbremsen und langsam an höhere Geschwindigkeiten und Schräglagen herantasten. Hilfreich ist auch, hinter versierten Radfahrern das Bergabfahren zu üben, sofern diese dann auch «anfängergerecht» fahren

Trainingsumfang und Trainingsintensität

Gute Leistungen beim Radfahren sind das Ergebnis von vielen Kilometern Training im Jahresverlauf. Der Trainingsumfang pro Jahr ist die wichtigste Voraussetzung für eine Leistungssteigerung. Im leistungsorientierten Breitensport bedeutet das 4000 bis 6000 km Rad-

Ohne größere Trainingsumfänge keine ausreichende Grundlagenausdauer

➤ **TIPP:** Mehr Trainingseinheiten und weniger überlange Distanzen. Große Übersetzungen bedeuten Substanzverlust. Reduzierte Übersetzungen und schnelleres Kurbeln bringen mehr Trainingsgewinn. Leistungszuwachs entsteht durch abwechslungsreiches Training

training im Jahr. In welcher Stückelung dieses Training erfolgt, ist jedem selbst überlassen. Wichtig hierfür ist natürlich die Wettkampfabsicht jedes Einzelnen. Es macht eben einen Unterschied, ob der Sportler sich für einen Kurztriathlon über die Olympische Distanz oder für Mittel- oder Langtriathlons vorbereitet. Der nebenstehende Tipp lässt sich daher auf jede Distanz anwenden.

Übermäßig lange Distanzen haben lange Erholungspausen zur Folge und erschweren dadurch die Anpassungsvorgänge. Auch die Intensität sollte individuell angepasst sein, denn Zeichen der Überlastung – starker Muskelkater, überhöhte Pulsfrequenz – können auch aufgrund zu intensiven Trainings auftreten. Selbstverständlich sollten hin und wieder längere Distanzen trainiert werden – das ist schon zur Verbesserung des Fettstoffwechsels erforderlich – der Einbau in das Gesamttraining sollte jedoch maßvoll erfolgen. Dies gilt insbesondere für den Anfang der Saison, wenn es darauf ankommt, das Pedalieren zu ökonomisieren.

Um die Beinmuskulatur zu kräftigen, empfiehlt es sich, immer wieder auch Bergauffahrten in das Trainingsprogramm einzuplanen.

Abwechslungs- und ideenreiches Training, das motiviert, bedeutet Wechsel von Belastung und Erholung sowie von Umfangs-, Kraft- und Schnelligkeitstraining.

Verbesserung der aeroben Kapazität

Dieser Bereich des Radtrainings wird überwiegend mit Formen aus dem Bereich des Ausdauertrainings und des extensiven Intervalltrainings erreicht.

Da die zweite Disziplin im Triathlon auf der Straße ausgetragen wird, wird entsprechend Straßentraining auch hier bevorzugt. Gleich bleibendes, zügiges und nicht zu intensiv gefahrenes Tempo sorgt für die notwendige Anpassung. Wer die Höhe der Trainingsbelastung gezielt über die Herzfrequenz steuern will, sollte seine maximale Herzfrequenz kennen. Diese ist vom Alter abhängig. Die Erläuterungen Seite 58 f. und im Glossar verdeutlichen den wirksamen Trainingsbereich beim Radtraining, der zwischen 70 und 85 % der maximalen Herzfrequenz liegen sollte. Die Herzfrequenz ist mit einer Pulsuhr sehr leicht zu messen. Der Umfang des Dauertrainings kann wie beim Schwimmen zeit- oder streckenorientiert sein. Trainingswirkungen im Sinne der Langzeitausdauer stellen sich ein, wenn das

Training über 1 $^1/_2$ Stunden oder mindestens 50 km ausgedehnt wird. Verbesserung der aeroben Kapazität sind beim wenig Trainierten bei wesentlich kürzeren Strecken zu erwarten.

Kraft und Schnelligkeit auf dem Rad

Wie ich schon an anderer Stelle ausgeführt habe – Kraft und Ausdauer bedingen einander, denn Kraft hat nur der Muskel, der ordentlich ausgeprägt ist, und diese Muskulatur ist auch Voraussetzung für Dauerleistungen. Voraussetzung für den Erfolg auf der Raddistanz ist deshalb auch ein bestimmtes Maß an Kraft und Kraftausdauertraining. Als Methoden eignen sich die Wechselmethode und das Fahrtspiel aus der Gruppe der Dauermethoden.

Im Unterschied zur Dauermethode ist der Anstrengungsgrad in der Belastungsphase wesentlich höher (um 90 %). Dafür sinkt jedoch der Anstrengungsgrad in der Pause gegen null, sodass innerhalb von ein bis zwei Minuten fast der Ausgangspuls (unvollständige Erholung) erreicht ist. Für die Leistungsverbesserung im Triathlon werden Mittelzeit- und Langzeitintervalle empfohlen, also z. B. Mittelzeitintervalle mit 8 x 10 Minuten, dazwischen zwei Minuten locker dahinrollen; Langzeitintervalle mit 4 x 15 Minuten, dazwischen drei bis vier Minuten rollen. Ideale Möglichkeiten für diese Formen des Trainings bietet das Training mit dem Mountainbike. Im Gelände sind die natürlichen Voraussetzungen für einen häufigen und auch planmäßigen Wechsel von Anstiegen und Abfahrten in idealer Weise gegeben (Näheres zum Geländetraining siehe im unten stehenden Abschnitt über das Thema «Wintertraining»).

Wintertraining

Auch der Winter ist kein Grund, auf das Radtraining zu verzichten

Eine gute Leistung im Radfahren verlangt ganzjähriges Training. In den Wintermonaten ist das sowohl auf dem Hometrainer, der Rolle, mit dem Mountainbike oder durch Spinning möglich. Auf allen Geräten sind Kraft-, Schnelligkeit- und auch Ausdauerserien relativ einfach zu trainieren. Schwierig sind auf dem Hometrainer oder auf der Rolle allerdings lange Dauerbelastungen, weil sie bei den Sportlern meist Abneigung wegen der Monotonie hervorrufen. Beim Spinning wird diese Monotonie durch das Training mit Musik und in der

Spinning ist mehr als Indoor-Cycling im Sportstudio. Es ist ein gelenkschonendes, intensives Herz-Kreislauf-Training in der Gruppe zu Musik, ebenso hervorragend für Technikübungen im Winter geeignet. Für Spinning gibt es unterschiedliche Kurse: Ausdauerkurse, Intervalltraining, simulierte Rennen, so genannte Race-Days, Erholungskurse und vieles mehr. Mithilfe des regelbaren Belastungswiderstands lässt sich jedes gewünschte Streckenprofil simulieren

Gruppe genommen. Einträchtig fahren Anfänger neben Fortgeschrittenen. Spinning verbindet in besonderer Weise die Vorteile des Individualsports, nutzt aber dazu die Stärke der Gruppendynamik und die motivierende Atmosphäre des Gruppentrainings. In der Gruppe und mit einem Instruktor ist diese Trainingsform jedoch sehr intensiv, sodass man sie nicht häufiger als ein- bis zweimal pro Woche einsetzen sollte.

Hier kann das Mountainbike ausgezeichnete Abhilfe schaffen. Der Hauch von Abenteuer, der mit dem Geländefahren verbunden ist, und die gebotene Abwechslung hat dem Mountainbike in den letzten Jahren zu immer größerer Beliebtheit verholfen. Die Techniken für Geländefahrten werden in den drei folgenden Abschnitten beschrieben.

Techniken für MTB-Geländefahrten

Geländetraining I: Die beim Fahren auf dem Mountainbike (MTB) allgemein übliche aufrechte Körperhaltung spielt im relativ leichten Gelände oder auf ebenen Straßen keine so große Rolle. Daher Ellbogen anwinkeln, sich etwas vorbeugen und die aerodynamische, klassische Fahrhaltung einnehmen.

Unterscheidungsmerkmale von MTB und Rennrad

Vor allem durch die aufrechtere Körperhaltung und den weiteren Abstand der Arme unterscheidet sich das MTB vom Rennrad. Das führt dazu, dass das Körpergewicht über einen größeren Bereich verteilt wird, wodurch die Stabilität wächst. Beim Fahren muss man sich stets auf die Strecke konzentrieren und mit Steinen, Wurzeln oder Schlaglöchern rechnen.

Bergfahren auf dem MTB

Geländetraining II: Sich aus dem Sattel zu erheben, ist die einfachste Methode, um mit dem MTB einen Berg zu erklimmen. Körpergewicht weit nach vorne über den Lenkerbügel verlagern; die Arme auseinander halten, damit das Vorderrad die Spur hält.

Je unebener und welliger das Gelände ist, desto schwieriger wird es, die Kontrolle über das Fahrrad zu behalten. Oberkörper einsetzen, um das Vorderrad zu kontrollieren, und so lange wie möglich durch ständiges Treten den Schwung erhalten. Sobald der Tritt zu langsam und uneffektiv wird, absteigen und das Rad durch die schwierige Stelle schieben, um Kraft zu sparen. Um das Rad zu stabilisieren, es an Lenker und Sattel festhalten.

Geländetraining III: Bei Bergabfahrten auf dem MTB das Körpergewicht weit nach unten verlagern, um die Bremskraft zu erhöhen. Falls das Rad einen Schnellspann-Klemmbolzen besitzt, den Sattel vor Beginn des Gefälles niedrig einstellen. Körpergewicht nach hinten verlagern, Füße in waagerechter Position halten. Bremsen kurz ziehen und wieder lösen; aufpassen, dass die Vorderbremse nicht zu lange gezogen wird, da sonst das Rad blockieren kann. Bei steilen Hängen das Gewicht auf den hinteren Teil des Sattels verlagern, Arme gestreckt halten und das Hinterrad stabilisieren.

Kräftigungsübungen für das Radfahren

Einige gezielte Übungen in den Wintermonaten zur Kräftigung der Muskulatur

Die Kraft für das Radfahren kommt vorwiegend aus den Beinen, insbesondere aus den Quadrizeps-Muskeln an der Oberschenkelvorderseite. Kräftigungsübungen für die Kniebeuger an der Oberschenkelrückseite tragen zu einer ausgewogeneren Muskelentwicklung in den Beinen bei. Auf diese Weise wird die Trittbewegung effektiver, indem Abwärtsphase und Aufwärtsphase des Tritts mit gleicher Kraft erfolgen, wie es die saubere Technik des runden Tritts verlangt.

Bergauffahrten erfordern aber auch starke Oberkörpermuskeln. Deshalb dient das folgende Übungsprogramm sowohl der Kräftigung der Beine als auch von Schulter und Rücken. Gleichzeitig wächst die Geschmeidigkeit der Muskeln, die von stundenlangem Festhalten des Lenkers und permanent vornübergekrümmten Oberkörper nur allzu oft versteifen. Ein ausgewogenes Kräftigungsprogramm, das zudem die Muskeln des Oberkörpers entspannt, ermöglicht es Ihnen, weitere Strecken leichter zu bewältigen.

Ein Übungsprogramm mit zwei Schwerpunkten: Kräftigung der Beine sowie der Schulter und des Rückens

Übung 1: Aufrecht stehen. Rechtes Knie beugen und Bein auf Hüfthöhe anheben; der Fuß bleibt direkt unter dem Knie. Fuß wieder zum Boden senken und Beine wechseln. 10- bis 20-mal wiederholen.

Übung 2: In Liegestützposition auf dem Boden liegen. In den Liegestütz hochdrücken, Gewicht auf Händen und Füßen halten. Kein Hohlkreuz machen. 10 bis 30 Wiederholungen durchführen.

Übung 3: Etwa 45 cm aufrecht vor einer Trainingsbank oder einem Hocker stehen; die Arme hängen seitlich herunter. Gleichzeitig die Arme vor dem Körper ausstrecken und in die Knie gehen. In der Hohlkreuzposition bleiben und tiefer in die Hocke gehen. Kurz über der Bank innehalten und einen Moment verweilen. In die Ausgangsposition zurückkehren; 10- bis 20-mal wiederholen.

Übung 4: Aufrecht stehen, das linke Bein anziehen und so weit wie möglich in den Ausfallschritt gehen, sodass das rechte Knie fast den Boden berührt. Mit dem linken Fuß abdrücken und wieder in die Ausgangsposition zurückkehren; Beine wechseln. 10 bis 20 Wiederholungen durchführen.

Übung 5: Neben einer Trainingsbank oder einem stabilen Hocker stehen. Das linke Bein heben und den Fuß auf die Bank/den Hocker setzen. Rechtes Bein nachziehen und mit beiden Füßen auf der Bank/dem Hocker stehen. Dann linkes Bein auf der anderen Bankseite/Hockerseite wieder auf den Boden aufsetzen. Diese Übung mit beiden Beinen wechselnd 10- bis 20-mal ausführen.

Übung 6: Mit dem Rücken gegen die Wand stehen. Die Füße sind hüftbreit gegrätscht und etwa 50 cm von der Wand entfernt. Arme vor der Brust kreuzen. Knie beugen und an der Wand nach unten rutschen, bis die Oberschenkel sich parallel zum Fußboden befinden. 20 bis 60 Sekunden so verweilen. Dann wieder in die Ausgangsposition zurückkehren, 2- bis 3-mal wiederholen.

Durch Gelenkigkeitstraining wie hier Bewegungsreserven schaffen

Laufen

«... Je älter die Läufer sind, besonders die Jahrgänge von 40 bis 60 Jahren, umso erstaunlicher sind ihre Leistungen, vor allem auch im Training.»
Ernst van Aaken

Frauen und Männer im mittleren Alter ab 40 sind zwar keine Sprinter oder Weitenjäger im Springen mehr, aber beim Marathon oder auf der Langstrecke über 10 km wie beim Kurztriathlon über die Olympische Distanz fühlen sich einige recht wohl.

Das hatte auch schon vor vielen Jahren für Langstreckenläufer einer der größten Ärzte, Trainer und Organisatoren in der deutschen Leichtathletik erkannt: Dr. med. Ernst van Aaken. Um ihm ein ehrendes Andenken zu bewahren, aber auch um Sie, die über 40-Jährigen einmal mehr zu ermutigen, sei Ernst van Aaken an dieser Stelle zitiert:

«... Je älter die Läufer sind, besonders die Jahrgänge von 40 bis 60 Jahren, umso erstaunlicher sind ihre Leistungen, vor allem auch im Training. Ein 60 Jahre alter Läufer hat in Deutschland die meisten Marathonläufe hinter sich gebracht, nämlich 3200 an der Zahl. Berühmt ist beim Boston-Marathon der Amerikaner Kelly, der den Lauf als 35jähriger und auch im höheren Alter gewann, aber mit 65 Jahren immer noch dabei war.

Unglaublich, aber wahr: Mit über 70 Jahren 10 000 m in 39:49 Minuten und Marathon in 3:13 Stunden

Das deutsche Langstreckenwunder unter den 70jährigen war der ehemalige Bankdirektor Friedrich Tempel, der im 71. Lebensjahr 10 000 m auf der Bahn in 39:49 Minuten lief und Marathon unter ungünstigen Umständen in 3:13 Stunden. Der älteste Langstreckenläufer, der erst im hohen Alter anfing zu trainieren, war ein 79jähriger, der es in drei Jahren vom krassen Anfänger zum 100-Kilometerläufer brachte. Der älteste Läufer in Deutschland war (bezogen auf das Jahr 1982, in dem van Aaken diesen Text verfasst hatte, Anm. des Autors) Arthus Lambert mit fast 91 Jahren, und der älteste Läufer überhaupt in der Welt war der 106jährige Amerikaner Larry Lewis, der 99 Jahre seines Lebens trainiert hatte ...» Ein weiterer schöner Beleg auch dafür, wie ich meine, dass es für den Erwerb von Fitness durch Ausdauertraining nie zu spät ist. Mich ermutigt diese Textpassage van

Aakens stets aufs Neue – vor allem dann, wenn ich versucht bin, das Training wegen «ach so schlechten Wetters» zu verschieben oder ganz ausfallen zu lassen.

«Am Ball» bleiben, denn für Fitness ist es nie zu spät

Auf den Seiten 22 ff. habe ich einige Trainingsprogramme und Tests für alle vorgestellt, die entweder noch nie oder bisher nur sporadisch gelaufen sind. An dieser Stelle sei daher nur daran erinnert, dass es dabei vorwiegend darum ging, unter Anfängern, Unerfahrenen, Übergewichtigen, chronisch Gestressten, Wiedereinsteigern, Rekonvaleszenten usw. die Leistungsfähigkeit Schritt für Schritt ganzheitlich zu verbessern, also sowohl in körperlicher als auch in seelisch-geistiger Hinsicht. Das sollte durch Übungen im Walking- oder Dauerlauftempo geschehen, bei dem man sich mit seinem Partner/seiner Partnerin oder beim Laufen in der Gruppe noch gut unterhalten kann.

Wenn Sie also bei Ihren Dauerläufen noch in der Lage sind, das Sprichwort «Reden ist Silber, Schweigen ist Gold» in umgekehrter Form anzuwenden, ersparen Sie sich viele Diskussionen über richtigen Trainingspuls für längere Belastungen im Ausdauerbereich und haben zugleich die ausreichende Sicherheit, dass Sie sich nicht überfordern. Nach einigen Wochen regelmäßigen Laufens werden Sie außerdem festgestellt haben, dass Ihnen das Training immer leichter fällt und Sie auch im beruflichen Alltag belastbarer sind.

Vom Laufanfänger zum Fortgeschrittenen

Alle, die nun größere Ziele haben und anspruchsvolleres Lauftraining betreiben wollen, sollen hier alles Wissenswerte und Nützliche erfahren.

Wie immer obligatorisch ist die ärztliche Rundum-Untersuchung vorab, denn wie beim «Zu-wenig-Tun» steigt bei höherer Belastung das orthopädische, immunologische und Herz-Kreislauf-Risiko. Bei Überforderung kann Sport nämlich genauso Risiken bergen wie bei ständiger Unterforderung. Diese Risiken können aber mithilfe einer internistischen, orthopädischen und sportärztlichen Untersuchung, bei der u. a. ein Belastungs-EKG nicht fehlen darf, überschaubar gehalten werden.

Sie sollten im leistungsorientierten Breitensport jedenfalls so fit sein, dass Sie beim Training oder im Wettkampf zwar müde, aber nicht komplett erschöpft ins Ziel kommen und gar nicht mehr in der Lage sind, hinterher das Erreichte in vollen Zügen zu genießen und sich darüber zu freuen.

Schweiß, der sich lohnt und deshalb nicht umsonst fließt

Wer aber ausreichendes Talent hat, ebenso stimmige Herz-Kreislauf-Funktionen und ein Mindestmaß an orthopädischer Robustheit dürfte daher bei ausreichendem und richtigem Training auch den abschließenden Lauf im Triathlon gut hinter sich bringen und hat dann in der Freude darüber eine schöne Abwechslung und einen willkommenen Ausgleich zum stressigen oder monotonen Alltag im Beruf. Schweiß also, der sich durchaus lohnt und so gesehen nicht umsonst fließt.

Packen wir's an – Schritt für Schritt und beginnend mit der richtigen Ausrüstung, die auch für das Laufen nicht übermäßig teuer zu sein braucht, aber schon etwas anspruchsvoller sein kann, als es für den Anfang und Test, ob Laufen eine geeignete Sportart für Sie ist, erforderlich war. Doch diesen ersten Schritt haben Sie ja längst und erfolgreich hinter sich gebracht.

Ausrüstung

Die Tipps vom Profi Herbert Steffny

Ich selbst habe im Lauf der vielen Jahre als begeisterter Ausdauersportler und Triathlet im Hinblick auf das Laufen die besten Erfahrungen mit den Empfehlungen von Herbert Steffny gemacht, Fitnesstrainer und international erfolgreicher Langstreckenläufer (13-facher Deutscher Meister, Bronzemedaillengewinner im Marathon bei einer Europameisterschaft, Olympiateilnehmer, Sieger vieler Citymarathons und vor wenigen Jahren im Alter von über 40 Jahren noch Sieger beim Boston Marathon in der Mastersklasse). Einige dieser nützlichen Ratschläge gebe ich daher an dieser Stelle gerne weiter.

Die Wahl des richtigen Schuhs

Der Schuh muss bei jedem Schritt ein Mehrfaches des Körpergewichts auffangen. Er soll deshalb den Aufprall dämpfen, das Abrollen gut ermöglichen, die Bewegung stabil und kontrolliert führen sowie orthopädische Fehlstellungen gegebenenfalls korrigieren. Diesen Anforderungen werden nur spezielle Lauf- und Walkingschuhe gerecht. Der richtig gewählte Schuh ist deshalb ein erster wichtiger Schritt, um Verletzungen zu vermeiden. Modische Gesichtspunkte sollte man eher hintanstellen. Da man ohnehin nicht viel Geld in den Laufspaß investieren muss, sollte man aber nicht am falschen Ende sparen. Der Schuh ist nun einmal für das Laufen der mit Abstand wichtigste Ausrüstungsgegenstand. Entscheidend ist, aus der großen Angebotspalette das für einen persönlich geeignetste Modell herauszufinden. Sehr brauchbare Empfehlungen vermitteln auch die einzelnen Laufmagazine und die Zeitschrift «Triathlet». Deshalb kann ich mich hier auf ein paar allgemeingültige Empfehlungen bei der Auswahl des richtigen Schuhs beschränken.

Die wichtigsten Entscheidungskriterien sind Ihr Körpergewicht und der Fuß. Wer übergewichtig oder von großer, kräftiger Statur ist, benötigt ein viel stabileres Modell als ein «Fliegengewicht». Also Finger weg von den zu leichten «dynamischen Schläppchen». Wer einen so genannten «Knickfuß» nach innen (Überpronation) hat oder «über außen läuft» (Supination) benötigt eine stabile Fersenkappe und entsprechend innen oder außen in der Mittelsohle eine Verstärkung, die diese Kippbewegung vermindert und dadurch Verletzungen vorbeugt. Denn nicht selten führen Fußfehlstellungen zu Beschwerden an Achillessehne, Knie und Hüfte. Bei extremen Fehlstellungen kom-

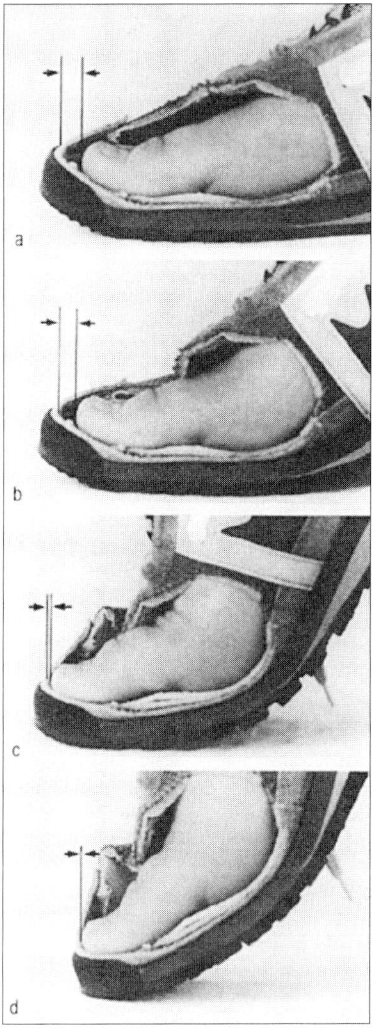

Vor allem die Zehenbox unseres Laufschuhs muss ausreichend groß sein, denn in der Abrollphase schiebt sich der Fuß nach vorn – umso mehr, je dicker die Sohle ist.
Abb. a: Vor den Zehen ist 1 cm Platz
Abb. b und c: Je mehr der Fuß abwinkelt, umso mehr schiebt er sich nach vorn
Abb. d: In dieser Position stößt der Fuß an der Vorderkappe an

➤ **TIPP:** Es gibt Modelle, die in einer Herren- und einer Damenversion angeboten werden. Sollten Sie als Herr einen schmalen Fuß haben, probieren Sie einmal die «Ladies-Version». Das Umgekehrte gilt für Damen. Im Vorfußbereich sollte genug Platz für die freie Bewegung der Zehen sein. Man sollte berücksichtigen, dass der Fuß nachmittags beim Laufen und bei Wärme etwas größer wird. Letztlich geht nichts über eine gute Beratung, die man am besten in «Laufläden» erhält, wo die Verkäufer oft selbst erprobte Läufer sind. Manche Geschäfte haben sogar ein Laufband, auf dem man Schuhe vor Ort praktisch erproben kann

➤ **TIPP:** Laufschuhe, die für andere Läufer o. k. sind, sind deshalb nicht automatisch die richtigen Schuhe für Sie

men auch Einlagen in Betracht. Überpronierer sollten Schuhe mit geradem Leisten bevorzugen. Einem «Normalfüßler» steht eine größere Auswahl zur Verfügung. Ob man einen schmalen oder breiten Fuß hat, merkt man spätestens bei der Anprobe im Fachgeschäft. Ein Hinweis aus der Praxis auch dazu.

Ein Schuh, mit dem 80 % aller Leute gut klar kommen, kann für diese Sportler sehr gut, aber für Sie völlig unzureichend sein. Man sollte auch seine alten Laufschuhe nicht einfach wegwerfen, sondern vielmehr zur Begutachtung ins Geschäft mitnehmen. Ein versierter Verkäufer kann am Sohlenabrieb oder Zustand der Schuhe eine Menge über Ihr Laufverhalten sehen und auch aufgrund dessen entsprechende Empfehlungen geben. Gute Tipps können Sie natürlich auch beim Lauftreff oder von Laufkameraden bekommen. Sie können dort ein Meinungsbild bei Praktikern einholen und werden Informationen erhalten, die man am Ladenregal noch nicht wissen kann, beispielsweise wie lange eigentlich ein bestimmtes Schuhmodell hält. Manch einer kann sich von seinem «ach so bequem eingelaufenen Schuh» einfach nicht trennen. Nicht selten ist die Mittelsohle dann völlig weich geworden und stützt nicht mehr. Meistens merkt der Besitzer das nicht einmal, und das Obermaterial des heißgeliebten Stücks sieht auch noch gut aus. Kein Schuh hält ewig! Überprüfen Sie die Zwischensohle durch Druck mit dem Daumen oder lassen Sie Ihre Fußbewegung von einem hinter Ihnen laufenden, erfahrenen Mitläufer begutachten. Stützt der Schuh noch genügend? Zögern Sie nicht, einen «Latschen» auszurangieren. Ihre Achillessehnen und Gelenke werden es Ihnen danken.

Ein Paar Laufschuhe hält ca. 800 km – je nach Gewicht des Läufers, Modell und Terrain. Ein weiteres Paar zum Wechseln zählt ebenfalls zur Ausrüstung

Zur Verminderung des orthopädischen Risikos sollte man abwechselnd in zwei verschiedenen Paar Schuhen laufen. Jeder Schuh hat seine eigene Charakteristik und wirkt auf den Bewegungsapparat unterschiedlich ein. Man belastet dadurch Gelenke, Sehnen und Bandscheiben nicht immer gleich. Das kostet zwar anfangs mehr, aber letztlich halten zwei Paar Schuhe auch doppelt so lange. Außerdem haben Sie die Möglichkeit, sich Schuhe für unterschiedliches Gelände zuzulegen. Einen mit starkem, griffigem Profil für Waldboden, Matsch und Schnee, den anderen breiter und besser gedämpft für Asphalt. Achten Sie auch darauf, dass die Schuhe Reflektoren besitzen, was Ihre Sicherheit in der Dunkelheit im Straßenverkehr erhöht. Durch gute Schuhauswahl und umsichtige Planung lassen sich Verletzungen schon von vornherein vermeiden. Die weitere Ausrüstung ist nun überwiegend eine Frage des Wetters, der Zweckmäßigkeit und des Geschmacks. Sparen Sie im Zweifelsfall lieber hier ein paar Mark, und investieren Sie sie stattdessen in funktionstüchtige Schuhe.

An funktionstüchtigen Schuhen sollte am wenigsten gespart werden

Richtige, funktionelle Bekleidung

Es gibt Läufer, die kommen ohne Socken im Schuh prima klar, aber spätestens im Winter laufen auch diese Sportler damit. Socken können kurz oder lang sein, je nach Hautverträglichkeit aus Wolle oder Synthetik. Sie sollten aber auf keinen Fall Falten werfen, sondern etwas elastisch sein, denn sonst können sie üble Blasen verursachen. Im Winter dürfen die Socken für Ihre Trainingsläufe dicker sein. Dadurch bleiben nebenbei auch die Achillessehnen besser geschützt. Im Wettkampf wird in aller Regel ohne Socken gelaufen, aber ich empfehle Triathleten im mittleren und höheren Lebensalter, denen es nicht mehr so sehr auf Zeit und Platzierung ankommt, auch in Wettkämpfen dünne Socken zu tragen, um die Reibung im Schuh zu vermindern. Fahren wir in der Reihenfolge von unten nach oben fort und kommen so zu Shorts und Lauftrikots.

Lauftrikot-Shorts-Kombinationen erhalten Sie in allen Variationen. Man sollte bunte oder helle Kleidung wählen, denn im gelegentlich zu durchquerenden Straßenverkehr werden Sie als ein ungewohnt schneller «Fußgänger» besser wahrgenommen. Normalerweise reicht ein kurzärmliges T-Shirt. Optimal sind Materialien wie «Coolmax» oder «Drylete». Durch den Schichtenaufbau der Synthetikfasern wird der Schweiß von der Haut wegtransportiert, das Textil saugt sich nicht mit Schweiß voll, klebt nicht, und man steht nach dem Training und Cool-down nicht verschwitzt herum. Der Nässespeicher Baumwolle nimmt rund 20-mal mehr Wasser auf als Polyester (Coolmax). Tragen Sie im Hochsommer am besten etwas Luftiges. Unter den Armen sollte das Trikot nicht zu knapp geschnitten sein, man scheuert sich sonst die Haut auf. Dasselbe kann auch zwischen den Oberschenkeln passieren, vor allem bei großer Hitze, wenn man viel schwitzt und die Salzkristalle zwischen den Beinen oder den Shorts beim Laufen scheuern. Dieses Problem entsteht aber erst gar nicht, wenn man für das Training zu einer Radlerhose greift.

Lauftrikot-Shorts-Kombinationen in optimalen Materialien stehen heute in großer Auswahl und auch preisgünstig zur Verfügung

Die richtige, funktionelle Kleidung im Wechsel der Jahreszeiten

Frauen sollten spezielle Sport-BHs tragen. Für die Übergangsjahreszeit können Sie je nach Kälte unterschiedliche Kombinationen einsetzen. Praktisch sind wieder die engen «Tights» aus Drylete, die optimale Bewegungsfreiheit garantieren.

Bei windiger, kalter und/oder regnerischer Witterung haben sich Wetterjacken aus leichten, wind- und wasserabweisendem Regulat-Aire oder Micromax-Fasern bewährt. Durch atmungsaktives Gewebe und Lüftungsschlitze bleibt die Ventilation der Unterkleidung weitgehend gewährleistet, was eine schnelle Auskühlung des Körpers verhindert. Da man diese Bekleidung meist im dunklen Winterhalbjahr einsetzt, sollte auch diese, wie die Schuhe, zur Sicherheit mit reflektierenden Streifen versehen sein. In der kalten Jahreszeit ist eine Kombination von Coolmax-Unterwäsche und ein Wetteranzug darüber optimal. Die doppelte Schicht hält bei Bewegung warm und ist so flexibel, dass man unbehindert laufen kann. Die Jacke sollte so eng geschnitten sein, dass die Armbewegung nicht behindert wird. Bei Kälte und Schneefall leisten auch dünne Handschuhe und eine Schirmmütze gute Dienste. Über Kopf und Nacken kann man 40 % der Körperwärme verlieren! Man sollte aber nicht zu viel anziehen, denn die Bewegung selbst macht auch warm.

Was für Ihr Lauftraining sonst noch nützlich sein kann

Die meisten Läufer besitzen auch eine Armbanduhr mit eingebauter Stoppuhr. Man kann sie zum Messen der Laufzeit, zur Pulskontrolle oder interessehalber zum Stoppen eines Kilometers auf einer vermessenen Strecke benutzen. So lässt sich schnell überprüfen, welches Tempo man jeweils läuft. Hüten Sie sich aber davor, nur noch nach Zeit durch die Gegend zu hetzen. Man ist nie jeden Tag gleich fit. Laufen Sie am besten nach Körpergefühl. Genießen Sie vielmehr das freie Laufen an der – hoffentlich – frischen Luft in der Natur. Es gibt noch allerlei Zubehör, das praktisch sein kann, angefangen von Handgewichten, Schweißbändern, Mütze, Stirnband, Autoschlüsseltäschchen, Kleingeld für den Notfall bis zum Hundespray, Aqua-Jogger und Baby-Jogger-Laufkinderwagen für das Laufvergnügen mit dem Sprössling.

Nicht hechelnd durch das Gelände hetzen, sondern nach Gefühl laufen

Nützlich ist auch ein Tagebuch, in dem Sie Notizen über Ihr jeweiliges Training kurz festhalten. Es muss nicht gleich ein richtiges «Profitrainingsbuch» sein. Die Spitzensportler speichern und werten ihr Training natürlich mit spezieller Computersoftware aus. Notieren Sie, wann, wo und wieviel Sie gelaufen sind. Auch Erfahrungen wie «ging heute super» oder «total platt» sollten aufgeschrieben werden. Sie können Ihren morgendlichen Ruhepuls in Schlägen pro Minute vor dem Aufstehen und auch Ihr Körpergewicht eintragen, gegebenenfalls auch Belastungspulswerte. Wenn später Ihre eigene Erfahrung wächst, ist Ihr Tagebuch eine interessante Fundgrube. Sie können aus eigenen Fehlern lernen oder sich erinnern, welche Entwicklung Ihre Kondition mittlerweile gemacht hat. Außerdem behalten Sie so auch den Überblick über die Häufigkeit und Regelmäßigkeit Ihres Trainings.

Eintragungen in einem Trainingstagebuch geben auch brauchbaren Aufschluss für weitere methodische Verbesserungen

Trainingssteuerung

Wie ermittelt und kontrolliert man die richtige Belastung für Training oder Wettkampf? Für die optimale Trainingsqualität ist auch die richtige Intensität von entscheidender Bedeutung. Leider ist vielen, vor allem den «Späteinsteigern», das natürliche Maß für «locker» oder «anstrengend» verloren gegangen. Entsprechend groß ist daher die Gefahr, sich im Trainingstempo zu vergreifen und häufig zu hart oder zu gleichförmig zu trainieren. Glücklich, wer schon in der Kindheit regelmäßig auf den Beinen war! Man hat möglicherweise ein so gutes Körpergefühl entwickelt, dass einem «die Stimme von innen» das Optimum vorgibt. Dies ist aber kein Grund für Späteinsteiger, den Kopf hängen zu lassen, denn es gibt prinzipiell mehrere Möglichkeiten, das derzeitige Leistungsvermögen zu ermitteln und daraus entsprechende Konsequenzen zu ziehen. Rückschlüsse lassen sich neben Selbstbeobachtung aus Trainings- und Wettkampfresultaten oder über Tests mit Messung der Herzfrequenz oder Laktatkonzentration im Blut ziehen.

➤ **TIPP:** Auf keinen Fall über längere Zeit zu hart und gleichförmig trainieren

Die Messung der Herzfrequenz zur Leistungskontrolle ist alt. Ein über Wochen im Trainingsprozess abnehmender morgendlicher Ruhepuls ist ein Zeichen für ansteigende Form. Ein plötzlich erhöhter Wert kann auf harte Belastung, Übertraining, eine mögliche Erkrankung, zu wenig Schlaf oder Sünden am Vorabend durch übermäßigen Alkoholgenuss hinweisen. Vergleicht man in regelmäßigen Abständen die Herzfrequenz bei ähnlicher Belastung und Erholungswerte

Durch Trainingskontrolle erkennt man auch Trainingsfortschritte

in Minutenabständen danach, so kann man Trainingsfortschritte sehr gut dokumentieren. Auch die Trainings- und Wettkampfgeschwindigkeit lässt sich nach der Herzfrequenz kontrollieren. Dazu musste man früher im Training kurz stehen bleiben und sofort die Hand auf das Herz legen oder die Schlagadern am Handgelenk oder Hals ertasten und für 10 Sekunden konzentriert die bereits langsamer werdenden Schläge zählen und dann mit 6 multiplizieren, um auf den Minutenwert zu kommen, der dann aber etwas zu niedrig ist. Diese Methode würde für den leistungsorientierten Breitensport auch noch heute ausreichen, um die Größenordnung der Belastung richtig einzustufen, jedoch geht es genauer und bequemer mittlerweile mit den Herzfrequenz-Computern mit Brustgurt nach EKG-Methode. Die einfachsten Geräte kosten heute nicht mehr als ein paar Laufschuhe. Man kann eine Pulsober- und -untergrenze einstellen, vor deren Überschreitung ein Piepton warnt. Die Herzfrequenzmessgeräte wie z.B. von Polar Electro können darüber hinaus zur Dokumentation und Auswertung Werte speichern, die man über ein Interface mit entsprechender Software direkt in den Computer einlesen kann. Dort können sie archiviert, ausgewertet, grafisch dargestellt und verglichen werden. Das sind aber schon «Spielereien», auf die Sie durchaus verzichten können, wenn Sie regelmäßig Leistungskontrollen beim Arzt Ihres Vertrauens durchführen lassen.

Wirksames Laufausdauertraining ist bei 65 bis 85 % des Maximalpuls, dem Bereich, in dem man aerob, also ohne Sauerstoffschuld bei geringen Milchsäurewerten trainiert. Ein 40-Jähriger hätte nach der Formel einen Maximalpuls von rund 180 (220 minus 40). 65 bis 85 % davon ergäben einen Trainingsbereich von 117 bis 153, in dem auch Leistungslangstreckler den größten Teil ihres Trainings absolvieren. Völlig falsch ist die verbreitete Annahme: «Je schneller ich laufe, desto besser werde ich!» Wer schneller läuft, übersäuert, es entsteht im Muskel Milchsäure bzw. Laktat, das Salz der Milchsäure, das den Muskel hemmt und bei hohen Werten schädigen kann. Diese «anaerobe Schwelle» ist auch dort weit überschritten, wo stilistisch lockeres und flottes Laufen in «verkrampftes Prügeln» mit überschlagender hastiger Atmung übergeht.

➤ **TIPP:** Ein weiteres Messverfahren, das sich gut mit der Herzfrequenzkontrolle ergänzt, ist die direkte Ermittlung der Milchsäurekonzentration im Blut

Milchsäure entsteht, wie wir bereits an anderer Stelle gesehen haben, in größeren Mengen bei höherer Geschwindigkeit, wenn die Muskulatur über Lunge und Kreislauf nicht mehr genügend Sauer-

Gründe, weshalb der ruhige Dauerlauf Ihre Haupttrainingskomponente sein sollte

stoff zur Deckung des Energiebedarfs erhält. Als kurzfristige Notlösung kann auf diesem Stoffwechselnebenweg (anaerobe Glykolyse) allerdings noch etwas zusätzliche Energie erzeugt werden. Ein 400-m- oder 800-m-Lauf wird sogar zum größten Teil mit anaerober Energie bewältigt, wie ich bereits an anderer Stelle ausgeführt habe. Ein Mittelstreckler wird entsprechend viel anaerobes Intervalltraining absolvieren, um diesen Stoffwechselweg zu beherrschen und die Milchsäure im Blut besser tolerieren zu können. Für Läufer im leistungsorientierten Triathlon-Breitensport spielt das nur eine untergeordnete Rolle. Eine stärkere Übersäuerung der Muskulatur sollte sogar möglichst vermieden werden. Ein 10-km-Läufer hängt zu 90, ein Marathonläufer sogar zu 95 % von der aeroben Energieversorgung ab. Daher sind bei ihnen die für die Sauerstoffversorgung so wichtigen Organe Herz-Kreislauf-System und Lunge im Gegensatz zum Sprinter auch gut ausgebildet. Der ruhige Dauerlauf ist daher auch Ihre Haupttrainingskomponente.

Während die Herzfrequenz mit der Laufgeschwindigkeit bis zur anaeroben Schwelle linear ansteigt, zeigt die Laktatleistungskurve einen anderen Verlauf. Erst ab der Geschwindigkeit um die anaerobe Schwelle treten schlagartig höhere Milchsäurewerte im Blut auf. Die Laktatkonzentration in diesem Schwellenbereich liegt bei 4 millimol (mmol) pro Liter Blut einer chemischen Maßeinheit. Bei höherem Tempo geht man vorübergehend eine «Sauerstoffschuld» ein, die nach der Belastung durch vermehrte Sauerstoffzufuhr – langsames Auslaufen – durch Abbau des Laktats schnell wieder verschwindet. 400-m-Läufer, die mit sehr hohen Laktatwerten laufen, ringen im Ziel nach Luft, Langstreckenläufer, die den Wettkampf im aerobern Bereich absolvieren, sind schon gleich nach dem Zieleinlauf «sprachfähig».

Laktatmessung zur Ermittlung der anaeroben Schwelle für weitere Leistungsverbesserung, aber auch als Schutz vor Überforderung

Für die Praxis bedeutet der unterschiedliche Kurvenverlauf, dass man im aeroben Bereich sehr gut nach Herzfrequenz, im Schwellenbereich und darüber oder im Krafttraining genauer nach Laktatmessung dosieren kann. Absolviert man z. B. laktat-kontrollierte Tempoläufe wie 3 x 3000 m im Schwellenbereich, so musste man vor einigen Jahren noch zwei Tage auf die Werte warten. Heute kann man mit modernen, handlichen Geräten schon nach dem ersten Lauf innerhalb einer Minute die Belastung ermitteln und die Intensität der folgenden Einheiten gegebenenfalls korrigieren. Die Laktatmessung eignet sich auch hervorragend zur Ermittlung der anaeroben Schwel-

➤ **TIPP:** Bei einem Laktatstufentest werden dem Sportler als «Ergebnis» Herzfrequenzbereiche angegeben für verschiedene Trainingsbereiche, wie z.B. aerobes und anaerobes Training. Man sollte sich in den folgenden Wochen danach richten, bis eine neue Abgleichung stattfindet

le in einem Stufentest. Eine gelegentliche Laktatkontrolle kann auch Laufeinsteiger oder Walker vor Überforderung schützen, denn Kontrolluntersuchungen zeigten, dass sich viele Fitnessläufer keuchend, mit hochrotem Kopf und mit unnötig erhöhtem orthopädischen Stress zu hoch belasten. Den heutigen Möglichkeiten entspricht eine Kontrolle nach allen Verfahren (siehe dazu Näheres auch im Serviceteil Seite190, wie sie z.B. proformance im Hinblick auf Leistungsdiagnostik und Trainingsbetreuung bietet. Puls- und Laktatmessung, Trainingsresultat und Wettkämpfe werden dort entsprechend berücksichtigt).

Letztlich ist vermehrt intuitiv nach innen zu horchen ein wichtiges Trainingsziel. Das Knie kann auch trotz niedriger Pulsfrequenz und geringem Laktatwert schmerzen. Hier nutzen uns Hightech-Hilfsmittel nur wenig. Wer nach innen horchen kann, hört auch mal: «Mach eine regenerative Pause!»

Ihr optimales Lauftrainingsprogramm

➤ **TIPP:** Man kann seine Schnelligkeit allein schon dadurch verbessern, dass man überflüssige Bewegungen, die viel Energie kosten, so weit wie möglich abstellt. Im Folgenden möchte ich daher auf die sechs häufigsten Fehler eingehen und zugleich Korrekturhilfen anbieten

Im Vordergrund steht beim Lauftraining für Triathleten nach der obligatorischen Aufwärm- und Dehnphase (siehe Seite 61 ff.) zunächst der Bewegungsablauf, danach das Anheben der anaeroben Schwelle. Alle, die ihren ersten Triathlon vor sich haben oder noch nicht so lange Triathlon betreiben, sollten dem Wechsel besondere Aufmerksamkeit schenken (siehe dazu Seite 168 ff.). Diese Sportler haben häufig Schwierigkeiten, nach dem Radfahren locker loszulaufen. Wie beim Schwimmen und Radfahren ist innerhalb des Triathlontrainings auch auf regelmäßiges Laufen zu achten. Dabei kann man, um einer Monotonie vorzubeugen, folgende Methoden zur Verbesserung der Ausdauer und Schnelligkeit anwenden.

Fehler Nr. 1: Zu lange Schritte

- Keinen Ausfallschritt machen, sondern die Laufschritte natürlich ausführen. Auf kurze, schnelle Armschwünge achten.

Fehler Nr. 2: Kontrollverlust bei Gefälle

- Er kann Verletzungen oder zumindest Verletzungsängste verursachen. Die Hände senken, die Schritte verkürzen und in aufrechter Haltung laufen.

Fehler Nr. 3: Große Seitschwünge

- Handflächen nach innen und etwas nach oben halten. Dadurch bleiben die Ellbogen dichter beim Rumpf.

Fehler Nr. 4: Hochgezogene Schultern

- Dies weist auf Verspannungen hin. Schultern und Hände kurz schütteln, um die Verkrampfung zu lösen.

Fehler Nr. 5: Fersenlandung

- Die Schritte verkürzen. Den Oberkörper etwas weiter nach vorne schieben. Mit den Fußballen auf dem Boden aufsetzen.

Fehler Nr. 6: Zehenlauf

- Dies ist ein Zeichen für zu starkes Federn beim Lauf. Versuchen Sie, den Oberkörper nach vorne zu neigen und längere Schritte zu machen.

Fehler beim Laufen und wie sie sich vermeiden lassen

Anatomisch bedingte Eigenheiten kann man selbstverständlich nicht verändern, wohl aber wie hier beschrieben Haltung, Arm- und Fußarbeit sowie gymnastische Defizite. Eigentlich sollte man es ganz einfach und unverkrampft laufen lassen. Stellen Sie keinen übertrieben eleganten Stil zur Schau, der nicht zu Ihnen passt. Beim schnellen Laufen macht man automatisch größere Schritte. Sie erfordern erheblich mehr Kraft und sind verletzungsträchtiger.

Wer möglichst natürlich läuft, ist auf dem besten Weg, unverkrampft zu laufen

Mit dem Laufen verbinden viele die Vorstellung von einer Auf- und-ab-Bewegung des Körpers statt einer fließenden, kontinuierlichen Bewegung. Oft sieht man daher die Körper noch unerfahrener Läufer ständig auf und ab hüpfen. Forscher rechneten mal aus, dass z.B. Marathon-Anfänger auf diese Weise nicht selten etwa 1,5 km in vertikaler Richtung zurücklegen.

Bei einer wirklich effizienten Lauftechnik, wie sie auch im Triathlon selbstverständlich erforderlich ist, bewegt sich der Körper in den einzelnen Laufphasen so gut wie gar nicht auf und ab. Man sollte ganz einfach stets die Vorwärtsbewegung des Laufens vor Augen haben. Ohne überflüssiges, energiezehrendes Auf-und-abhüpfen verlagert sich der Schwerpunkt des Körpers nach unten, die Schritte werden länger, die Antriebskraft nimmt zu. Außerdem werden Knie und Fußgelenke stärker gebeugt, sodass die Aufprallenergie besser absorbiert werden kann.

Die Arme tragen ebenfalls erheblich zur Optimierung des Laufstils bei. Statt untätig an der Rumpfseite zu hängen, machen sie energische Pumpbewegungen und unterstützen damit die Kraft und

Vorfuß- kontra Fersenlauf / Tipps von Stefanie Soeder

Hat man noch bis vor wenigen Jahren die Auffassung vertreten, für Langstreckler sei ein Abrollen über die Ferse unabdingbar, so machen uns momentan insbesondere etliche Afrikaner vor, dass man selbst Marathondistanzen im Vorfußstil bewältigen kann! Bei der Überlegung, den Laufstil umzustellen, sollte man bedenken, dass sich der gesamte Muskel- und Bandapparat dem Laufstil über Jahre hinweg angepasst hat. Grundsätzlich stellen die beiden Lauftechniken nämlich ziemlich unterschiedliche Ansprüche an den Bewegungsapparat:

Vorfußlaufen:
- Die Wadenmuskulatur ist bei Bodenkontakt vorgespannt, unter anderem auch der Musculus tibialis posterior, der einer Überpronation (= zu starkes nach «Innen-Wegknicken») des Fußes sehr wirkungsvoll entgegenwirken kann.
- Die so vorgespannte Wadenmuskulatur fängt den harten Aufprall bei Bodenkontakt zum größten Teil ab (die Ferse berührt den Boden nämlich nicht).

Rückfußlaufen:
- Die Wadenmuskulatur befindet sich zum Zeitpunkt des Aufpralls im entspannten Zustand, sodass das körpereigene Pronations- und Dämpfungselement wegfällt und adäquate Schuhe bzw. die eigenen Innenbänder im Bereich des Sprunggelenks diese Funktion übernehmen müssen.

Aus obigen Ausführungen wird deutlich, dass das Laufen auf dem Vorfuß generell aus orthopädischer Sicht sinnvoll ist und schon zu Beginn einer «Läuferkarriere» erlernt werden sollte. Was aber tun, wenn man schon seit Jahren ein «Rückfußläufer» ist und seinen Stil umstellen möchte?

Zum Einstieg empfiehlt es sich, je Einheit ungefähr zwanzig Minuten barfuß zu laufen, am besten auf Sand oder Rasen, da sich barfuß der Vorfußlaufstil automatisch einstellt, denn die eigene Ferse dämpft zu wenig und das Abrollen über den ganzen Fuß würde nach kurzer Zeit schmerzen. Nach ein paar solcher Trainingseinheiten kommt es sowohl vom ZNS (= Zentrales Nervensystem) als auch vom Bewegungsapparat zu einem Lerneffekt. Dieses neue «Laufmuster» gilt es, nun auch auf das Laufen in Schuhen zu übertragen. Die Schwierigkeit besteht hierbei darin, dass die meisten der üblichen Modelle einen Vorfußlaufstil durch große Pronationsstütze und schlechte Passform im Vorfußbereich regelrecht behindern. Vorfußläufer sollten deshalb bei der Laufschuh-Auswahl auf folgende Merkmale achten:
- k(l)eine Pronationsstütze;
- keine zusätzliche Dämpfung (Gelkissen usw.) im Vorfußbereich, da diese eine saubere Fußführung erschwert;
- der Schuh sollte eine geteilte Sohle in Vorfuß- und Rückfußbereich für eine größere Torsionsfreiheit besitzen;
- besonderes Augenmerk auf eine angenehme Paßform im Vorfußbereich.

Bei sauberer Technik ist der Vorfußlaufstil auch ökonomischer, weshalb er sich bei hohen Geschwindigkeiten meist ebenfalls automatisch einstellt.

Bedenken hinsichtlich einer Laufstilumstellung bestehen bei zu hohem Körpergewicht und besonders bei Vorschädigungen im Vorfußbereich, wie z. B. bei einem Hallux rigidus oder einem eingesunkenen Fußgewölbe.

Schnelligkeit des Läufers. Je rascher man die Arme bewegt, desto schneller bewegen sich auch die Beine. Sie sollten die Hände nie von den Hüften weg oder quer über die Brust schwingen lassen. Und die Ellbogen sollen stets etwas vom Rumpf abgewinkelt sein, um die mit jedem Schritt erfolgende Rotation der Füße auszugleichen. Auch an dieser Stelle wieder einige nützliche Tipps.

Training der Ausdauer und Schnelligkeit

Ein wöchentlicher Langstreckenlauf über 15 bis 20 km ist die Basis jedes optimalen Ausdauer-Laufprogramms. Man kräftigt dadurch das Herz und verbessert die Sauerstoffzufuhr zu den arbeitenden Muskeln. Außerdem geschieht die Energiebereitstellung nicht nur über die in den Muskeln gespeicherten Glykogenvorräte, auch die Fettreserven werden angezapft.

Der Körper verbrennt also nicht nur Glykogen, sondern ebenso das sonst so hartnäckige Körperfett. Auch die psychische Wirkung von Ausdauerläufen für spätere Wettkämpfe ist günstig. Wenn man zusätzlich zum üblichen Programm einmal wöchentlich 15 bis 20 km bewältigt, fällt es einem nicht zu schwer, die Distanz über 10 km in einem Triathlon durchzuhalten.

Viele schieben deshalb gerne pro Woche eine solche Langstrecke ein. Dabei ziehen es manche vor, in der Gruppe zu laufen, weil die Zeit schneller vergeht und die Strecke weniger lang erscheint. Laufclubs veranstalten oft Feierabend- oder Wochenendläufe über solche Streckenlängen, und die Läufer freuen sich in der Regel auf diese Treffen, sowohl wegen des Trainings als auch wegen des Zusammenkommens und des Erfahrungsaustauschs mit Gleichgesinnten. Bei großer Teilnehmerzahl teilt man sich meist auf kleinere Gruppen auf, wobei jede Gruppe ihr eigenes Tempo wählt.

Dieser Langstreckenlauf sollte nicht länger sein als ein Drittel in einer Woche insgesamt zurückgelegten Kilometer. Sie sollten gut vorausplanen, sodass Sie während des Laufens trinken können – besonders, wenn es sehr warm ist. Manche Läufer tragen Plastikflaschen mit Wasser mit sich, andere nehmen Geld mit, um sich auf der Strecke Wasser kaufen zu können. Doch neben dem Ausdauertraining darf das Intervalltraining nicht zu kurz kommen.

Neben den Intervallen auf der Bahn kann der Sportler auch im freien Gelände Intervalle im Laufen trainieren. Dies kann in Form

➤ TIPPS:

1. Abdruck: Hinteres Bein strecken. Gleichzeitig das vordere Knie heben, sodass es den Körper nach vorne zieht. Die Wadenmuskeln des hinteren Beins ziehen den Fuß hoch auf die Zehen und bereiten ihn auf das Abdrücken vor.
2. Flugphase: In der Flugphase werden die Schritte automatisch länger. Daher kann man sich beim Laufen schneller als beim Gehen bewegen. Blick nach vorn richten; wenn man nach unten schaut, verkürzen sich die Schritte.
3. Bodenfassen: Man sollte nicht auf der Ferse, sondern auf der Fußaußenkante landen, weil das die Gleichgewichtsverteilung verbessert. Das Bodenfassen sollte kein harter Aufprall, sondern ein flüchtiges Berühren sein. Näheres dazu siehe nebenstehende Übersicht «Vorfuß- kontra Fersenlauf»

Vor dem Intervalltraining besonders wichtig: Aufwärmen durch Einlaufen, Dehnen und Cooldown

von schnellen Läufen von drei bis zehn Minuten Dauer oder auch durch ein Fahrtspiel geschehen.

Vor dem Intervalltraining ist das Einlaufen, also das Aufwärmen der Muskulatur, vor der Belastung besonders wichtig. Die Geschwindigkeit und Länge vor den schnellen Läufen richtet sich nach der Wettkampfdistanz. Es empfiehlt sich, ungefähr die Hälfte der Strecke in Teilstrecken zu splitten und diese mit der im Wettkampf möglichen Durchgangsgeschwindigkeit bzw. etwas schneller zurückzulegen.

Beispiel: Sind im Wettkampf wie bei einem Kurztriathlon über die Olympische Distanz 10 km zu laufen, so splittet man ungefähr 5 km in Teilstücke, etwa in fünfmal 1 km oder zehnmal 500 m oder dreimal 2 km. Bei einer 10-km-Bestzeit von 40 Minuten versucht man dann z.B., diese Distanzen in 4 Minuten bzw. 2 Minuten bzw. 8 Minuten zu laufen. Die etwa gleich langen Zwischenstrecken werden zur Erholung langsam gelaufen. Es versteht sich von selbst, dass beim Training für einen Marathon die gesplittete Strecke 15 km nicht überschreiten sollte. Sonst ist die Gefahr einer Überlastung durch zu intensives Training zu groß.

Auch nach einem Intervalltraining sollte man zur Lockerung der Muskulatur ein paar Minuten lang auslaufen, um wieder zu einem leichten «runden» Schritt zurückzufinden.

Steigungstraining

Verbesserung der anaeroben Schwelle und der Kraftausdauer

Ein beliebtes Mittel zur Anhebung der anaeroben Schwelle und zur Verbesserung der Kraftausdauer ist das Bergauflaufen. Hier wird bei geringer orthopädischer Belastung der Körper über längere Zeit intensiv gefordert. Bergauflaufen ist zwar anstrengend, aber als Methode, die Beinmuskeln zu kräftigen und rasche Konditionsgewinne zu erzielen, gibt es kaum etwas Besseres. Zudem wächst der im Rennen benötigte mentale und physische Durchhaltewille.

Die Technik des Bergauflaufens ist im Grunde einfach, jedoch vergrößern sich am Berg Probleme, die man schon auf flachem Gelände hat. Für das Training läuft man eine etwa 400 bis 800 m lange Steigung mit ca. 10 bis 15 % Gefälle hinauf. Oben angekommen, bleibt man nicht stehen, sondern läuft mit gleicher Anstrengung über das Plateau bis zum Gefälle. Dann flott, aber locker bergab laufen, damit die Atmung sich normalisiert. Am Fuß des Bergs umkehren, wieder bergauf laufen. Dieses Steigungstraining sollte ein- bis zweimal wöchentlich absolviert werden, aber nicht an aufeinander folgenden Tagen, da der Körper Erholung benötigt.

Ein- bis zweimal pro Woche Steigungstraining absolvieren

Obwohl man beim Bergablaufen nur etwa zwei Drittel der Kraft braucht, die man bergauf benötigen würde, wird der Körper hier größerer Verletzungsgefahr ausgesetzt. Auch bekommt man schneller Muskelkater, weil es für die Muskeln ungewohnt ist, den Vorwärtsschwung bremsen zu müssen. Mit mehr Praxis gewöhnen sich die Muskeln jedoch an diese Belastung, bis es schließlich kaum noch zu Muskelkater kommt.

Wenn möglich, sollte man erst auf Grasböden trainieren, um sich an die abschüssige Strecke zu gewöhnen und die auf den Körper wirkende Aufprallenergie zu verringern.

An Steigungen lehnt man den Oberkörper vor und «fällt» bergauf; die Schritte sind kurz, man drückt sich mit den Zehen ab. Die Arme machen eine Bewegung, als zögen sie den Körper über ein Seil den Berg hinauf. Beim Bergablaufen nicht sprinten; entspannt bleiben, bergab «fallen», um wieder zu Atem zu kommen und das Tempo zu halten. Vorbeugen und auf den Fußballen aufkommen. Statt zu pumpen, Arme tief halten, damit sie das Gleichgewicht unterstützen. Eine hervorragende Kräftigung für die Oberschenkel.

Eine ganze Reihe von Trainingsformen wirken in dieselbe Richtung wie das Steigungstraining. Einige sind durchaus hart, andere sind eher milde Formen.

Laufen im Sand und Barfußlauf

Ein hochwirksames Kraftausdauertraining! Auf Heidewegen, am flachen Strand oder im Watt findet man das ideale Laufterrain für das Barfußlaufen, das auch mit einer hervorragenden Fußgymnastik verbunden ist. Ohne den einengenden Zwang der Schuhe erleben Sie beim Barfußlaufen am Strand oder auf dem Sportplatzrasen neue Bewegungssensationen: Der Lauf wird natürlich, man setzt mit dem Vor-/Mittelfuß auf, nach einer kurzen Stützphase über den Mittelfußstrahl und die große Zehe drückt man sich ab. Das Laufbild wird elastischer, die Muskulatur federt zusammen mit allen Beingelenken und fängt so den Aufprall viel günstiger ab. So wird Laufen zu einer Wohltat. Aber auch dabei nicht übertreiben, denn wenn ungewohnte Anstrengungen übertrieben werden, schädigt man vor allem Sehnen und Bänder.

➤ **TIPP:** Ideal für das Lauftraining ist, die unterschiedlichen Elemente variabel und überlappend einzuplanen. Während sich ein Körpersystem erholt, wird ein anderes gereizt. So folgt z.B. nach anaerobem Intervalltraining ruhiges Fettstoffwechsel-Jogging usw. So kann man viel Qualität ins Training bringen

Ideale und ergänzende Sportarten zum Lauftraining

Bei den folgenden Alternativen zum Laufen steht nicht im Vordergrund, möglichst noch mehr zu trainieren, sondern hier geht es vor allem darum, dass Sie sich den Spaß am Laufen erhalten, es zusätzlich fördern und so reichlich Abwechslung mit dem Nützlichen verbinden.

Aquajogging

➤ **TIPP:** Beginnen Sie zunächst mit drei bis vier Intervallen. Wenn Sie auch darin etwas geübter sind und im Aquajogging eine willkommene Abwechslung oder Reha-Maßnahme für sich entdeckt haben, können Sie das Pensum nach Belieben erhöhen und die Inhalte variieren

Dieser gesunde Wasserspaß – vor einigen Jahren unter dem Begriff «Aquafitness» neu entdeckt – gewinnt als Alternativsportart zum Laufen immer mehr an Bedeutung, da Aquajogging die Gelenke schont. Als vorsichtiges Aufbautraining eignet sich Aquajogging daher auch zur Rehabilitation nach Verletzungen.

Beim Aquajogging wird die gesamte Körpermuskulatur gekräftigt. Der «Aquajogger», ein Auftriebsgürtel mit entsprechenden Eigenschaften, ermöglicht einen stabilen Schwebezustand im Wasser. Beim Einstieg in diese wohltuende Komplementärsportart sollte eine Einheit rund 20 Minuten betragen. Sie könnte folgendermaßen aussehen:

- 10 Minuten im Wasser aufwärmen, danach
- 2 Minuten in scharfem Tempo laufen, dann
- 2 Minuten in langsamem Joggingrhythmus traben

Aerobic zum Spaß und ohne Risiko

Dazu empfehle ich das Trainingsprogramm, wie es Jutta Schuhn in ihrem Buch «Toll in Form» vorstellt. (Nähere Angaben dazu im Serviceteil Seite 187). Jutta Schuhn, seit 1993 Seele und Motor aller ZDF-Fitness-Programme, für die sie auch viele Auszeichnungen erhielt, geht es vor allem bei ihrem Programm «body-feeling», das sich für Frauen und Männer gleichermaßen eignet, nicht vordergründig um die Show, sondern vielmehr um den Grundsatz, populäre, aber riskante Übungen durch wirksame und risikolose Varianten zu ersetzen. Neben viel Spaß bringt daher Jutta Schuhns Aerobic-Programm «body-feeling»

- Verbesserung bzw. Stabilisierung der Ausdauer
- Kräftigung wichtiger Muskelpartien (Oberschenkel, Rumpf, Schultergürtel)
- spielerische Schulung der Bewegungskoordination

Kräftigung der Beine durch Übungen mit dem Thera-Band

Das Thera-Band wird seit vielen Jahren erfolgreich sowohl im medizinischen Präventivbereich als auch zur Rehabilitation eingesetzt. In einem weiteren Schritt wurde der Anwendungsbereich mit diesem einfachen Trainingsmittel erheblich erweitert, sodass inzwischen ein Sportangebot mit einem umfangreichen Trainingsprogramm von vielen gerne genutzt wird (siehe dazu auch die im Rowohlt Verlag erschienenen und im Serviceteil Seite 187 zitierten Publikationen). Für das Laufen und die dafür erforderliche Kräftigung der Beine und des Beckengürtels empfehle ich vorzugsweise folgende Übungen mit dem Thera-Band:

Ein einfaches aber sehr nützliches Trainingsgerät, mit dem Sie auch auf Reisen im Hotelzimmer trainieren können

Übung Nr. 1

Ausgangsposition (links): Das Thera-Band ist auf einer Seite befestigt. Steigen Sie mit einem Bein in die verknotete Schlinge ein, sodass das Band auf Spannung ist.
Endposition (rechts): Ziehen Sie nun das abgespreizte Bein zum fixierten Standbein heran.

Übung Nr. 2

Ausgangsposition (links): Seitlage, Hüfte sowie die Fußspitzen zeigen parallel nach vorne. Das Thera-Band ist um beide Füße einfach geschlungen, verknotet und auf Zugspannung.
Endposition (rechts): Das obere Bein seitlich gegen den Widerstand des Thera-Bandes anheben.

Übung Nr. 3

Ausgangsposition (links): Sie steigen mit der Fußsohle in das Thera-Band ein, das beidhändig im Unterarmstütz festgehalten wird.
Endposition (rechts): Das unter dem Körper gebeugte Bein nach hinten in die Waagerechte strecken und wieder beugen. Achtung: keine Hohlkreuzposition!

Übung Nr. 4

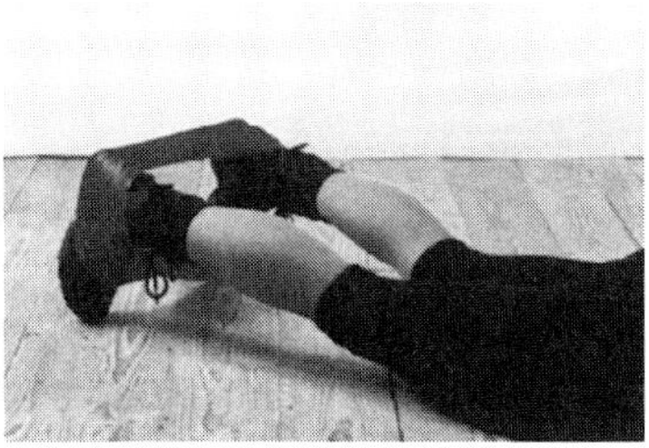

Ausgangsposition (links): In Bauchlage das um die Füße geschlungene und verknotete Thera-Band mit einer Fußspitze auf dem Boden fixieren.
Endposition (rechts): Durch Beugen und Strecken wird nun der Unterschenkel bewegt. Achtung: Die Hüfte bleibt auf dem Boden.

Übung Nr. 5

Ausgangsposition (links): Unterarmstütz rücklings. Das Thera-Band wird zur kleinen Schlinge verknotet. Beide Füße in der Schlinge – rechte Fußsohle, linker Fußrist.
Endposition (rechts): Linkes Bein gebeugt zur Brust ziehen und danach wieder strecken.

Die Übungen nach Belieben wiederholen. Vergessen Sie auch hier vor und nach den Übungen nie das Auf- und Abwärmen sowie die entsprechenden Dehnungsübungen.

Mit dem Thera-Band haben Sie ein preiswertes Multi-Trainingsgerät. Es ist

Die Übungen mit dem Thera-Band können nach Belieben wiederholt und selbstverständlich auch variiert werden

- kostengünstig, vielseitig, leicht und handlich, anwenderfreundlich und ohne zusätzliche Hilfsmittel zu benutzen;
- überall einsetzbar: zu Hause, unterwegs, am Arbeitsplatz usw;
- lieferbar in acht Widerstandsstärken, die farblich gegliedert sind, von beige bis gold;
- auch als Trainings-Set mit drei Bändern à 1,20 m mit verschiedenen Widerstandswerten lieferbar;
- ein Qualitätsprodukt, das seit über 20 Jahren in den USA gefertigt wird und einer ständigen Kontrolle unterliegt. Eine weitere Besonderheit: Das Band zeigt keinerlei Verschleißerscheinungen auch nicht nach der x-ten Wiederholung.

Rasante und gleichzeitig wirkungsvolle Abwechslung fürs Lauftraining: Inline-Skating

Die ersten Skates waren ursprünglich für das Eishockey-Sommertraining gedacht, doch schon bald entdeckten auch die Skifahrer, dass sie damit auch auf Asphalt das Gefühl des Kurvenfahrens simulieren konnten. Der Skisport war damit das zweite große Gebiet, auf dem Inline-Skates beim Trockentraining verwendet wurden. Dank intensiver Werbung der Skiindustrie setzte sich das Inline-Skating rasch als beliebte Trainingsmethode während des Sommers durch.

Die dritte und größte Gruppe, die sich dem Inline-Skating verschrieb, waren die Aerobic- und Fitnessanhänger der 80er Jahre. Diese fanden bald heraus, dass Skating nicht nur gut für Beine und Po war, sondern auch die aerobe Kapazität mit wesentlich geringerer Belastung als beim Laufen erhöhte. Inzwischen ist Inline-Skating zu einer boomenden Trendsportart geworden. Wer sich mit diesem herrlichen Modesport anfreundet, kann auf rasante Weise alternativ einiges für sich tun. Und es macht einen Riesenspaß. Regelmäßiges Inline-Skaten eignet sich hervorragend, um die Herz-Kreislauf-Funktion fit zu halten. Sie trainieren – ähnlich wie beim Radfahren – besonders die Beinmuskulatur. Durch das notwendige Pendeln der Arme wird aber auch diese fürs Laufen wichtige Muskelgruppe trainiert.

➤ **TIPP:** Es empfiehlt sich, zum Erlernen des Inline-Skating ausschließlich auf ebenen Flächen zu trainieren und zuerst unbedingt eine effektive Bremstechnik zu erlernen

Inline-Skaten ist eine leicht erlernbare, auch von den Kosten nicht allzu aufwändige Sportart, die eine sportliche Betätigung im direkten Wohnungsumfeld ermöglicht. Neben dem Spaß und den bereits erwähnten nützlichen Fitness-Effekten, die das Fahren auf den acht Rollen mit sich bringen, hat die ganze Sache noch einen Vorteil: Durch das Skaten verbessern Sie auch Ihre Fähigkeiten in anderen Sportarten, sei es fürs alpine und nordische Skifahren, Schlittschuhlaufen oder für andere Disziplinen, bei denen Koordination und Kondition gefragt sind. Allerdings sollten Sie beim Inline-Skaten die Sturzgefahr nicht unterschätzen. Deshalb äußerst wichtig: Helm, Ellbogen-, Knie- und Handgelenkschützer.

Optimales Aufwärmtraining und ideale Alternative zum Laufen: Walking

Walking ist aufrechtes, lockeres, aber bewusstes, zügiges Gehen – ein bisschen schneller als Spazierengehen, ein bisschen langsamer als Jogging. Arme, Beine und Becken bewegen sich in einem gleichmäßigen, harmonischen Rhythmus. Beim Walking werden zwar dieselben Muskelgruppen beansprucht wie beim Laufen, aber die Stauchbelastung ist deutlich geringer. Hier die wesentlichen Merkmale für eine effiziente Gehtechnik:

Merkmale für eine effiziente Walking-Technik auf einen Blick

- Mit dem rechten Fuß abdrücken, Gewicht auf das linke Bein verlagern. Das linke Bein stützt jetzt ab, und das rechte Bein kann nach vorne schwingen.
- Am Ende der Schwungphase des rechten Beins rechte Ferse aufsetzen, linken Fuß nach vorne abrollen. Kurzzeitig stützen beide Füße den Körper.
- Gewicht auf den linken Fuß vorverlagern, rechte Ferse abrollen. Sobald sich die Zehen des linken Fußes vom Boden lösen, stützt das rechte Bein den Körper.
- Um die Effektivität des Gehens zu steigern, müssen die Arme bei jedem Schritt kräftig mitgeschwungen werden. Beim Aufsetzen der rechten Ferse die linke Hand etwa bis auf Kinnhöhe anheben. Beim Vorverlagern des Körpergewichts auf den rechten Fuß den linken Arm zum Gleichgewichtsausgleich nach un-

ten schwingen. In der mittleren Stützphase Arme nahe am Rumpf halten. Beim Abrollen des rechten Fußes den rechten Arm zum Balancieren des linken Beins nach vorne schwingen. Kurz vor Aufsetzen der linken Ferse die rechte Hand bis auf Kinnhöhe anheben.

Wer regelmäßig geht, verbessert wie gesagt seine Fitness. Allerdings müssen alle, die über eine gute Kondition verfügen, besonders schnell gehen, um ihre Herzfrequenz genügend zu erhöhen, damit sie in den Zielbereich gelangt.

Die Tempobeschleunigung ist aber nicht die einzige Methode, mit der trainierte Sportler ihr Gehprogramm effektiv gestalten können. Studien haben ergeben, dass sich die Belastung durch Verwendung von 0,5 bis 1 kg schweren Gewichten entscheidend erhöhen lässt. Man muss jedoch die Arme kraftvoll mitschwingen und weiterhin stramm gehen. Die Trainingsintesität wird ebenfalls erhöht, wenn man eine hügelige Strecke als Trainingsterrain wählt. So kostet es zum Beispiel doppelt so viel Energie, eine mäßige Steigung stramm hinaufzumarschieren als flott auf ebener Strecke zu gehen.

➤ **TIPP:** Beim Gehen mit Gewichten die Arme energisch mitschwingen lassen. Bei Steigungen den Schritt leicht verkürzen. Das Tempo nicht verlangsamen, den Kopf weiterhin aufrecht halten und den Oberkörper leicht nach vorne beugen

Die Vorzüge von Walking auf einen Blick:

- exzellenter Ersatz fürs Laufen, wenn Sie sich nicht richtig wohl fühlen, aber Bewegung wollen oder brauchen, wenn
- Sie längere Laufdistanzen anstreben; Gehpausen sind wirkungsvoller Teil des Intervalltrainings; es war der Laufpionier Dr. Ernst van Aaken, der diese Methode populär machte: Das Lauftraining durch Gehpausen unterbrechen (mindestens vier und bis zu zehn Minuten, wenn Sie sich regenerieren wollen); so können Sie schneller gehen, ohne sich zu überfordern, und länger laufen, ohne sich völlig auszupumpen
- während der Schwangerschaft,
- wenn Sie bergauf gehen, z. B. bei Kniebeschwerden,
- zum Aufwärmen vor dem Lauftraining
- beim Abwärmen nach dem Lauftraining; je härter Ihr Lauftraining, um so empfehlenswerter ist es, dass Sie als Abschluss ein paar Minuten Walking dranhängen.

Effizientes Training im Winter zur Förderung von Kondition, Muskelkraft und Koordination

Fit durch die kalte Jahreszeit: Skilanglauf

Jeder kennt das Problem: Sobald es vorbei ist mit dem herrlichen Sommer- und Herbstwetter, wächst die Unlust, sich draußen zu bewegen. Wir leben aber nun einmal in einer Region, die keinen ganzjährigen Sonnenschein bietet. Deshalb müssen wir uns Ausweichmöglichkeiten suchen, die auch im Winter ein effizientes Bewegungsprogramm ermöglichen. Eine gute Möglichkeit weiter die Kondition, Muskelkraft und zusätzlich auch noch die Koordination zu fördern, bietet Skilanglauf.

Ihr Vorteil: Sie können den Langlauf so dosieren, wie es Ihnen passt, und sich ganz allmählich steigern. Sie können scharfe Trainingsrunden drehen oder zu einer längeren gemächlichen Skiwanderung aufbrechen, bei der das Naturerlebnis im Vordergrund steht. Skilanglauf ist außerdem eine Sportart, die Sie bis ins hohe Alter betreiben können.

➤ **TIPP:** Sollten Sie es mit der speziellen Skatingtechnik, dem Diagonalschritt, probieren wollen, sind spezielle Skatingski und -Schuhe zu empfehlen. Unten genannte Ausrüstung ist in fast allen Skigebieten auch leihweise zu haben. So können Sie mit geringem finanziellen Aufwand erst einmal in den Skilanglauf «reinschnuppern»

Skilanglauf gehört zu den schonendsten Bewegungsarten überhaupt. Auf diese Art und Weise bekommen Sie auch im Winter Ihre tägliche Portion an Sauerstoff und erhalten Ihre Ausdauer durch die kalte Jahreszeit hindurch aufrecht. Sowohl Bein- als auch Oberkörpermuskulatur werden beansprucht. Um jedoch eine optimale Gleitphase zu erreichen, ist schon etwas Technikschulung nötig. Falls Sie Anfänger sind: Im Skikurs lernen Sie den richtigen Bewegungsablauf, ohne den Skilanglauf zu einer Quälerei werden kann. Sie lernen auch hier, nie ohne eine Aufwärmphase zu starten.

Danach steht dem Vergnügen nichts mehr im Weg. Begnügen Sie sich als Anfänger zunächst mit den leichten, in den Skigebieten stets blau markierten Loipen. Mittelschwere Loipen sind rot markiert, schwierige Loipen schwarz.

Zur Ausrüstung: Für Anfänger und gelegentliche Langläufer eignen sich die relativ weichen No-Wax-Modelle. Diese Modelle sind auch etwas breiter und sorgen so für einen sicheren Stand. Die Skier haben eine spezielle Lauffläche, mit der man auch ganz gut bergan kommt. Eine weitere Klasse sind so genannte «A-Ski», die Alleskönner. Sie sind schmaler gebaut und etwas härter. Zur «S»-Klasse gehören die sehr schmalen und harten Rennski, die gewachst werden müssen.

Was die Schuhe betrifft, so empfehlen sich für Anfänger Schuhe mit hohem Schaft, der über die Knöchel reicht und festen Halt gibt.

Wenn Sie schon geübter sind, können Sie auch zu den leichten Schuhen mit niedrigerem Schaft wechseln. Ein sinnvolles Skilanglauftraining, das Spaß macht und nicht zur Qual wird, sollte so aufgebaut sein:

Mit einer der schönsten Sportarten Laufspaß mit Naturerlebnis verbinden

- erst 15 Minuten locker einlaufen
- 30 Minuten mit intensiver Belastung gleiten
- 15 Minuten locker auslaufen.

Mit diesen Alternativen können Sie das ganze Jahr über den Trainingsalltag spannender machen und sich den Spaß am Laufen erhalten und zusätzlich fördern.

Mach' mal Pause – Wie Sie richtig entspannen

Regeneration hat den gleichen Stellenwert wie das Training, denn wer belastet, muss auch ausreichend entlasten. Unzureichende Regeneration hat schon manchen Trainingserfolg zunichte gemacht

Insgesamt kommt dem Gesamtkomplex «Regeneration» auch im leistungsorientierten Triathlon-Breitensport derselbe Stellenwert wie dem Training zu, denn jede Form des körperlichen Trainings verbraucht in Form von Glukose und Fettsäuren Energie. Zusätzlich werden die gesamten Funktionssysteme, der Stütz- und Bewegungsapparat – Muskeln, Sehnen, Bänder, Knochen, Gelenke – eingeschlossen, je nach Belastungsumfang, Belastungsintensität und individueller Trainiertheit unterschiedlich beansprucht. Leitmotto daher: Wer sich beim Training fordert, muss hinterher ruhen und kann sich so durch geeignete Maßnahmen optimal und schneller erholen. So erhält der Körper die Möglichkeit, neue Kraft für weitere Herausforderungen zu schöpfen. Nicht umsonst heißt es, «in der Ruhe liegt die Kraft».

Entspannung dient dabei nicht allein der Regeneration der beanspruchten Systeme, sondern sollte ganzheitlich auch den Kopf mit einbeziehen. Auf diese Weise bewahren und fördern Sie Ihre mentale Stärke, von der Sie im Rahmen besserer Stressbewältigung auch im beruflichen Alltag profitieren. Dazu gibt es eine ganze Reihe von Methoden zur Selbstentspannung, die ich im Folgenden kurz darstelle. Diese Methoden sind erprobt und seriös – allerdings eignet sich nicht jede Technik für jede/jeden. Daher ist es sinnvoll, eine Art «Schnupperkurs» zu belegen, wie ihn manche Volkshochschule anbietet.

Die besten Entspannungsprogramme

Autogenes Training

Beim Autogenen Training versetzen Sie sich durch Autosuggestion der Schwere und Wärme in einen entspannten Zustand. Die Suggestionen, also Beeinflussungen, können auch von einem geschulten

Fachmann kommen. Konzentrative Selbstentspannung, Abschalten und Erholung sind Ziel des Autogenen Trainings. Dabei wird mit formelhaften Vorsätzen gearbeitet, die zunächst zur Muskelentspannung («mein rechter Arm wird ganz schwer») und dann zur psychischen Entspannung führen. Voraussetzung für den Erfolg ist ein Zustand der inneren Ruhe, der meistens erst eingeübt werden muss. Auch einfache Formen wie hier auf dem Bild können z. B. zur Verbesserung der Atmung und des Allgemeinbefindens beitragen.

Mit geeigneten Übungen das vegetative Nervensystem umpolen

Im Zuge des Autogenen Trainings können Körper und Seele abschalten, ruhen, sich vom Training und Alltagsstress erholen. Durch die Übungen wird das vegetative Nervensystem allmählich «umgepolt», sodass es nicht mehr unkontrolliert und übermäßig auf Stress reagiert.

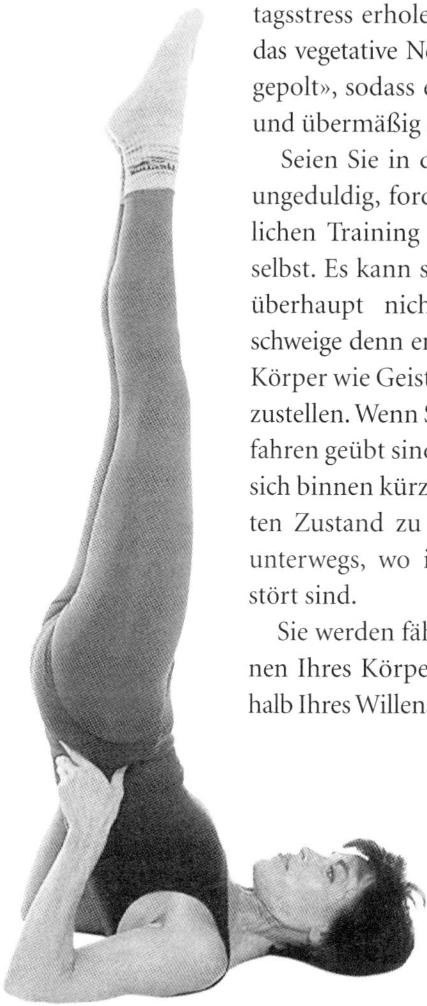

Seien Sie in der Anfangsphase bitte nicht ungeduldig, fordern Sie wie in Ihrem sportlichen Training auch nicht zu viel von sich selbst. Es kann sein, dass Sie die ersten Male überhaupt nicht abschalten können, geschweige denn entspannen. Das macht nichts. Körper wie Geist brauchen Zeit, um sich umzustellen. Wenn Sie erst einmal in diesem Verfahren geübt sind, werden Sie dazu fähig sein, sich binnen kürzester Zeit in einen entspannten Zustand zu versetzen – zu Hause oder unterwegs, wo immer Sie möglichst ungestört sind.

Sie werden fähig, auch vegetative Funktionen Ihres Körper, die normalerweise außerhalb Ihres Willenseinflusses liegen, dem Willen zu unterwerfen und bewusst zu steuern. Beginnend bei den Muskeln können auch Herz und Atmung reguliert werden. Sie werden lernen, mit den Reaktionen Ihres Organismus auf negative Reize

Auch die Kerze hat noch längst nicht ausgedient. Der verstärkte Blutfluss vertieft die Atmung und verbessert die Stimmung – besonders, um stundenlanges Bürositzen auszugleichen. Aber Vorsicht bei Nackenproblemen!

Autogenes Training hilft auch bei Migräne und Schlafstörungen

von außen umzugehen, die Reaktionen zu steuern. Sie werden insgesamt innerlich ruhiger, ausgeglichener. Autogenes Training hilft nicht nur zur Regeneration nach dem Training und bei Stress, sondern auch bei Migräne oder Schlafstörungen. Um das Autogene Training zu erlernen, ist es sinnvoll, sich von einer Fachfrau/einem Fachmann in die Technik einführen zu lassen. Auch die Volkshochschulen bieten Kurse unter geschulter Leitung an.

Progressive Muskelentspannung

Anspannung und Entspannung schreiten bei dieser Übung fort. Abbau von Müdigkeit und von Stress stellt sich ein

Dem Autogenen Training verwandt ist die Methode der Progressiven Muskelentspannung. Das Ziel ist dasselbe – ein Zustand wohliger Entspannung und der Abbau von Ermüdung bzw. Stress.

Bei dieser Technik wird die gesamte willkürliche Muskulatur – die wir also direkt beeinflussen können – unseres Körpers nacheinander angespannt und entspannt. Die Methode heißt progressiv, weil die An- und Entspannung fortschreitet, bis alle insgesamt 17 Muskelgruppen entspannt sind. Die Anspannung soll in jeder Muskelgruppe etwa fünf Sekunden lang durchgehalten werden. Danach erfolgt die konzentrierte Entspannung. Es handelt sich dabei um eine Methode, die für jede/jeden leicht erlernbar ist.

Bioenergetik

Die Bioenergetik geht auf Alexander Lowen zurück, einen Rechtsanwalt aus New York, der noch in späteren Jahren ein Medizinstudium absolvierte. Seine Technik beruht auf der Annahme, dass körperliche Blockaden seelische Störungen auslösen können. Umgekehrt offenbaren sich seelische Störungen im Körper. Seelische Belastung und nervliche Anspannung wie auch deren Verdrängung können im Körper eine Blockade der frei fließenden Bioenergie – Lebensenergie – bewirken. Ein Bioenergetiker kann am Körper per «body-reading» ablesen, wo solche Blockaden vorliegen. Über das Lösen der Blockaden – nämlich durch gezielte körperliche Übungen – befreit man auch den Geist, und die vormals gestaute Energie kann wieder frei fließen. Bioenergetik wird als Einzel- oder Gruppenkurs angeboten. Sie erfordert neben dem Wunsch, durch eine Art Selbsterfahrung die eigenen Gefühle zu erforschen, auch körperlichen Einsatz.

Der Kursleiter, in aller Regel ein geschulter Therapeut, wird zunächst den Neuling beobachten und feststellen, ob Gegensätze zwi-

Spezialgymnastik für einen freien Kopf

Drehungen: Bewegen Sie sich langsam im Uhrzeigersinn um sich selbst, aber nur so schnell, dass Ihnen nicht schwindelig wird. Diese Übung stimuliert den Gleichgewichtssinn und damit die Hirnaktivität.

Überkreuzübung: Die Hände hinter den Kopf ineinander legen, Fahrrad fahren und abwechselnd mit dem Ellbogen das gegenüberliegende Knie berühren. Das stimuliert die Koordination beider Gehirnhälften.

Hängegleiter: Überkreuzen Sie mit lockeren Knien Ihre Füße im Stehen. Kopf nach unten beugen und dann die Arme locker hin- und herschwingen lassen – verbessert die Gehirndurchblutung.

Die «Kobra»: Eine bewährte Yogaübung, um sich zu entspannen. Platzieren Sie die Unterarme nach vorne gerichtet unter der Schulter. Danach langsam den Kopf und Brustkorb aufrichten und wieder ablegen.

Eine wertvolle Methode für alle, die zu Perfektionismus neigen

schen seinem verbalen und körperlichen Ausdruck vorhanden sind. Wenn zum Beispiel jemand mit finsterer Miene und vor der Brust verschränkten Armen dasitzt und behauptet, er nehme mit Freude am Leben teil, so zeigt sich ein Widerspruch zwischen dem körperlichen Ausdruck und dem, was er sagt. Der Kursleiter wird auf solche Diskrepanzen hinweisen, Ihnen zeigen, wo mögliche Verspannungen liegen, Sie auffordern, mehr auf Ihren Körper zu achten und darauf, was dieser Ihnen sagen will. Der Therapeut hilft Ihnen, Ihre wahren Gefühle zu erkennen und diese zuzulassen.

Besonders für sehr disziplinierte Menschen, die sich ständig unter Kontrolle halten oder glauben, immer perfekt sein zu müssen, ist dies eine wertvolle Methode. Solche Menschen haben oft Probleme, sich richtig zu entspannen und ihr Leben zu genießen. Wie heißt es so schön: Es gibt keinen besseren Weg, sich selbst zu frustrieren, als den eigenen Emotionen Grenzen zu setzen.

Yoga

Mit Yoga zu seelischer Ausgeglichenheit finden. Auch vorzüglich für mentales Training geeignet

Entspannung und seelische Ausgeglichenheit können auch durch Yoga erreicht werden – eine Entspannungsmethode, die vor allem unter Frauen und Männern im mittleren und höheren Lebensalter immer mehr Anhänger findet. Yoga ist eine umfassende «Kunst», wie es der Internist, Sportmediziner, Yogi und Yogalehrer Peter Konopka formuliert. Yoga ist eine mehrere tausend Jahre alte Lehre, die aus Indien stammt.

Durch Yoga wird die Einheit von Körper, Geist und Seele angestrebt. Dabei werden Bewegungsübungen und Atemtechniken durch Meditation ergänzt. Yoga als Lehre befasst sich auch mit gesunder Ernährung und Lebensführung.

Um Erfolge zu erzielen, müssen Sie Yoga regelmäßig üben. Im Gegensatz zum Autogenen Training lässt es sich nicht innerhalb weniger Wochen erlernen.

Neben den körperlichen Übungen, die an Stretching erinnern, sind vor allem die Entspannungsübungen wichtig. Nach einer Yoga-Übung fühlen Sie sich herrlich entspannt und voller Energie. Probieren Sie es doch einmal aus, zum Beispiel in einem Yogakurs, unter professioneller Anleitung eines erfahrenen Yogalehrers.

Seriöse medizinische Untersuchungen zeigen, dass es durch konsequente Yoga-Übungen möglich ist, auf fast alle Systeme des Körpers Einfluss zu nehmen. Yogis können in einem völlig entspannten Zustand ihren Herzschlag, den Blutdruck und sogar ihre Körpertemperatur beeinflussen.

Mit Yoga ist es möglich, auf fast alle Körpersysteme Einfluss zu nehmen

Sauna und Massage

Im Rahmen Ihres Regenerations- und Entspannungsprogramms sollten Sie auch Sauna und Massage einplanen.

Saunieren entspannt und regt den Stoffwechsel an. Allerdings ist es wichtig, dass Sie regelmäßig in die Sauna gehen. Ärzte empfehlen einen Saunabesuch pro Woche, auch zwei sind verträglich.

Damit stärken Sie Ihr Immunsystem, beugen Erkältungen und Infektionen vor und trainieren die Blutgefäße. Jeder, der gesund ist, kann die Sauna bedenkenlos aufsuchen. Ab dem 50. Lebensjahr sollten Sie als «Sauna-Neuling» unbedingt vorher den Arzt konsultieren. Dann steht dem Vergnügen nichts mehr im Weg.

Gewöhnen Sie sich als Neuling langsam an die Sauna, es muss nicht gleich der Aufguss in der 100-Grad-Kabine sein. Bleiben Sie zunächst auf den unteren Saunabänken, wo es nicht so heiß ist. Sobald Sie die Hitze als unangenehm empfinden, verlassen Sie die Kabine. Hören Sie auf Ihren Körper – wenn Sie auch nur ein mildes Schwindelgefühl verspüren, sofort die Sauna verlassen.

Für richtiges Saunabaden sollten Sie vor allem ausreichend Zeit mitbringen

Beim Saunieren geht es in keinem Fall auch darum, irgendwelche Durchhalterekorde aufstellen zu wollen, wie man bei manchen Saunabesuchern manchmal meinen könnte. 12 bis 15 Minuten Schwitzen pro Saunagang reichen völlig. Weniger sollten es aber nicht sein. Und pro Saunabesuch höchstens drei Durchgänge. Nehmen Sie sich Zeit. Halten Sie sich an die Anweisungen und Vorschläge, die in jeder guten Sauna aushängen.

Es gibt verschiedene Sauna-Arten. Die finnische Sauna wirkt auf eine trockene Wärme von bis zu 100 Grad Celsius (bei einer Luftfeuchtigkeit von nur 5 bis 10 %). Gelegentliche Aufgüsse mit Wasser auf den Sauna-Ofen erhöhen die Luftfeuchtigkeit und bringen einen Schwall zusätzlicher Hitze. Die Bio-Sauna funktioniert ähnlich wie die finnische Sauna, hat aber nur eine Temperatur von 50 bis 60 Grad Celsius. Das griechisch-römische Dampfbad wird ebenfalls auf 50 Grad erwärmt, hat aber eine Luftfeuchtigkeit von 100 %. Dadurch schwitzt man weniger, sättigt aber die Haut mit Feuchtigkeit.

➤ **TIPP:** Vertrauen Sie sich nur staatlich geprüften Physiotherapeuten an. Einen guten Masseur erkennen Sie daran, dass er bei einer Entspannungsmassage schmerzlos arbeitet. Bei akuten Schmerzen sollte keine Massage angewandt werden. Sie können sich auch selbst mit einer Trockenbürste massieren. Am besten fangen Sie an den Füßen an und arbeiten sich in kreisenden Bewegungen hoch zum Herzen hin

Wie wirkt die Sauna? Durch den massiven Wärmereiz wird vor allem die Durchblutung der peripheren Körperregionen angeregt. Durch das Schwitzen werden die Nieren vorübergehend entlastet, übermäßig vorhandene Elektrolyte ausgeschieden, die Muskeln entspannen sich. Durch den Wechsel zwischen Hitze und Abkühlung wird der gesamte Organismus aktiviert. Der Körper wird abhärtet und so widerstandsfähiger gegen Infektionen, die Gefäße werden trainiert.

Großen Saunen sind oft Massagestudios oder physiotherapeutische Abteilungen angeschlossen. Die Massage fördert die Durchblutung von Haut und Gewebe und entspannt verkrampfte Muskeln. Der Blut- und Lymphrückfluss wird gefördert. Eine gute Massage wirkt auch positiv auf die Atmungsorgane und auf unser geistig-seelisches Wohlbefinden.

Entspannt Ruhe und gesunden Schlaf finden

Ruhe hält den Körper in Gang. Das klingt paradox und wird allzu oft missachtet – häufig legen wir ein Tempo vor, als ob der Tag 28 statt 24 Stunden hätte. Wenn wir nicht genug Zeit für Pausen und Schlaf einplanen, erschöpfen wir uns und werden anfällig für Krankheiten, weil wir durch mangelnden Schlaf auch unser Immunsystem gefährden. So banal es klingt, aber wir erholen uns wirklich im Schlaf. Eine richtige Menge Schlaf ist daher für unseren Organismus unverzichtbar. Während dieser Ruhepause erneuern sich die Zellen, das Immunsystem wird gestärkt, Wunden heilen schneller. Lebenserwartung, Leistungsfähigkeit und Wohlbefinden hängen weitgehend von der Schlafqualität ab – so eine Studie der Universität Berkeley.

Über Nacht regeneriert unser Organismus, füllen sich alle Batterien wieder auf. Man kann kein intensives Trainingsprogramm neben einem stressigen Arbeitsalltag durchziehen. Manche tun es aber und zwacken die Zeit von der Schlafenszeit ab. Ich rate davon dringend ab. Sie schaffen auf Dauer weder Ihr Pensum im Beruf, noch erreichen Sie Ihre Ziele im Sport.

Falls Sie mal Probleme mit dem Einschlafen haben: Schonender als synthetische Schlafmittel sind milde Präparate auf Naturbasis. Gut zum Einschlafen sind Kräutertees mit Baldrian, Hopfen oder Kamille. Ein altes Hausmittel ist warme Milch, verrührt mit einem Löffel Honig. Schlafen Sie auf einer festen, elastischen Matratze in einem warmen, aber gut gelüfteten Raum. Regelmäßiger, guter Schlaf ist nicht nur für Ihre Gesundheit, sondern auch für Ihr Aussehen wichtig.

Guter und ausreichender Schlaf kommt auch Ihrem Aussehen zugute

Wenn Sie morgens wach sind, sollten Sie sich bald aus dem Laken wühlen. Benjamin Franklin hatte schon recht, als er sagte: «Früh zu Bett und früh aufstehen macht gesund, reich und klug.» Oder wie der Volksmund sagt: «Der frühe Vogel fängt den Wurm.»

Ausgewogene und bewusste Ernährung

Richtige Ernährung spielte zu allen Zeiten eine bedeutende Rolle, vor allem dann, wenn es um Leistung ging. Aus der Geschichte des Sports wissen wir, dass schon die Athleten der ersten Olympischen Spiele danach eingeschätzt wurden, was und wie viel sie zu essen gewohnt waren. So sind Olympiasieger aus der Antike bekannt, die sich in der Wettkampfphase mit konzentrierter Nahrung aus getrockneten Feigen, frischen süßen Früchten und Säften ernährten. Andere wiederum bevorzugten große Mengen an Brot, Fleisch und in Maßen Wein.

Eine besondere Bedeutung kam schon in der Antike dem Wasser zu

Eine herausragende Bedeutung hatte aber auch schon damals ein anderes wichtiges Lebensmittel: das Wasser. So pries der Lyriker und Sänger Pindar bereits vor rund 2500 Jahren in einer seiner berühmten Oden zu Ehren der damaligen Olympiasieger das Wasser, indem er ihm geradezu ein Qualitätssiegel verlieh, wie wir heute sagen würden: Ariston men hydor – Wasser ist das Allerbeste, und er meinte das Gesündeste.

Verbreitet war außerdem unter den damaligen Sportlern die Auffassung, dass sich die Eigenschaften von Wildtieren, wie z. B. Schnelligkeit, Ausdauer und Kraft, durch deren Verzehr auf die Sportler übertragen würden. Dies könnte einer der Gründe sein, weshalb schon in der Antike gerne gejagt wurde.

Spezielle Nahrungsmittel werden seit jeher mit mythischen Kräften in Verbindung gebracht. Könnte es nur einen Zaubertrank «wie bei Asterix und Obelix» geben, der uns Energie für Kraft und Ausdauer, Konzentration und Durchhaltevermögen lieferte! Wie sehr wünschen sich manche Leistungs- und Breitensportler einen solchen Zaubertrank! So müssen wir nüchtern, aber nicht resignierend feststellen, dass kein einziges Lebensmittel existiert, das *allein* zur Erlangung und Erhaltung von Leistung, Fitness, Gesundheit und Wohlbefinden völlig ausreichend wäre.

Nur eine ausgewogene und vielseitige Ernährungsweise, die einerseits alle wichtigen Nährstoffe enthält und andererseits auch Freude und Spaß beim Essen vermittelt, kann die körperliche und geistige Leistungsfähigkeit optimal beeinflussen.

Eine ausgewogene und vielseitige Ernährung sollte auch Freude und Spaß beim Essen vermitteln

Wie und was Sie essen, ist daher ganz entscheidend für Ihre Fitness. Wenn Sie sich überlegt und vernünftig ernähren, bleiben Sie leistungsfähig, gesund und fühlen sich wohl. Sie sehen besser aus, bleiben auch geistig in Form. Sie beugen vielen Krankheiten vor und nehmen das Tempo aus dem Alterungsprozess – Gründe genug, dass wir uns im Folgenden mit richtiger bzw. ausgewogener und vielseitiger Ernährung etwas genauer beschäftigen wollen.

Aufgaben der Ernährung

Unser Körper stellt hohe Anforderungen an die Ernährung. Er verlangt jeden Tag reichlich Nährstoffe: Kohlenhydrate, Fett, Eiweiß, Vitamine, Mineralstoffe und Wasser – je nach körperlicher Aktivität eine ganz bestimmte Menge davon (siehe unten stehende Tabelle).

Entsprechend der vielfältigen Anforderungen, die der Körper stellt, muss auch das Nährstoffspektrum sein

Zusammensetzung der Ernährung

Kohlenhydrate (u.a. Glukose, Fruktose, Stärke)
Fette (u. a. Fettsäuren, Neutralfette)
- Energieträger: liefern dem Körper Energie für Wärme, Arbeit und Bewegung

Protein/Eiweiß (Aminosäuren)
- Baustoffe: bauen die Körpersubstanz auf und erhalten sie

Vitamine, Elektrolyte (u. a. Natrium, Magnesium), Spurenelemente (u. a. Eisen)
- Wirkstoffe: regulieren und steuern den Stoffwechsel

Wasser
- Flüssigkeitsersatz

Ballaststoffe (u.a. Zellulose, Pektin)
- Sättigung, geregelte Verdauung

Sekundäre Pflanzenstoffe (Farb-, Duft-, Geschmacksstoffe: u.a. Carotinoide, Flavonoide, Phytosterole, Isoflavone, Aluminiumverbindungen)
- U.a. antikanzerogene und antibakterielle Wirkungen

«Der Mensch ist, was er isst»

Mit der Aussage «der Mensch ist, was er isst» wird die Bedeutung der Ernährung für Gesundheit und Wohlbefinden angesprochen, gleichzeitig aber auch eine krankmachende Rolle von Fehlernährung mit eingeschlossen. Die Ernährung in unserer heutigen bewegungsarmen Gesellschaft ist häufig zu energiereich und fett, dafür aber zu arm an Kohlenhydraten und einigen wichtigen Vitaminen und Mineralstoffen. Diese Ernährungsweise ist mit eine Ursache für die vielen Zivilisationskrankheiten wie Karies, Übergewicht, Verstopfung, Fettstoffwechselstörungen, Bluthochdruck, Herzinfarkt, Schlaganfall, Gicht und Diabetes. Wie die Forschung inzwischen herausgefunden hat, spielen bei diesen Erkrankungen auch unsere Erbanlagen eine nicht unbedeutende Rolle. So ist im Wesentlichen die Interaktion zwischen Veranlagung und Umweltfaktoren Grundlage für die Entwicklung z. B. des Übergewichts. Dennoch kann man Entschuldigungen wie «dafür kann ich nichts, das Übergewicht ist mir in die Wiege gelegt worden» nicht gelten lassen. Es besteht immer die Möglichkeit, durch äußere Bedingungen wie ausgewogene Ernährung, verbessertes Essverhalten und sportliche Aktivität das Körpergewicht positiv zu beeinflussen.

Wer sich ausgewogen und bewusst ernährt, bewirkt zweierlei: Er steuert einer potenziellen Fehlernährung gegen und trägt zu optimaler Leistungsfähigkeit bei

Was tun gegen Fehlernährung? Die Ernährung soll doch zum Wohlbefinden, zur Gesundheit, Fitness und optimalen Leistungsfähigkeit beitragen! Die Ernährungswissenschaftlerin Dr. oec. troph. Silke Bauer, die zugleich auch eine begeisterte Rennradlerin und Mountainbikerin ist, empfiehlt: «von allem etwas – von manchem mehr, von anderem weniger.» Strikte Verbote haben auch nach ihrer Auffassung in den Ernährungsempfehlungen nichts zu suchen. Und wie dieses Motto nun in die Praxis umgesetzt werden kann, zeigen folgende Informationen und Empfehlungen.

Der richtige Treibstoff für unseren Körper

Jedes Fahrzeug benötigt Treibstoff, um sich fortzubewegen. Unser Körper bezieht diesen Treibstoff aus den verzehrten Lebensmitteln, indem er die darin enthaltenen energieliefernden Nährstoffe (Kohlenhydrate, Fett, Eiweiß = Protein) im Organismus verbrennt. So liegt der Energiegehalt von Fett bei ca. 9 kcal/g (39 kJ), von Kohlenhydraten und Protein bei jeweils ca. 4 kcal/g (17kJ), und auch Alkohol liefert beträchtliche Mengen an Energie mit ca. 7 kcal/g (30 kJ). Diese Energie benötigt unser Körper, um einerseits lebenswichtige Aufgaben wie Atmung, Herzschlag und Verdauung aufrechtzuerhalten und um andererseits körperliche und geistige Tätigkeiten verrichten zu können.

Unser Körper braucht pro Tag beträchtliche Mengen an Energie. Dabei kommt es auf eine ausgeglichene Energiebilanz an

Wieviel Energie verbrauche ich pro Tag?

Es ist schwer, den Energieumsatz eindeutig zu bestimmen, da dieser von vielen Faktoren wie Alter, Geschlecht und Aktivität beeinflusst wird. Für wissenschaftliche Studien stehen verschiedene Untersuchungsmethoden zur Verfügung, die auf der Messung des verbrauchten Sauerstoffs und des produzierten Kohlendioxids basieren. Für die Praxis gibt es sehr vereinfachte Berechnungen. Hier ein Beispiel. Das Körpergewicht wird mit einem Faktor multipliziert, der je nach körperlicher Aktivität variiert:

Einfache Berechnungen für den täglichen Energiebedarf

Körpergewicht in kg multipliziert mit

- 30 kcal bei leichter körperlicher Aktivität (im Büro, als Fahrer, im Labor)
- 35 kcal bei mittelschwerer körperlicher Aktivität (im Verkauf oder im Haushalt)
- 45 kcal bei schwerer körperlicher Aktivität (Handwerker, Masseur, Leistungssportler)
- 50 kcal bei schwerster körperlicher Aktivität (Hochleistungssportler, Stahl- und Waldarbeiter je nach Maschineneinsatz)

Bei Frauen liegt der Energiebedarf um ca. 10 % niedriger als bei Männern. Bis zum 20. Lebensjahr steigt der Energiebedarf, danach beginnt er langsam abzunehmen.

Durchschnittlicher Energieverbrauch bei sportlicher Aktivität	
1 Stunde Gymnastik	ca. 280 kcal
1 Stunde Tennis	ca. 460 kcal
1 Stunde Fitnesstraining	ca. 490 kcal
1 Stunde Fußball	ca. 560 kcal
1 Stunde Radfahren (25 km/h)	ca. 680 kcal
1 Stunde Laufen (12 km/h)	ca. 870 kcal

Kohlenhydrate machen nicht dick, sondern fit!

Was Kohlenhydrate so unentbehrlich macht

Jeder Sportler weiß, dass Kohlenhydrate als wichtigster Bestandteil der Nahrung mindestens 50, besser sogar 60 % der zugeführten Nahrungsenergie liefern sollten, d.h. 300 bis 360 g Kohlenhydrate bei einem Energiebedarf von 2400 kcal. Während Fett in großen Mengen im Körper deponiert werden kann, sind die Kohlenhydratspeicher sehr klein. So hat ein gut trainierter Mann einen Körperfettanteil von ca. 10 %, entsprechend 7 kg Fett bei einem Körpergewicht von 70 kg, aber nur 450–500 g Kohlenhydrate in der Muskulatur und Leber deponiert. Allerdings können überschüssig aufgenommene Kohlenhydrate umgewandelt werden und dann ebenfalls als Depotfett gespeichert werden.

➤ **TIPP:** Die Kohlenhydratspeicher sind sehr schnell entleert. Sie sollten so schnell wie möglich wieder durch kohlenhydratreiche Lebensmittel aufgefüllt werden

Die in den Muskeln gespeicherten Kohlenhydrate liefern jedoch bei körperlicher Aktivität viel schneller Energie als die Fette und haben eine wesentlich größere Energieausbeute. Sie können auch im Gegensatz zu den Fetten sowohl mit als auch ohne Sauerstoff verbrannt werden. So lassen uns insbesondere bei sehr intensiven Belastungen (z.B. Spurt, Sprint) die Fette «im Regen stehen», die Kohlenhydrate sind hier die Energielieferanten Nummer eins.

Jede/jeder kennt darüber hinaus das Gefühl von Müdigkeit, Konzentrationsschwäche und Heißhunger. Diese Symptome können auf einen niedrigen Blutzuckerspiegel hindeuten. Aber nur bei optimalem Blutzuckerspiegel sind wir zur körperlichen und geistigen Leistung bereit! Mehrere kohlenhydratbetonte Mahlzeiten über den Tag verteilt aufgenommen unterstützen die Blutzuckerstabilität.

Hinter dem Begriff Kohlenhydrate verbirgt sich eine große Stoffgruppe

Hinter dem Begriff Kohlenhydrate versteckt sich eine große Stoffgruppe. Es gibt Einfachzucker wie Glukose und Fruktose, Zweifachzucker wie Saccharose und Mehrfachzucker wie Stärke und Ballaststoffe. Trauben- und Fruchtzucker (Glukose und Fruktose) kommen hauptsächlich in Obst, Säften und Honig vor. Saccharose oder auch Rübenzucker ist der im Haushalt am häufigsten verwendete Zucker, zugesetzt z.B. auch Fruchsaftgetränken und Süßigkeiten. Die wesentlichen Lieferanten für Stärke und Ballaststoffe sind Getreide, Kartoffeln, Reis, Teigwaren, Hülsenfrüchte und Gemüse.

Der Organismus kann als Energieträger in den einzelnen Organen nur die Glukose verwehrten. Alle anderen Zuckerarten müssen im Lauf der Verdauung erst in Glukose umgewandelt werden. So führt die Zufuhr von reinem Traubenzucker kurzfristig zu einem hohen Blutzuckerspiegel, während die komplexeren Zuckerarten wie Stärke ihre Zuckerbestandteile langsam freisetzen und Blutzuckerspitzen so vermieden werden.

Mit stärkehaltigen Lebensmitteln werden unerwünschte Blutzuckerspitzen vermieden

Kohlenhydratreiche Lebensmittel

Lebensmittel	g KH/ 100 g Lebensmittel	Portion in g	g KH/ Portion
Milchreis	21	200	42
Kartoffeln	19	200	38
Naturreis	75	50	36
Müsli-Mischungen	70	50	35
Vollkornhaferflocken	66	50	33
Milchzucker	100	2 EL	30
Cornflakes	52	50	26
Weizenschrotbrot	50	50	25
Bananen	19	125	24
Roggenmischbrot	46	50	23
Trockenobst	70	35	23
Butterkeks	70	30	23
Müsli-Riegel	55	35	18
Obst, frisch	15	100	15
Popcorn	75	20	15

Aus der Praxis für die Praxis:

Es muss nicht immer Wurst oder Käse sein

- Verzehren Sie täglich mehrere Scheiben Brot und ein Müsli sowie zur warmen Mahlzeit abwechselnd Kartoffeln, Nudeln oder Reis. Genießen Sie weiterhin täglich je eine große Portion Gemüse gekocht und roh (Salat, Rohkost), möglichst frisch vom Markt sowie 2–3 Stück Obst. Greifen Sie zu Vollkornprodukten.
- Belegen Sie Ihr Brot mit frischem Obst oder mit Rohkost.
- Fleisch, Fisch, Eier, Wurst und Käse sollten immer die Beilage, Kartoffeln/Reis/Nudeln/Brot und Gemüse immer der Hauptbestandteil der Mahlzeit sein.
- Probieren Sie als Zwischenmahlzeiten Obst, belegte Brote, Joghurt mit Müsli, Obstkuchen oder Fruchtschnitten aus.

Kohlenhydrate liefern den richtigen Treibstoff und machen nicht dick, sondern fit. Sie wirken sich günstig auch auf den Blutzuckerspiegel und die Verdauung aus. Sie sind wahre Multitalente, sie versorgen uns auch mit Vitaminen, Mineral- und Ballaststoffen

Ballaststoffe sanieren den Darm

Ballaststoffe sind auch Kohlenhydrate, die jedoch im menschlichen Organismus keine Energie liefern, da sie nicht aufgespalten werden können.

Sie sind Bestandteile der pflanzlichen Nahrung und liegen insbesondere in den Randschichten des Getreidekorns. Ballaststoffreiche Lebensmittel sind vor allem Vollkornprodukte und Hülsenfrüchte sowie Kartoffeln, Gemüse und Obst.

Wenn Sie täglich ca. 200 g Vollkornbrot und jeweils 200 g Gemüse, Obst und Kartoffeln (bzw. 100 g Reis oder Nudeln) verzehren, nehmen Sie automatisch auch die empfohlenen 30 g Ballaststoffe täglich mit der Nahrung auf. Diese Menge ist notwendig, um z.B. einen sehr träge gewordenen Darm wieder in Schwung zu bringen. Ballaststoffe fördern die Verdauung, erhöhen das Stuhlgewicht und das Sättigungsgefühl und senken den Cholesterinspiegel. In diesem Sinne ein weiterer Tipp.

➤ **TIPP:** Bauen Sie mehr und mehr pflanzliche Kost in Ihren Ernährungsplan ein

Fett ist nicht gleich Fett

Ohne Fett kann der menschliche Organismus nicht leben. Aber bei zu hohem Fettkonsum leidet er. Maximal 30 % der zugeführten Nahrungsenergie (ca. 80 g Fett) sind vollkommen ausreichend, um die wichtigsten Aufgaben zu erfüllen: als Wärmeschutz, Schutzfunktion (Polster), zur Synthese von Gewebshormonen und Membranbildung, als Träger fettlöslicher Vitamine und essentieller Fettsäuren und natürlich als Geschmacksgeber.

Sichtbare und versteckte Fette

Fettgehalt in Lebensmitteln	**in g Fett**
1 Scheibe gekochter Schinken (30 g)	1 g
1 Scheibe Bierschinken (30 g)	6 g
5 Scheiben Salami (30 g)	8 g
1 Schnitzel Natur (150 g)	3 g
1 Schnitzel paniert	15 g
1 Bratwurst (150 g)	36 g
30 g Quark (20 % Fett i. Tr.)	2 g
30 g Camembert (45 % Fett i. Tr.)	7 g
30 g Gouda-Käse (45 % Fett i. Tr.)	9 g
1 El geschlagene Schlagsahne	6 g
1 El Mayonnaise	24 g
150 g Kartoffeln	0 g
150 g Pommes frites	20 g
60 g Kartoffelchips	26 g
100 g schwarze Oliven	36 g
1 Avocado	40 g
3 Kugeln Milcheis	27 g
1 Tafel Milchschokolade	30 g
1 Stück Sahnetorte	38 g
100 g geröstete Erdnüsse	50 g

➤ **TIPP:** Wenig, aber qualitativ gutes Fett!

Fette und fettliefernde Lebensmittel können gesättigte und ungesättigte Fettsäuren enthalten. Der Körper braucht die verschiedenen Fettsäuren in einem bestimmten Verhältnis. Leider besteht in unserer Ernährung ein Ungleichgewicht zwischen Bedarf und Zufuhr. Gesättigte Fettsäuren, die insbesondere in Fleisch, Wurst, Käse und Milchprodukten vorkommen, können sich bei zu hoher Zufuhr negativ auf die Gesundheit auswirken. Der Anteil der gesättigten Fettsäuren in der Nahrung sollte ein Drittel der als Fett zugeführten Energie nicht übersteigen. Den einfach (EUF) und mehrfach ungesättigten Fettsäuren (MUF) werden günstigere Wirkungen auf Blutfette und Blutdruck zugeschrieben. Die essentiellen MUF wie Linolsäure (Omega-6-Fettsäure) liegen hauptsächlich in Pflanzenölen (u. a. Sonnenblumen-, Maiskeim- und Distelöl) vor, und Linolensäure (Omega-3-Fettsäure) ist insbesondere in Seefisch wie Lachs, Makrele und Hering enthalten. Olivenöl ist besonders reich an EUF. Nüsse sind zwar sehr fettreich, enthalten aber auch reichlich ungesättigte Fettsäuren und andere wertvolle Pflanzenstoffe wie Lignine, Vitamin E und C, Kalzium und Selen. Nüsse können in kleinen Mengen z. B. als Zutat für Müslis, Milch- und Quarkspeisen eine vollwertige Kost bereichern.

Augen auf auch beim Käse-Kauf! Käse gilt als Protein- und Kalziumlieferant, kann jedoch auch viel Fett, Cholesterin und Natrium enthalten. Beim Einkauf von Käse finden Sie auf der Verpackung oder den Schildern den Hinweis Fett i. Tr. Diese Angabe bedeutet, dass der Fettgehalt nicht absolut zu sehen ist, sondern sich auf die Trockenmasse (Fett in der Trockenmasse) des Käses bezieht. Doch woher bezieht man die Kenntnis über den Trockenmassegehalt eines Käses? Bevor Sie jeden Käse auf diesen Gehalt hin untersuchen, merken Sie sich am besten folgende Umrechnungsformel:

Umrechnung in den absoluten, tatsächlichen Fettgehalt:

Frischkäse	mal 0,3
Weichkäse, Schnittkäse	mal 0,5
Hartkäse	mal 0,7
Zum Beispiel:	*tatsächlicher Fettgehalt:*
Speisequark 40 % Fett i. Tr.	12 % (12 g Fett pro 100 g Käse)
Camembert 45 % Fett i. Tr.	23 % (23 g Fett pro 100 g Käse)
Emmentaler 45 % Fett i. Tr.	32 % (32 g Fett pro 100 g Käse)

➤ **TIPPS** zum Fettsparen und zur besseren Fettauswahl:

- Gehen Sie mit sichtbarem Fett sehr sparsam um! Butter oder Margarine nur dünn aufs Brot streichen, als Alternative Quark einsetzen. Öl mit dem Löffel abmessen, sehr sparsam verwenden.
- Achten Sie auf versteckte Fette u.a. in Wurst, Käse, Fleisch, Sahne, Crème fraîche, Mayonnaise, Schokolade, Nüssen.
- Bereiten Sie die Speisen mit geeignetem Kochmaterial und idealen Zubereitungsverfahren (Dünsten, Dämpfen, Grillen, Garen in Folie) fettarm zu.
- In der kalten Küche (Salate) sollten Sie möglichst hochwertige Pflanzenöle (z.B. Distel-, Sonnenblumen-, Maiskeim-, Olivenöl) einsetzen.
- Verzehren Sie häufiger fettarmen Fisch statt Fleisch, was sich in Zeiten von BSE und anderen Skandalen in Sachen Fleisch ohnehin empfiehlt

Protein – von Tier und Pflanze

Eiweiß bildet eine wichtige Grundlage für Wachstum und Entwicklung von Organen und Gewebe. Es dient als Strukturelement der Muskelfasern und als Gerüstsubstanz von Knochen, Sehnen und

Haut. Auch Enzyme, einige Hormone, Abwehrkörper sowie Hämoglobin, das den Sauerstoff im Blut transportiert, bestehen aus Protein. Doch Protein ist nicht gleich Protein.

Protein ist nicht gleich Protein. Seine Qualität hängt von der Zusammensetzung der Aminosäuren, den Grundbausteinen, ab

Die Qualität der Proteine hängt von der Zusammensetzung ihrer Grundbausteine, den Aminosäuren, ab. Eine gemischte Kost aus proteinreichen tierischen und pflanzlichen Lebensmitteln garantiert ein optimales Spektrum an lebensnotwendigen Aminosäuren.

Vegetarier, die sich zusätzlich zu den pflanzlichen Produkten noch von Milch, Milchprodukten und eventuell Ei (Ovo-Lakto-Vegetarier) ernähren, können quantitativ und qualitativ ausreichend Protein aufnehmen, wenn sie proteinreiche Lebensmittel in ihren Speisen kombinieren, z.B. Getreide und Milchprodukte (Müsli, Käsebrot, Nudelauflauf), Hülsenfrüchte und Getreide (Mais-Bohnen-Salat) sowie Kartoffeln mit Milchprodukten (Pellkartoffeln mit Quark, Kartoffelauflauf).

Fleisch und Wurst sind in besonderer Weise auch Träger von verstecktem Fett und unerwünschtem Cholesterin

Es mag sich in Zeiten von BSE zwar etwas abschwächen, doch in vielen Haushalten haben bisher tierische Proteinquellen den Vorzug. Diese sind aber in besonderer Weise Träger von verstecktem Fett und zusätzlichem Cholesterin. Proteinreiche pflanzliche Lebensmittel sollten daher nicht nur bei Sportlern, sondern allen gesundheitsbewussten Menschen verstärkt auf dem Speiseplan stehen, denn sie (Getreide, Hülsenfrüchte) liefern noch wichtige Vitamine, Mineralstoffe und die für die Verdauung und Sättigung so wichtigen Ballaststoffe. Fazit: In Zeiten von BSE und anderer, nicht enden wollender Lebensmittelskandale sind Sie damit in der Ernährung sowohl auf der gesünderen als auch schlaueren Seite.

Empfehlungen für ein hochwertiges und ausreichendes Proteinangebot:

- Bevorzugen Sie fettarme Proteinträger wie fettarme Milch und Milchprodukte, Geflügel, magere Sorten Fisch und Pflanzenquellen wie Hülsenfrüchte, Getreide, Getreideprodukte (Nudeln, Vollkornbrot, Flocken).
- Täglicher Fleischkonsum muss nicht sein! Versuchen Sie es stattdessen mit Fisch und anderen fleischlosen Gerichten wie Pellkartoffeln mit Quark, Pfannkuchen mit Gemüse, Linsen mit Spätzle, Gemüseeintopf, Kartoffelauflauf, Reis-Gemüse-Käse-Pfanne.

Wichtiger Hinweis: Durch die Einnahme von Proteinpräparaten, die tierische Eiweiße enthalten, können Sie Ihre Gesundheit gefährden

- Dringend abzuraten ist von der Einnahme von Proteinpräparaten in Sportlernahrung, die tierische Eiweiße enthalten, da eine gesundheitliche Gefährdung nicht auszuschließen ist. Dazu heißt es in einem Beitrag in der «Deutschen Apotheker Zeitung»: «Das tierische Eiweiß in Powerpulvern auf Proteinbasis kann aus Knochen, Sehnen und Blut von Rindern stammen und wird auf ganz ähnliche Weise gewonnen wie das als BSE-Verbreiter in Verruf geratene Tiermehl.» Da sind Zweifel am Sinn spezieller Fitnesspräparate erlaubt. In wissenschaftlichen Untersuchungen konnte jedenfalls noch nie gezeigt werden, dass sich mit Fitness-Präparaten die Muskelmasse erhöhen lässt. In unseren Industrieländern ist das Eiweiß-Angebot in der Nahrung so hoch, dass die so genannten Powerpulver keinen weiteren Effekt haben. Wer dennoch meint, spezielle Kraftnahrung zu benötigen, sollte darauf achten, dass die Konzentrate lediglich Hühnereiweiß, Milcheiweiß oder Soja enthalten.

Ohne Wasser läuft im Körper nichts

Wasser hat ein großes Spektrum von Aufgaben in unserem Körper zu erfüllen

Eine der wichtigsten Ernährungsaufgaben ist die Aufnahme von ausreichender Flüssigkeit, denn unser Körper besteht zu rund 60 % aus Wasser. Nicht ergänzte Flüssigkeitsverluste wirken sich schnell nachteilig aus – sowohl auf die körperliche und mentale Leistungsfähigkeit als auch auf das Allgemeinbefinden. Ein Wassermangel über mehrere Tage kann rasch zu schwerwiegenden Schäden führen (u.a. Bluteindickung, Kreislaufversagen).

Wasser hat vielseitige Aufgaben in unserem Körper zu erfüllen u.a. als Lösungs- und Transportmittel, als Baustoff und Kühlmittel. Um bei körperlicher Aktivität einer Überhitzung vorzubeugen, produziert der Körper Schweiß – dieser verdunstet auf der Haut, entzieht dem Körper Wärme und kühlt den Körper ab. Wie viel man schwitzt, hängt von individuellen Faktoren, von der Art und Intensität der körperlichen Aktivität, vom Klima und vom Trainingszustand ab. Es gibt Studien, die besagen, dass Trainierte früher schwitzen, dass man Schwitzen quasi «lernen» kann. Tatsache ist auch, dass mit besserem Trainingszustand Schweiß abgesondert wird, der weniger Elektrolyte enthält. Der Mineralstoffverlust beim Trainierten ist also deutlich ge-

«Wasser ist das Allerbeste» (Pindar) – und ohne Wasser läuft nichts. Trinken Sie täglich mindestens 1,5 Liter

ringer und so die Hydration einfacher und schneller. Schweißverluste von fünf Litern und mehr sind bei längeren Trainingseinheiten und vor allem im Wettkampf keine Seltenheit.

Unser Organismus verlangt täglich, dass die Flüssigkeit, die er über Urin, Stuhl, Haut und Lunge ausscheidet, wieder ersetzt wird. Die Flüssigkeit kann über Getränke und feste Nahrung – z.B. besteht die Gurke zu 96 % aus Wasser – aufgenommen werden. Zusätzlich wird bei der Verbrennung der aufgenommenen Nährstoffe – Kohlenhydrate, Fett und Protein – so genanntes Oxidationswasser gebildet, das zur Bedarfsdeckung beiträgt.

Versuchen Sie täglich mindestens 30 ml Flüssigkeit pro kg aufzunehmen. Bei einem Körpergewicht von 70 kg sind somit insgesamt 2100 ml Flüssigkeit (1300 ml über Getränke und 800 ml über feste Nahrung) erforderlich. Bei Schweißverlust aufgrund körperlicher Aktivität sollte es deutlich mehr sein. Als Faustregel gilt: alle 20 Minuten ca. 200 ml Getränk zu sich nehmen.

➤ **TIPP:** Je weniger man isst, desto mehr sollte man trinken!

Wann sollte getrunken werden? Das frühzeitige und richtige Trinken kann und muss erlernt werden. Insbesondere bei intensiver körperlicher Anstrengung im Sport bedeutet jeder verlorene Liter eine verminderte Leistungsfähigkeit. Weitere Flüssigkeitsverluste können zu frühzeitiger Erschöpfung, Übelkeit und Krämpfen führen, wenn

Größere Flüssigkeitsverluste, die nicht ausgeglichen werden, können sogar lebensbedrohlich sein

nicht rechtzeitig und in regelmäßigen Abständen getrunken wird. Bei sehr hohem Flüssigkeitsverlust kann es zu Koordinationsstörungen, bis zum Bewusstseinsverlust und sogar zum Tod kommen!

Empfehlungen für das richtige Trinkverhalten:

- Trinken Sie täglich mindestens 1,5 Liter.
- Empfehlenswerte Getränke sind energiearme und alkohlolfreie Getränke wie Mineralwasser, Obstsaftschorle, Gemüsesäfte, Obstsaft – insbesondere Apfelsaft, Birnensaft, Früchtetee. Alkoholische Getränke gelten als Genussmittel und sollten auch nicht zum Durstlöschen, sondern nur «zum Genuss» getrunken werden. Kaffee wirkt diuretisch, d.h. flüssigkeitsausscheidend und sollte nicht zuletzt deshalb nur in Maßen, nicht mehr als 2–3 Tassen täglich, getrunken werden.
- Überprüfen Sie Ihr Trinkverhalten! Protokollieren sie dafür über mehrere Tage, was Sie den ganzen Tag über trinken. Und vergleichen Sie Ihre tatsächliche Trinkmenge mit der empfohlenen Menge von mindestens 1,5 Liter.
- Wenn Sie zu wenig Flüssigkeit aufnehmen, sollten Sie bald das regelmäßige und ausreichende «Trinken» erlernen. Verteilen Sie die empfohlene Trinkmenge über den Tag. Verwenden Sie optische Hilfen, um alte Gewohnheiten zu verändern: Stellen Sie sich die empfohlene Trinkmenge (z. B. in einer Teekanne oder Mineralwasserflaschen) an einen Ort, an dem sie tagsüber häufig vorbeikommen: Schreibtisch im Büro, Küche oder Esstisch in der eigenen Wohnung. Sie sollten immer wieder daran erinnert werden, ausreichend zu trinken!
- Achten Sie auf Bekömmlichkeit und Geschmack des Getränks. Kohlensäure im Mineralwasser kann den einen animieren mehr zu trinken, ein anderer bekommt davon Blähungen – hier wäre stilles Mineralwasser empfehlenswerter. Einen fruchtigen und etwas süßen Geschmack kann Mineralwasser durch die Mischung mit Obstsaft, z. B. als Apfelsaftschorle, erhalten.

Zusätzlich zu der empfohlenen Menge vor, während und nach der sportlichen Belastung zu mineralstoffreichen Getränken greifen

- Trinken Sie zusätzlich zu der empfohlenen Menge vor, während und nach der sportlichen Belastung. Das Getränk sollte erfrischend und mineralstoffreich sein (z. B. Mineralwasser, Obstsaft, Gemüsesaft, Obstsaftschorle). Wenn Ihr Training länger als eine Stunde dauert, sollten Sie schon während der Belastung – am besten alle 15–20 Minuten – ca. 200 ml Mineralwasser, Obstsaftschorle oder isotonische Getränke zu sich nehmen. Während körperlicher Aktivität verliert der Körper je nach Klima und Intensität der Belastung 0,5 bis 1,0 Liter Schweiß pro Stunde. Dieser Verlust sollte möglichst schon während des Trainings bzw. Wettkampfs ausgeglichen werden.

Der Flüssigkeitsverlust in längerem Training sollte in Zeitabständen von 15–20 Minuten ausgeglichen werden

Energiegehalt einiger Getränke (Angaben in kcal)	
1 Glas Cola (0,2 l)	114
1 Glas Fruchtsaftgetränk	98
1 Glas Fruchtsaft *	94
1 Glas Apfelsaftschorle (1:2)	24
1 Glas Tee oder Kaffee, ohne Zucker und Milch	0
20 ml Weinbrand (38 %)	45
100 ml Sekt (11 %)	83
125 ml Wein (10%)	100
300 ml Bier (5 %)	142
* hoher Gehalt an Vitaminen und Mineralstoffen	

Wunderwaffen: Vitamine und Mineralstoffe

Vitamine und Mineralstoffe sind lebensnotwendige Bestandteile unserer Nahrung. Sie liefern zwar keine Energie, sind aber für den reibungslosen Ablauf vieler Vorgänge im Stoffwechsel unentbehrlich. Fühlen Sie sich manchmal schlapp und müde, sind aber nicht krank?

Fit mit Vitaminen & Co., wichtigen Vitalstoffen

Ursache könnte eine vitamin- und mineralstoffarme Ernährung sein. Denn als Schutz- und Hilfsstoffe agieren sie, und ein Mangel an Vitaminen und Mineralstoffen zeigt sich in verschiedenen Körperreaktionen. Störungen in der Blutbildung und Schleimhautentzündungen könnten z.B. die Ursachen für einen Mangel an Folsäure sein. Eine zu geringe Zufuhr an Vitamin C – über längere Zeit – birgt die Gefahr von verzögerter Wundheilung, Müdigkeit und reduzierter Infektionsabwehr. Kalzium ist z.B. Bestandteil der Knochen und Zähne. Um die Knochenmasse zu erhalten, muss in jedem Lebensalter auf viel Kalzium in der Nahrung geachtet werden. Die wesentliche

Ausreichend Kalzium tanken – Ihre Knochen danken es Ihnen ein Leben lang

Kalziumaufnahme erfolgt über die Nahrung vor allem mit Milch, Milchprodukten und Käse, außerdem durch Getreide, Obst und Gemüse. Bereits mit einem Glas Milch oder Buttermilch plus einem Joghurt und zwei Scheiben Käse ist der Kalziumbedarf eines Erwachsenen pro Tag gedeckt. Können Milch und Milchprodukte nicht verzehrt werden, z.B. aufgrund einer Milcheiweißallergie, ist zusätzlich ein kalziumreiches Mineralwasser empfehlenswert.

Viele Vitamine und Mineralstoffe sind sehr empfindlich gegenüber äußeren Einflüssen wie Wärme, Sauerstoff oder Wasser. Achten Sie beim Einkauf, bei der Lagerung und Zubereitung auf diese empfindsamen «Wunderwaffen». Dann werden Sie Ihrem Körper bei allen sportliche Aktivitäten in ausreichender Menge zur Verfügung stehen und ihre volle Funktion ausüben können.

Auf einen Blick: So entfalten Vitamine und Mineralstoffe ihre Wirkung in vollem Umfang

Was Sie tun können, damit Vitamine und Mineralstoffe ihre Wirkung voll entfalten:

- Achten Sie schon beim Einkauf auf frische und nicht verwelkte Ware. Falls dies nicht möglich ist, weichen Sie auf Tiefkühlware aus.
- Lagern Sie Gemüse und Kartoffeln möglichst kühl und dunkel.
- Waschen Sie Gemüse und Obst schnell und gründlich, wässern Sie nicht unnötig (die wasserlöslichen Vitamine können durch das Wasser ausgelaugt werden).
- Bereiten Sie Gemüse und insbesondere Salat möglichst frisch zu.
- Lassen Sie Obst und Gemüse nicht zerkleinert an der Luft stehen. Zubereitetes abdecken und kühl stellen.
- Garen Sie alle Lebensmittel in wenig Wasser und Fett.
- Halten Sie die Garzeit so kurz wie möglich (knackig frisch – mit Biß – soll das Gemüse sein).
- Garen Sie nur im geschlossenen Topf.
- Verwenden Sie das Kochwasser (möglichst wenig) wieder, z.B. für Saucen (außer von Kartoffeln, Spinat, Rhabarber, Roter Bete, Sellerieknollen).
- Kochen Sie Kartoffeln möglichst mit Schale als Pellkartoffeln.
- Halten Sie Essensreste nicht warm, sondern stellen Sie diese kühl und erwärmen die Speise erst wieder bei Bedarf.
- Essen Sie Obst möglichst mit Schale (Äpfel, Birnen, Pfirsiche usw.)

Vitamine und Mineralstoffe verpackt – der Sandwich-Trick

Ein leckeres Sandwich zwischendurch, das Quark, Obst und Gemüse enthält, ist eine willkommene Abwechslung und gesund obendrein

Die Fast-food-Welle von den Amerikanern sollte sich niemand dauerhaft und als Ausdauersportler schon gar nicht aneignen, wohl aber den Sandwich-Trick. Das tägliche Gemüse und Obst kann auch mal anders verzehrt werden. Ein frisches Salatblatt, Tomaten-, Radieschen- und Gurkenscheiben, Rote Bete, Kresse oder Apfelscheiben zwischen einem Vollkornbrötchen mit Käse oder Fisch belegt, steigern die Vitaminzufuhr erheblich. Auch ein Quarkbrötchen mit frischen Kräutern und rotem Paprika ist nicht nur nährstoffreicher als Fastfood, es schmeckt auch besser, sieht lecker und appetitlich aus. Die ideale vitamin- und mineralstoffreiche Verpflegung für unterwegs (Radtour): ein kleines Brötchen mit Frischkäse und Obst oder Gemüse belegt und dazu eine Apfelsaftschorle in der Radflasche.

Antioxidantien

Die Stoffwechsel-«Terroristen» und wie sie zu bekämpfen sind

Immer häufiger hören wir von freien Radikalen, und dass es Stoffe gibt, so genannte Antioxidantien, die uns vor diesen schützen sollen.

Unser Körper ist ständig den Angriffen von freien Radikalen ausgesetzt, z. B. beim Einatmen verunreinigter Luft, beim Rauchen oder beim Verzehr bestimmter Nahrungsmittel. Auch der Körper selbst bildet freie Radikale zur Unterstützung unseres Immunsystems, bei Stress und sportlicher Belastung. Diese freien Radikale sind sehr aggressiv, weil sie nicht «vollständig» sind – ihnen fehlt ein Elektron. Und nun versuchen sie, wieder «vollständig» zu werden und entreißen anderen Substanzen ein Elektron. Und diese Substanzen, wie z. B. körpereigenes Protein, Fett oder Erbsubstanz, werden dann stark geschädigt. Diese Schädigungen können zu Veränderungen der Körperzellen bis hin zu deren Zerstörung und sogar zu Krebs führen. Deshalb braucht der Körper Schutzmechanismen, um diesen freien Radikalen entgegenzuwirken. Es gibt Substanzen, die die Fähigkeit besitzen, diese aggressiven Moleküle zu neutralisieren und die Zellen zu schützen. Bekannt sind sie unter dem Namen «Antioxidantien». Dazu gehören die Vitamine C, E und Beta-Carotin – die Vorstufe von Vitamin A – sowie das Spurenelement Selen und Zink.

Wertvolle Antioxidantien-Quellen

Vitamin C: ein sehr wertvolles Gift gegen freie Radikale

Vitamine aus natürlichem Ursprung zeigen im Körper eine wesentlich bessere Wirkung als chemisch hergestellte Einzelsubstanzen. Ein ausgesprochenes Multitalent ist Vitamin C.

Die wichtigsten Quellen für Vitamin C (Ascorbinsäure) sind Obst – insbesondere Äpfel, Birnen, Zitrusfrüchte, Kiwi und Beeren –, Grüngemüse, Paprika, Tomaten, Kohl und Kartoffeln.

Einige Unterschiede gibt es bei den verschiedenen Sorten. So besitzen z. B. schwarze Johannisbeeren den vierfach höheren Gehalt an Vitamin C als ihre roten Artgenossen. Auch bei den Äpfeln sind die Unterschiede teilweise sehr groß. So enthält ein Boskop den dreifach höheren Gehalt an Vitamin C als ein Granny Smith.

Vitamin E schützt Herz und Gehirn

Besonders reich an Vitamin E sind Pflanzenöle, Nüsse, Vollkornprodukte und Samen. Vitamin E gilt insbesondere als Schutzsystem vor der Anlagerung von Sauerstoffradikalen im Körper und verhindert somit die Zerstörung der mehrfach ungesättigten Fettsäuren in den Membranen.

Beta-Carotin fängt freie Radikale, sorgt aber auch für schöne Haut

Als beste Quellen für Beta-Carotin, das Ernährungswissenschaftler auch als Provitamin A bezeichnen, sind gelbe und orange Früchte, Möhren sowie dunkelgrünes Blattgemüse und Salate bekannt. Auch hier gibt es Unterschiede bei den Sorten. Die sehr vitamin-C-reichen Grapefruits weisen bei den roten und rosa Sorten auch noch zusätzlich Beta-Carotin auf. Auch grüner und violetter Blumenkohl hat einen höheren Gehalt an Vitamin C und Beta-Carotin als sein blütenweißer Kollege. Der sehr vitamin-C-reiche Paprika hat in roter Farbe einen 20-fach höheren Gehalt an Beta-Carotin als die grüne Sorte. Beta-Carotin darf in Deutschland im Rahmen der geltenden gesetzlichen Bestimmungen Lebensmitteln zugesetzt werden. Insbesondere Margarine und Fruchtsaftgetränke wie Mulitvitaminsäfte sind häufig mit Beta-Carotin angereichert. Als fettlösliches Vitamin kann Beta-Carotin ebenso wie Vitamin E vom Körper besser aufgenommen werden, wenn gleichzeitig eine kleine Menge Fett verzehrt wird. Rohkostplatten und Salate deshalb immer mit etwas Pflanzenöl und Gemüse (Möhren, Grünkohl, Spinat) mit etwas Butter zubereiten.

Das Spurenelement Selen findet sich in proteinreichen Lebensmitteln. Hauptlieferanten sind Leber, Muskelfleisch, Getreide und

Hülsenfrüchte. Der Gehalt in den Lebensmitteln hängt stark vom Selengehalt in den Böden ab, und der ist in den letzten Jahrzehnten rückläufig. Auch Zink kann die schädigende Wirkung von freien Radikalen reduzieren und insgesamt die Abwehrkräfte unseres Immunsystems erhöhen. Durch eine ausgewogene und nicht einseitige Ernährungsweise wird Zink in ausreichender Menge zugeführt. Zinkreiche Lebensmittel sind Hülsenfrüchte, Vollkornprodukte, Fleisch, Käse, Eigelb und Fisch.

In welchen Lebensmitteln wichtige Vitalstoffe vorkommen

Neben diesen bekannten Vitaminen und Mineralstoffen gibt es in unseren Pflanzen noch sehr viele Verbindungen, die gesundheitsfördernde Eigenschaften haben: u.a. Reduzierung des Risikos von Krebs, Herzinfarkt, Infektionen, erhöhten Cholesterinspiegels und Thrombosen, um nur einige zu nennen. Diese Inhaltsstoffe werden «sekundäre Pflanzenstoffe» genannt und liegen als Farb-, Duft- oder Geschmacksstoffe in den Pflanzen vor. Bekannt sind u.a. schwefelhaltige Verbindungen, wie sie in Kohlgemüse, Senf, Meerrettich, Knoblauch oder Zwiebeln vorkommen; oder Bitterstoffe in Hülsenfrüchten und Sojabohnen sowie Stoffe mit östrogenartiger Wirkung in Sojabohnen, Leinsamen und Vollkornprodukten.

Krebsvorsorge und weitere gesundheitsfördernde Eigenschaften der Vitalstoffe

Die Schutzwirkung von Antioxidantien und sekundären Pflanzenstoffen bedeutet nun aber nicht, dass dadurch eine Krebserkrankung oder ein Herzinfarkt ganz vermieden werden kann. Aber in Verbindung mit sportlichen Aktivitäten kann das Risiko auf jeden Fall erheblich verringert werden und sozusagen in der Kombination ausgewogene, gesunde Ernährung und sportliche Aktivität «ein Sicherheitsgurt angelegt» werden.

Es ist gar nicht so schwer, Fitness, Gesundheit, Geschmack und Freude am Essen unter einen Hut zu bringen. Ungeeignete Essgewohnheiten kann man jederzeit verändern, wenn man es nur will. Das beginnt schon beim Einkauf, indem man kohlenhydrat- und ballaststoffreiche Lebensmittel sowie mehr Obst und Gemüse in den Einkaufskorb legt. Zu Hause lassen sich daraus leckere Gerichte zubereiten. Vor allem bieten Gemüse und Obst eine breite Farbpalette an. Farbenfrohe Gerichte sind nicht nur nährstoffreicher und halten Sie somit fitter, sie sehen auch appetitlicher und frischer aus. Und die Augen essen und genießen ja bekanntlich mit!

Fitness, Gesundheit, Geschmack und Freude am Essen

Zusammenfassung

Die «Barometermacher» im Ausdauersport

Wie die Ausführungen über eine richtige Ernährungsweise ergeben, kommt vor allem im Ausdauersport einer kohlenhydratreichen Nahrungszufuhr für die Energieversorgung der Muskeln besondere Bedeutung zu. Unser Körper wandelt die in der Nahrung enthaltenen Kohlenhydrate in Blutzucker und Glykogen um; Glykogen ist eine Kohlenhydratart, die in den Muskeln und in der Leber gespeichert wird. Wenn die Glykogenreserven der Muskeln erschöpft sind, lässt deren Kontraktionsfähigkeit nach, und es kommt zur Ermüdung. Daraus ergibt sich, dass die Ernährungsweise eines Audauersportlers darauf ausgerichtet sein muss, die Entleerung der Glykogenspeicher hinauszuzögern oder aber die Glykogenspeicherkapazität der Muskeln zu erhöhen. Das geschieht in zwei Stufen – Entleerung der Glykogenspeicher und optimale Wiederauffüllung:

Superkompensation, auch unter der Bezeichnung Kohlenhydrat-loading bekannt

- Eine Woche vor dem Wettkampf verbraucht der Athlet seine Glykogenreserven, indem er drei Tage lang bis zur völligen Ermüdung trainiert und sich währenddessen kohlenhydratarm ernährt.
- Drei bis vier Tage vor dem Wettkampf wird das Trainingsprogramm dann deutlich reduziert und die Ernährung auf eine kohlenhydratreiche Kost umgestellt. Die nach Glykogen ausgehungerten Muskeln kompensieren nun ihr Defizit, indem sie über den Ausgangswert hinaus Glykogen aufnehmen. Untersuchungen haben schon vor vielen Jahren Belege dafür geliefert, dass die Testpersonen jetzt das Zwei- bis Dreifache der normalen Muskelglykogenmenge speicherten und die Dauer ihres Trainings folglich steigern konnten.

  Diese Methode hat jedoch auch ihre Schwächen. Sie führt nicht nur zur Unterbrechung der normalen Trainings- und Ernährungsgewohnheiten, sondern der forcierte Entzug von Kohlenhydraten ist allem Anschein nach auch nicht dazu angetan, die Fähigkeit eines trainierten Muskels zu steigern, verbrauchtes Glykogen zu ersetzen. Durchtrainierte Sportler verbrauchen ohnehin während ihres täglichen Trainings das in den Muskeln gespeicherte Glykogen. Bei einer entsprechenden Ernährungsweise mit hohem Kohlenhydratanteil reagieren die Muskelfasern darauf mit einer Erhöhung der Speicherkapazität. Darüber hinaus kann das starke Absinken des Glykogenspiegels zu Nebenwirkungen wie Schwindel und Müdigkeit führen, und die anschließende gesteigerte Kohlenhydratzufuhr kann von Wassereinlagerungen begleitet sein, durch die sich der Athlet aufgedunsen und steif fühlt. Immer mehr Ernährungswissenschaftler und Sportmediziner raten daher von dieser Methode ab. Selbst zur Vorbereitung eines harten Trainingsprogramms ist eine ausgewogene Kost ausreichend.

- Zur Vorbereitung eines Wettkampfs kann man drei bis vier Tage vorher mit einer besonders kohlenhydratreichen Ernährungsweise beginnen. Bei dieser Kost sollte die normale Kalorienzufuhr unverändert bleiben, der Kohlenhydratanteil jedoch auf 70 bis 80 % erhöht werden. Alle in den Ausführungen oben empfohlenen Nahrungsmittel erfüllen diese Bedingungen. Wichtig ist vor allem – während der erhöhten Kohlenhydratzufuhr ebenso wie auch während des Wettkampf selbst – reichlich Flüssigkeit zu sich zu nehmen. Die letzte größere kohlenhydratreiche Mahlzeit sollte man 14 bis 16 Stunden vor dem Wettkampf einnehmen. Dabei sind stark gewürzte, salzige oder ballaststoffreiche Nahrungsmittel zu vermeiden. Danach empfehlen sich nur noch kohlenhydratreiche Snacks wie etwa Apfel-Rosinen-Gebäck, Müsli-Riegel usw.
- Forschungen zufolge ist eine vermehrte Kohlenhydratzufuhr nach einer intensiven Ausdauerleistung gut geeignet, die verbrauchten Glykogenreserven zu ergänzen. Wissenschaftler fanden heraus, dass Athleten, die innerhalb von zwei Stunden nach einem anstrengenden Training Kohlenhydrate zu sich nahmen, aus dieser Mahlzeit mehr Kohlenhydrate speicherten als Testpersonen, die erst nach einer längeren Zeitspanne etwas verzehrten.

➤ **TIPP:** Grundsätzlich ist die gesteigerte Kohlenhydratzufuhr nur sinnvoll vor Wettkämpfen oder intensiven Trainingsphasen, die mehr als 90 Minuten ohne Unterbrechung dauern. Bei Laufstrecken mittlerer Distanz scheinen zusätzliche Kohlenhydrate keinerlei Vorteile zu bringen, und auch das regelmäßige Training ersetzen sie nicht

Fit für den Wettkampf

Orientierungshilfe zur Wahl des richtigen Wettkampfs

Wie Sie wissen, gibt es bei den verschiedenen Triathlons entsprechend unterschiedliche Streckenlängen, Wettkampfplätze und Schwierigkeitsstufen. Die Entscheidung, welches Rennen man am besten wählt und ob man fit genug dafür ist, um die Voraussetzungen dafür zu erfüllen und mit Zuversicht an dem Wettkampf teilnehmen zu können, fällt nicht immer leicht. Hier ein paar Orientierungshilfen zur Wahl des richtigen Wettkampfs.

Die Wahl des richtigen Wettkampfs

Der Beweis, dass Triathlon auch eine Sportart für Frauen und Männer im mittleren und höheren Lebensalter ist, wurde schon längst erbracht, wenngleich die Starterfelder in diesen Altersklassen naturgemäß dünner besetzt sind als die jüngerer Jahrgänge.

Was ältere Triathleten in besonderer Weise berücksichtigen sollten

Der ältere Triathlet – und erst recht die Triathletin – sollten jedoch bedenken, dass mit zunehmendem Alter ab etwa 50 einige Schwierigkeiten auftauchen, die es in Training und Wettkampf zu beachten gilt. Wichtige biologische Parameter weisen entsprechende Rückgänge auf, die den Anpassungsprozess und die Erholung erschweren und verlängern. Das kommt auch in der Gesamtleistung zum Ausdruck, denn bereits mit 45 Jahren liegt die Bestleistung ungefähr 15 % unter der im Höchstleistungsalter.

Folgende Erscheinungen sind vorwiegend die Ursachen für diesen Leistungsrückgang:

- der Rückgang der maximalen Sauerstoffaufnahmefähigkeit,
- der Zwang, einen größeren Anteil der Gesamtenergie über den Fettstoffwechsel bereitzustellen,
- die Abnahme der Maximalkraft, womit weniger günstige Vor-

aussetzungen für die Entwicklung der Kraftausdauer bestehen,
- die verlängerte Erholungsdauer.

Auswirkungen altersbedingter Erscheinungen auf Training und Wettkampf

Wie wir bereits gesehen haben, haben diese Erscheinungen für das Training mehrere Auswirkungen, die der Sportler berücksichtigen muss, will er für sein Alter optimale Anpassungen erzielen.

Das bedeutet:
- Dauerbelastungen in Form langer Trainingseinheiten werden vom Körper besser toleriert als kurze Einheiten mit hohen Belastungsspitzen.
- Der wöchentliche Trainingsumfang und die Trainingsintensität werden noch mehr von der Regenerationsfähigkeit bestimmt als in jungen Jahren.
- Alle drei Triathlon-Sportarten werden wöchentlich und möglichst abwechselnd trainiert.
- Pro Woche wird nur eine große Trainingseinheit empfohlen (z. B. 30 km Laufen oder 150 km Radfahren oder 4 km Schwimmen).
- Das Intensivtraining sollte nicht mehr als 10 % des Gesamttrainings betragen.
- Kraftausdauertraining hat im mittleren und höheren Alter noch mehr Bedeutung, weil es nicht nur die sportliche Leistung verbessert, sondern insgesamt der Gesundheit zugute kommt. Es trägt dazu bei, u. a. den Rückgang der Muskelmasse zu verhindern.
- Die wichtigste Regel für Training und Wettkampf Älterer besteht in der realistischen Selbsteinschätzung des Leistungsvermögens und der Disziplinierung des Leistungsstrebens.

➤ **TIPP:** Die Tatsache, dass mit fortschreitendem Alter auch die sportliche Leistung nachlässt, sollte von der älteren Sportlerin/dem älteren Sportler akzeptiert werden und nicht durch selbsterhobene, übertriebene Leistungsforderungen überspielt werden. Irrationaler Aktionismus alter Männer – und Frauen – kann nicht nur zur Lächerlichkeit führen, sondern auch zur gesundheitlichen Gefahr werden

Falsches Leistungsstreben ist immer dann vorhanden, wenn zu hohe Trainingsreize in Verbindung mit einem Erholungsdefizit zu einer ständigen Erschöpfung führen und alles dem Sport untergeordnet wird. Arbeit, Familie und andere Interessen kommen dann zu kurz.

Die ältere Triathletin/der ältere Triathlet sollten auch überlegen, ob noch immer der Erfolg über den sportlichen Gegner das Hauptziel ihres Sports sein muss, oder ob nicht besser der «olympische Gedanke», also die Teilnahme und das Finishen, viel wertvoller für sie sind.

Sind Sie für einen Wettkampf fit genug? An welchen Wettkämpfen können Sie teilnehmen? Die Antworten auf diese Fragen ersetzen zwar nicht Ihren Arzt, dienen aber einer Groborientierung

Dieser Gefahr können Sie jedoch von vornherein entgehen, wenn Sie folgende Fragen beantworten, die einer Groborientierung dienen und nicht Ihren Arzt ersetzen sollen:

- Sind Sie fit genug? Wer 1 km unter 30 Minuten schwimmt, 12 km in weniger als 30 Minuten Rad fährt und 5 km in weniger als 30 Minuten läuft – und zwar innerhalb von 4 Tagen – kann in aller Regel an einem Kurztriathlon über 1,5 km Schwimmen, 40 km Radfahren und 10 km Laufen teilnehmen.
- An welchem Wettkampf können Sie teilnehmen? Triathlons finden bei uns in Deutschland, aber auch in unseren Nachbarländern Österreich und der Schweiz von Mai bis September statt. Die Streckenlängen variieren, vom Jedermann-Triathlon für Einsteiger bis zum Ironman-Triathlon über die Hawaii-Distanzen 3,8 km/180 km/42,2 km. Zwischenstrecken bilden wie gesagt der Kurztriathlon, aber auch der Mitteltriathlon, der über 2,0 bis 2,5 km Schwimmen, 80 bis 90 km Radfahren und 20 km Laufen geht. Optimal ist es, sich einen Tag zuvor bereits am Wettkampfort aufzuhalten, um gut vorbereitet und ebenso gut ausgeruht zu starten.
- Wo und wann sollten Sie sich melden? Wettkampftermine für Triathlon finden Sie bei den lokalen Sport- oder Triathlonvereinen ebenso wie in Triathlon-Magazinen. Besonders zu beachten ist, dass Meldeschluss oft schon einige Wochen vor dem Wettkampf ist.

Ihr Training die letzten Wochen vor dem Wettkampf

Konzentrieren wir uns mit Blick auf Triathlon als Breiten- und Gesundheitssport auf den Kurztriathlon über die so genannte Olympische Distanz. Sie haben inzwischen auch schon an dem einen oder anderen Jederman-Triathlon teilgenommen, haben nach dem «Schnuppern» nun Appetit auf ein Mehr bekommen, und Ihr Arzt ist ebenfalls damit einverstanden, dass Sie nun größere Herausforderungen im Zeichen Ihrer Fitness und zur Belohnung Ihres Trainingsfleißes suchen wollen bzw. suchen dürfen.

In neunwöchiger Wettkampfvorbereitung verfeinern Sie Ihr bisheriges Trainingsprogramm

Mit dem Neun-Wochen-Programm für einen Kurztriathlon (siehe Seite 157) verfeinern Sie noch die Qualität Ihres bisherigen Trainings. Voraussetzung für die Durchführung dieses Programms ist, dass Sie mindestens vier bis sechs Monate lang zuvor Ausdauer, Kraft und Schnelligkeit in allen drei Disziplinen trainiert haben, wie sie in den Abschnitten zu den einzelnen Sportarten beschrieben sind.

Von da an können Sie das neunwöchige Trainingsprogramm starten, an das sich dann der Wettkampf anschließt.

Verbesserung der Geschwindigkeit und Ausdauer sowie der Technik und Effizienz für die drei Sportarten

Die Trainingsqualität hängt allerdings nicht nur von der Steigerung der Geschwindigkeit und Ausdauer durch die Intervallmethode ab, sondern auch von der Verbesserung der Technik und Effizienz in den drei Disziplinen. Wie viel Zeit man konkret auf die Technik verwendet, hängt von der bereits vorhandenen technischen Entwicklung und der individuellen Erfahrung ab. Im Wettkampf nimmt beispielsweise das Schwimmen in der Regel weniger Zeit in Anspruch als die zwei anderen Disziplinen. Der Erfolg wird also ebenso von der Technik wie von der Kondition bestimmt. Deshalb ist es am klügsten, sich im Training um technische Feinheiten wie sie im Abschnitt Seite 71 ff. beschrieben sind, zu bemühen und damit die Effizienz des Armzugs zu verbessern. Weil man beim Triathlon in offenen Gewässern schwimmt und die Kälte des Wassers gut vertragen muss, sollte man nach Möglichkeit vorher in offenen Gewässern trainiert haben. Ein Problem beim Freiwasserschwimmen ist die Orientierung, es ist daher von Vorteil, sich mit Seezeichen und Bojen im tatsächlichen Kurs vertraut zu machen (siehe auch Seite 158).

Die Radfahr- und Laufabschnitte beim Triathlon können anstrengender als das Schwimmen sein, weil Letzteres zuerst an der Reihe ist, wenn man noch genügend Kraftreserven hat, und weil Radfahren und Laufen im Wettkampf mehr Zeit in Anspruch nehmen. Das notwendige Training für das Radfahren, Bergauffahrten in der Gruppe etwa, erhält man wie gesagt durch Trainingsfahrten und Übungsrennen. Auch das Windschattenfahren, das im Kurztriathlon neuerdings erlaubt ist und eine im Radrennen gerne angewendete, weil kraftsparende Methode darstellt, sollte man trainieren.

Das Laufen bildet den Abschluss des Triathlons. Bei schwacher Schwimm- oder Radleistung kann man hier vor allem noch einiges gutmachen und schließlich zur eigenen Zufriedenheit finishen. Deshalb ist die Qualität des Lauftrainings von grundlegender und nicht

Ausreichendes Ausdauertraining und Verbesserung der anaeroben Schwelle sollten auch die Schwerpunkte in der direkten Wettkampfvorbereitungsphase sein

zu unterschätzender Bedeutung. Wie ich bereits ausgeführt habe, muss man nicht unzählige Kilometer laufen, sondern sollte sich auf das Anheben der anaeroben Schwelle neben dem Ausdauertraining konzentrieren.

Das Programm, dass ich nun im Folgenden vorstelle, ist wie gesagt als Vorbereitung für einen Kurztriathlon über 1,5 km Schwimmen, 40 km Radfahren und 10 km Laufen gedacht. Bevor man damit beginnt, ist es wichtig, bereits eine gute Basis an aerober Fitness und einige Erfahrung mit den drei Sportarten zu haben.

Man sollte fünf- bis sechsmal in der Woche trainieren und pro Tag zwei oder drei Trainingseinheiten einplanen. Insgesamt kalkuliert man anfangs rund sieben Trainingsstunden pro Woche; bis zur letzten Woche steigert man sich auf 12 Stunden. Die angegebene Trainingsdauer enthält fünf bis zehn Minuten Aufwärmen/Dehnen und fünf bis zehn Minuten Abwärmen; die längere Aufwärmung nimmt man für die erste Trainingseinheit des Tages, das längere Abwärmen hebt man sich für die Einheit am Tagesende auf.

Ab Beginn der zweiten Woche trainiert man pro Trainingseinheit einmal die anaerobe Schwelle (AS). Ab der dritten Woche baut man bei jeder Aktivität ein zusätzliches Sprinttraining (ST) ein. Wie man diese kurzen, intensiven Abschnitte am besten strukturiert, ist auf den Seiten 58 f. erklärt. Nicht mit AS oder ST markierte Abschnitte werden als Ausdauertraining bei 60 bis 80 % der VO_2max-Testzeit absolviert.

Natürlich kann man die Schwimm-, Radfahr- und Laufeinheiten auch neu arrangieren und falls möglich, über den ganzen Tag verteilen. Ab Beginn der dritten Woche sollte man jedoch regelmäßig samstags einen Mini-Triathlon durchführen. Die Disziplinen werden dann wie im richtigen Triathlon nonstop hintereinander geschaltet; für die Übergänge kann man sich anfangs fünf Minuten Zeit nehmen; in den späteren Trainingswochen wird diese Frist verkürzt, um die wichtigen Wechsel vom Schwimmen zum Radfahren bzw. den noch schwierigeren Wechsel vom Radfahren zum Laufen zu trainieren (siehe dazu Näheres Seite 168 ff.).

Wenn Sie nun diesen neunwöchigen Trainingsplan absolviert haben, ebenso eine abschließende ärztliche Untersuchung, steht dem Start für den Wettkampf nichts mehr im Weg.

Wettkampfvorbereitungsphase über neun Wochen

S = Schwimmen
R = Radfahren
L = Laufen
AS = Training an der anaeroben Schwelle
ST = Sprinttraining

Alle Zeitangaben verstehen sich in Minuten. Trainingseinheiten, die nicht mit **AS** oder **ST** gekennzeichnet sind, bezeichnen Ausdauertraining

Erste Woche

So	Mo	Di	Mi	Do	Fr	Sa
S-30	**S**-30	**S**-30		Frei	**S**-40	**S**-20
R-35	**R**-35	**R**-25	**R**-35			**R**-35
L-15	**L**-15		**L**-30		**L**-30	**L**-20

Zweite Woche

So	Mo	Di	Mi	Do	Fr	Sa
S-30	**S**-30	**S**-30		Frei	**S**-40 **AS**	**S**-20
R-35 **AS**	**R**-35	**R**-25	**R**-35			**R**-35
L-15	**L**-15		**L**-30 **AS**		**L**-30	**L**-20

Dritte Woche

So	Mo	Di	Mi	Do	Fr	Sa
S-30 **AS**	**S**-35 **ST**	**S**-40 **AS**		Frei	**S**-40	**S**-30
R-40 **AS**	**R**-45	**R**-35	**R**-45 **ST**			**R**-45
L-25	**L**-20		**L**-35		**L**-35 **ST**	**L**-25

Vierte Woche

So	Mo	Di	Mi	Do	Fr	Sa
S-30 **AS**	**S**-35 **ST**	**S**-40 **AS**		Frei	**S**-40	**S**-30
R-40 **AS**	**R**-45	**R**-35	**R**-50 **ST**			**R**-50
L-25	**L**-20		**L**-35		**L**-35 **ST**	**L**-30

Fünfte Woche

So	Mo	Di	Mi	Do	Fr	Sa
S-40 **AS**	**S**-40 **ST**	**S**-40	**S**-20	Frei	**S**-40	**S**-35
R-50 **AS**	**R**-55	**R**-35	**R**-60 **ST**			**R**-55
L-30	**L**-25		**L**-40 **AS**		**L**-45	**L**-35

Sechste Woche

So	Mo	Di	Mi	Do	Fr	Sa
S-40	**S**-40	**S**-40	**S**-20	Frei	**S**-40	**S**-35
R-50 **AS**	**R**-55	**R**-35	**R**-65 **ST**			**R**-60
L-30	**L**-25		**L**-40 **AS**		**L**-45 **ST**	**L**-40

Siebte Woche

So	Mo	Di	Mi	Do	Fr	Sa
S-40 **AS**	**S**-45 **ST**	**S**-45	**S**-35	Frei	**S**-45	**S**-40
R-55 **AS**	**R**-60	**R**-40	**R**-70 **ST**		**R**-50 **ST**	**R**-60
L-35	**L**-30 **ST**		**L**-40 **AS**			**L**-45

Achte Woche

So	Mo	Di	Mi	Do	Fr	Sa
S-40 **AS**	**S**-45 **ST**	**S**-45	**S**-35	Frei	**S**-45	**S**-40
R-55 **AS**	**R**-60	**R**-40	**R**-70 **ST**		**R**-50 **ST**	**R**-70
L-35	**L**-30 **ST**		**L**-40 **AS**			**L**-50

Neunte Woche

So	Mo	Di	Mi	Do	Fr	Sa
S-30 **AS**	**S**-35 **ST**	**S**-40 **AS**		Frei	**S**-20	Wettkampf
R-40 **AS**	**R**-45	**R**-35	**R**-45 **ST**		**R**-20	
L-25	**L**-20 **ST**		**L**-35		**L**-15	

Der Wettkampf

Schwimmen im Wettkampf

Schwimmen – für viele der schwierigste Teil des Wettkampfs

Für viele Triathleten ist das Schwimmen im offenen Meer, in einem See oder Fluss der schwierigste Teil des Wettkampfs. Das Freiwasserschwimmen lässt sich kaum mit dem Schwimmen im Becken vergleichen. Das Wasser ist in der Regel kälter; man hat mit Wellen und Strömungen zu rechnen; es gibt keine Bahnenmarkierungen, wie sie der Sportler im Training gewohnt ist. Außerdem muss man vor allem kurz nach dem Start den wirbelnden Armen und Beinen der Mitschwimmer ausweichen. Wie kann man sich nun vor dem Gedränge und den niedrigen Temperaturen schützen? Welche Punkte muss man beim Schwimmen im Wettkampf beachten? Solche Fragen stellen sich den Triathleten häufig.

Sich vor dem Wettkampf mit den Wasserbedingungen und der Schwimmstrecke vertraut machen

In offenem Gewässer schwimmen

Vor dem Wettkampf sollte man sich die Schwimmstrecke etwas genauer ansehen. Es reicht nicht aus, nur am Ufer entlangzugehen, denn im Wasser sind die Bedingungen anders, vor allem für die Sicht. Der Kopf befindet sich beim Schwimmen nur knapp über der Wasseroberfläche, sodass Begebenheiten am Ufer, die man stehend leicht sieht, im Wasser selbst nicht wahrgenommen werden können.

Das Abschwimmen der Strecke und Einprägen von markanten Punkten, vor allem dem Schwimmziel, sind deshalb nur zu empfehlen. Außerdem ist es gut, wenn man über eventuelle Strömungen im Wasser Bescheid weiß. So empfiehlt es sich etwa, bei starker Strömung in der Flussmitte zu schwimmen, statt am Rand allen Buchten und Kurven zu folgen, die der Fluss beschreibt.

Schutz vor Kälte

Bei niedrigen Wassertemperaturen ist es ratsam, den Neoprenanzug sehr früh anzuziehen und den Kopf einzupacken. Dies sollte schon vor dem Warmmachen geschehen. Dadurch entsteht ein kleiner Hitzestau am Körper.

Der Neoprenanzug schützt vor Kälte und begünstigt den Auftrieb

Leichtes Schwitzen ist sogar erwünscht. Vom Saunabaden wissen Sie, dass ein Sprung ins kalte Wasser nach dem Wärmedurchgang wesentlich leichter fällt, als wenn man sich vorher nicht erwärmt hat. Denselben Effekt hat man dann auch beim Startschuss zum Schwimmen.

Das kalte Wasser wird im ersten Moment als erfrischend empfunden. Die gestaute Hitze hält länger an und ermöglicht es, eindringendes Wasser ohne Wärmeverlust des Körpers sofort zu erwärmen.

Während des Schwimmens sollte man nicht an die Kälte und an die noch zu schwimmende Strecke denken, denn leicht redet man sich dadurch nur ein, dass bei diesen Temperaturen ein Durchhalten kaum möglich ist. Man sollte stattdessen ruhig bleiben und sich sagen, dass es wesentlich schlimmer sein könnte und sollte das Ganze als abwechslungsreiches Abenteuer sehen, das es zu bestehen gilt.

Cool bleiben – schon während des Schwimmens

Außerdem müssen Körperstellen, die nicht vom Neoprenanzug bedeckt sind, durch Fett geschützt werden. Füße, Arme, Hände und Gesicht werden so vor schnellerem Auskühlen bewahrt.

Unverzichtbar auch vor dem Wettkampf: das Aufwärmen

Wird vor dem Schwimmen die Muskulatur auf die Anstrengung vorbereitet, so kann sofort eine relativ hohe Schwimmgeschwindigkeit aufgenommen werden. Beim Training geschieht dies wie gesagt durch das Einschwimmen.

Aufwärmen nicht vergessen!

Wenn die Wassertemperaturen es erlauben, etwa bei 22 Grad C und mehr, kann man dies auch vor dem Schwimmstart zum Wettkampf beibehalten.

Sind die Temperaturen hingegen niedrig, so ist das Einschwimmen nicht zu empfehlen. Ein kleiner Dauerlauf von 1 bis 2 km tut es auch. Wichtig ist, dass der Körper warm und richtig durchblutet wird. Nach dem Einlaufen helfen Stretching und Gymnastik, die Muskulatur zu lockern und die Koordination zu verbessern.

Wenn der Startschuss gefallen ist

Ein Startplatz in der vorderen Reihe kann älteren Athleten eher schaden als nützen

Viele Triathleten sind der Ansicht, dass ein Startplatz in der vorderen Reihe eine gute Ausgangsposition bedeutet. Manchmal trifft das auch zu. Doch sollte den guten Schwimmern, vor allem guten Kraulern, der Vortritt gelassen werden. Diese sind schneller als Brustschwimmer, «treten nicht aus» und setzen sich schnell vom Feld ab.

Beharrt man dennoch auf einem der vorderen Plätze, so kann sich der Vorteil leicht in einen Nachteil umkehren. Schnelle Schwimmer nehmen keine Rücksicht, sie schwimmen, wenn sie nicht vorbeikommen, einfach über den Langsameren hinweg. In der vorderen Reihe sollten sich daher nur Schwimmer einordnen, die 1500 m unter 20 Minuten schwimmen können.

Die ersten Meter dürfen nicht im Sprint zurückgelegt werden, da man leicht eine Sauerstoffschuld eingeht, die bis zum Ende der Schwimmstrecke anhalten kann. Atemnot und auch Panik sind die Folge. Das Schwimmen sollte also ruhig angegangen und die Leistungsgrenze nur langsam erreicht werden. Die Zeit, die auf den ersten Metern verloren wird, ist sehr schnell eingeholt. Ein Start am Rand des Teilnehmerfeldes ist zu empfehlen.

Ein bewährtes Mittel, um eine klare Sicht beim Schwimmen zu haben, ist für viele Athleten das Verreiben von Speichel in der Schwimmbrille. Nach diesem Vorgang darf die Brille nicht wieder ausgewaschen werden, denn der Speichelfilm verhindert das Beschlagen der Brillengläser.

Brillenträgern ist für den Wettkampf eine Umstellung auf Kontaktlinsen zu empfehlen. Auch führen einige Fachgeschäfte Schwimmbrillen mit geschliffenen Gläsern. Diese ermöglichen eine klare Sicht.

Schwimmlage und Atmung

Ein Wechsel der Schwimmlage kann sehr hilfreich sein

Wird die Schwimmstrecke als sehr lang empfunden, so hilft ein kurzer Wechsel der Schwimmlage, Verspannungen vorzubeugen. Auch werden dadurch wenig beanspruchte Teile des Körpers, in denen sich Milchsäure einlagert, vermehrt durchblutet. Auf diese Weise wird die Milchsäure abtransportiert und Krämpfen vorgebeugt.

Bei starkem Wellengang ist es erforderlich, den Armzug umzustellen. Die Arme müssen bei der Vorwärtsbewegung mehr angehoben werden. Zur Erleichterung der Atmung empfiehlt es sich, mehr seitlich zu rollen.

Alles in allem muss man besonders auf das Ausatmen achten. Am wichtigsten ist dies natürlich beim Start, um zu verhindern, dass man in Atemnot gerät.

Die richtige Atemtechnik hilft, dass Sie nicht in Atemnot geraten

Radfahren im Wettkampf

Das Radfahren im Wettkampf unterscheidet sich erheblich vom Radtraining. Einerseits wurde schon eine Sportart – das Schwimmen – bestritten, und die Muskulatur ist noch auf diese Belastung eingestellt, andererseits möchte man die Radstrecke so fahren, ohne sich vor dem nachfolgenden Laufen zu stark zu verausgaben. Welchen Gesichtspunkten muss man nun beim Zeitfahren im Wettkampf besondere Aufmerksamkeit schenken? Hier der Reihe nach, worauf es im Besonderen ankommt.

Wahl der Übersetzung. Schon zu Beginn des Radfahrens ist auf einen runden Tritt zu achten. Am besten wird der Körper mit einer kleinen Übersetzung an die neue Belastung gewöhnt. Die ersten Kilometer müssen das Einfahren ersetzen. Daher darf man auch nicht zu schnell kurbeln. Eine Übersäuerung der Muskulatur wird unter Belastung nur sehr langsam abgebaut. Ein kleiner Gang am Anfang hilft, auch bei Kälte schneller warm zu werden, denn durch das schnellere Treten wird das Blut besser durch den Körper gepumpt und die Peripherie in den Armen und Beinen erwärmt.

Den Körper zunächst an die neue Belastung gewöhnen

An Steigungen muss man frühzeitig schalten. Ein Gefühl, man bringe den Gang kaum mehr «herum», darf erst gar nicht aufkommen. Besser mit einem kleinen Gang in den Berg hineinfahren und zunächst ein paar Meter verlieren, als den großen Gang stehen lassen und mitten am Berg schalten zu müssen. Das frühzeitige Schalten ermöglicht es, den Berg mit einem runden, ökonomischen Tritt hochzufahren. Dadurch wird Energie gespart, vor allem aber bleibt die Muskulatur locker.

An Steigungen frühzeitig schalten

Essen und Trinken

Das Radfahren im Triathlon eignet sich am besten von den drei Sportarten für die Nahrungsaufnahme. Daher sollte man bei einem Triathlon jede Möglichkeit zur Nahrungsaufnahme vorzugsweise während des Radfahrens nutzen.

Wenn ein «Hungerast» auftritt, ist es schon zu spät. Deshalb vorher in regelmäßigen Abständen ausreichend essen und trinken

Ein Hunger- oder Durstgefühl darf also gar nicht erst aufkommen, weil eine gewisse Zeit vergeht, bis die zugeführte Nahrung im Körper nutzbar gemacht wird. In dieser Zeit könnte schon ein «Hungerast» bzw. Zusammenbruch drohen.

Vor allem darf der Magen nicht mit großen Mengen auf einmal belastet werden. Je größer die Mengen, desto länger benötigt der Magen für die Verdauung. Daher sollte man regelmäßig alle 10 Minuten kleine Portionen essen und/oder trinken.

Die zugeführten Getränke dürfen nicht zu konzentriert sein, weil sonst Flüssigkeit in den Magen-Darm-Trakt diffundiert. Dies ist der umgekehrte Vorgang, der eigentlich stattfinden sollte. Die in den Magen-Darm-Trakt abgezogene Flüssigkeit fehlt dem Körper. Außerdem kann sie Durchfälle verursachen.

Da beim Bergauffahren sehr viel Schweiß vergossen wird, sollte man zum Ausgleich des Wasserhaushalts schon vor der Auffahrt ein paar Schlucke Wasser oder Mineraldrink zu sich nehmen. Natürlich darf man ein gesundes Maß nicht überschreiten, denn leicht wehrt sich der Körper durch Übelkeit und Brechreiz.

Technik

Der Triathlet sollte wie gesagt in der Lage sein, vor allem während des Radfahrens ausreichend Nahrung zu sich zu nehmen, was auf einem Standardrennrad leichter ist als in kauernder Haltung auf dem Aerolenker einer Zeitfahrmaschine.

Zeitfahrmaschinen ermöglichen übrigens nicht eine niedrigere Position als die Unterlenkerhaltung bei richtig eingestellten Standardrennrädern. Dagegen zwingen sie den Sportler, möglichst in dieser unteren Haltung zu fahren. Ein Wechsel der Position und damit ein Entspannen der Rückenmuskulatur wird verhindert.

Ein weiterer Punkt, der oft vernachlässigt wird, ist das Verhalten auf Bergkuppen. Meist ist man froh, die Steigung überwunden zu haben. Locker wird auf einen größeren Gang umgeschaltet, ohne dabei zu beschleunigen.

Abfahren, aber richtig

Wird hingegen sofort, auch wenn man sehr ermüdet ist, die Geschwindigkeit erhöht und eine aerodynamische Haltung für die Abfahrt eingenommen, so kann man sehr viel Zeit gutmachen. Während der Abfahrt besteht bei aller gebotenen Vorsicht hinreichend Gelegenheit zur Erholung.

Neben der Erhöhung der Geschwindigkeit am Ende einer Steigung ist auch auf die Reduzierung des Tempos vor Kurven besonders zu achten.

Unnötige kritische Situationen von vornherein vermeiden

Das Bremsen in Kurven «stellt» den Sportler aufrecht, sodass er durch die Fliehkraft nach außen getragen wird. Dies kann sehr kritische Situationen hervorrufen. Die Hauptbremsarbeit muss daher unmittelbar vor den Kurven erfolgen. Ist die Strecke komplett für den Autoverkehr gesperrt, empfiehlt es sich, die Kurven außen anzufahren und gleichmäßig nach innen zu ziehen.

Kühlung

Oft ist es bei einem Triathlon sehr heiß. Dann sollte man nicht warten, bis der Körper durch Schweißproduktion die entstehende Wärme abführt, da hierzu ja Wasser aus dem Körperhaushalt abgezogen werden muss. Dieses Wasser ist aber wichtig für einen geregelten Ablauf der Körperfunktionen.

Wasser ist zum Trinken, aber auch zum Abkühlen da

Die Kühlung durch Wasser kann beim Triathlon teilweise von außen erfolgen. Das heißt: Benutzen Sie das Wasser nicht nur zum Trinken, sondern schütten Sie es auch zum Teil über den Körper, damit die Verdunstung für Kühlung sorgt. Meist wirkt es sehr erfrischend, wenn ein paar Spritzer auf die Oberschenkel fallen. Dadurch wird neue Energie freigesetzt.

Kälte

Nicht nur die Wärme kann auf der Radstrecke unangenehm sein. Kühle Temperaturen, die in unseren Breitengraden gelegentlich vorherrschen, machen dem Triathleten noch mehr zu schaffen. Hier hilft vor allem das Überziehen eines Trikots über den Triathlonanzug. Es schützt vor kaltem Wind und bildet eine zusätzliche Isolierschicht. Dadurch wird der durch das Schwimmen unterkühlte Körper schneller warm, und man kann richtig «loslegen». Die für das Anziehen benötigte Zeit ist dann schnell eingeholt.

Ende der Radstrecke

Gegen Ende der Radstrecke ist es wichtig, sich auf die folgende Disziplin, das Laufen, vorzubereiten. Dafür ist das Fahren kleiner Übersetzungen ohne großen Kraftaufwand zu empfehlen, um die beim Radfahren beanspruchte Muskulatur aufzulockern.

Den Wechsel vorbereiten

Folgende Dehnübungen sind zu empfehlen:
- Aufstehen und Dehnen der Wadenmuskulatur
- Aufstehen und Nach-vorne-Beugen der Hüfte
- Ausschütteln der Hände

Außerdem können die letzten Meter stehend gefahren werden, wobei auf dem Rad das Laufen simuliert wird.

Laufen im Wettkampf

Wegen des hohen Ermüdungszustandes gegen Ende eines Triathlons und der Gefahren, die sich daraus beim Schwimmen in offenen Gewässern ergeben könnten, beginnt der Dreikampf in aller Regel mit dem Schwimmen. Da im Verlauf des Wettkampfs auch die Konzentration stark abnimmt, was beim Radfahren sehr gefährlich werden kann, wird ein Triathlon durch das Laufen abgeschlossen. Aber auch beim Laufen in einem Wettkampf muss man einige Regeln beachten. Diese helfen, die aufkommende Müdigkeit zu bekämpfen.

Laufbeginn

Ist man vom Rad gestiegen, hat man sich umgezogen und beginnt, die ersten Schritte zu laufen, so wird man feststellen, dass dies ein ganz anderes Gefühl ist, als wenn man vorher nicht auf dem Rad gesessen hat. Vor allem Triathleten ohne Wettkampferfahrung, die auch den Wechsel nicht oft trainiert haben, werden diese Erfahrung machen.

Die ersten Meter nach dem Wechsel vom Radfahren zum Laufen nicht zu schnell angehen

Viele Sportler laufen die ersten Meter viel zu schnell. Sie haben nach dem Radfahren kein Gefühl für die Geschwindigkeit. Denn beim Radfahren flog die Umgebung nur so vorbei, und jetzt meint man zu stehen. Es geht einfach nicht vorwärts.

Von diesem Eindruck darf man sich nicht beeinflussen lassen. Man muss statt dessen versuchen, langsam zu beginnen und so früh wie möglich einen gleichmaßigen, lockeren Schritt zu finden. Dabei sollte auf eine lockere Armhaltung und einen kurzen, schnellen Schritt geachtet werden.

Eine Stoppuhr ermöglicht es dem Sportler, seine Durchgangszeit für den ersten Kilometer zu ermitteln, falls dieser vom Veranstalter ausgeschildert ist. Diese Anfangszeit stellt eine wesentliche Kontrolle und Orientierung dar.

Die Zeit für den ersten gefahrenen Kilometer dient der Kontrolle und Orientierung

Essen

Das Laufen erschüttert bei jedem Schritt den Magen. Auch wird ein Großteil des Blutes für die Versorgung der Muskulatur mit Sauerstoff benötigt. Somit ist nur wenig Blut für die Verdauung vorhanden. Wird nun beim Laufen gegessen, was natürlich wegen der intensiven Atmung mit Schwierigkeiten verbunden ist, so wehrt sich der Körper oft mit Brechreiz gegen die aufgenommene Nahrung. Auch mit Kohlensäure angereicherte Getränke sollte man meiden. Die Gefahr, dass es zur Übelkeit kommt, ist umso größer, je schneller man läuft.

Die mit der Aufnahme von Nahrung verbundene Übelkeit und die Tatsache, dass die aufgenommene Nahrung bis zum Ziel nicht in der Muskulatur ankommt, sind Grund genug, bei einem Kurztriathlon während des Laufens nichts mehr zu essen.

Im Kurztriathlon sollte während des Laufens nicht mehr gegessen werden

Trinken

Anders verhält es sich mit dem Trinken. Ein ausgeglichener Wasserhaushalt ist für den Ablauf der chemischen Prozesse im Körper unabdingbar. Zu wenig Wasser führt zu Übelkeit, Schwindelgefühl und im Extremfall zu Bewusstlosigkeit.

Anders ist es mit dem Trinken: in kurzen Abständen etwas Flüssigkeit zu sich nehmen

Derartige Schwierigkeiten können durch eine regelmäßige Zufuhr von Flüssigkeit vermieden werden. Man darf allerdings nicht erst mit dem Trinken beginnen, wenn man Durst verspürt. Dann ist es im Allgemeinen schon zu spät, weil eine gewisse Zeit vergeht, bis die Flüssigkeit im Körper verteilt ist. In dieser Zeit wird noch mehr Wasser abgegeben, sodass die oben genannten Symptome auftreten können.

Außerdem kann der Magen sehr große Mengen von Flüssigkeit oder sehr kalte Getränke nicht schnell verarbeiten. Als günstige Menge haben sich die schon angesprochenen 200 ml erwiesen. Der Magen wird recht schnell entleert, ohne überlastet zu sein.

Man sollte also alle paar Minuten etwas trinken. Leicht gesüßte Getränke werden dabei schneller resorbiert als reines Wasser. Auch sollten in den Getränken Mineralstoffe gelöst sein. Vorsicht bei zu starker Konzentration. Leicht kommt es zu krampfartigen Seitenstichen und zu Durchfällen! Gegen Ende der Laufstrecke kann dann auf das Zuführen von Mineralstoffen verzichtet werden, da diese

Am besten Wasser und Mineraldrink abwechselnd zu sich nehmen

doch nicht mehr rechtzeitig in der Muskulatur ankommen. Die Gefahr von Seitenstichen ist bei Wasseraufnahme geringer.

Sind die vom Veranstalter gereichten Mineralgetränke zu konzentriert, so ist zu empfehlen, Wasser und Mineraldrink abwechselnd zu sich zu nehmen.

Hitzeschutz

Es ist der Wunsch eines jeden Triathleten, bei schönem Wetter zu starten, denn dann springt man gerne ins Wasser. Die Hitze hat jedoch in einem Wettkampf ihre Tücken.

Die Hitze und ihre Tücken im Wettkampf. Deshalb: Keinen gereichten Schwamm übersehen, jede Möglichkeit der Kühlung nutzen

Der Körper überhitzt leicht bei der intensiven Arbeit in einem Triahtlon. Dem sollte durch Kühlung in jeglicher Form Rechnung getragen werden. Kein gereichter Schwamm darf übersehen, keine Gelegenheit, Wasser über sich zu schütten, darf ausgelassen werden! Jeder Tropfen, den man von außen zur Kühlung bekommt, braucht nicht vom Körper abgezweigt zu werden. Auf diese Weise vermeidet man ein zu schnelles Ausschwitzen der Flüssigkeit, sodass man weniger trinken muss.

Ferner kann bei klarem Wetter die Sonneneinwirkung unangenehme Folgen haben. Vor intensiver Sonneneinstrahlung schützt eine Stirnmütze. Ihr Schatten ist sehr angenehm und verhindert einen Sonnenbrand im Gesicht.

Eine Sonnenbrille lässt die Umgebung dunkler erscheinen, und das Flimmern der Luft wird gedämpft, sodass die Hitze nicht so stark empfunden wird.

Kälte

Bei Kälte auf passende Kleidung achten

In unseren Breiten finden Triathlonveranstaltungen öfter bei regnerischem und kaltem Wetter statt. Allerdings sind diese Temperaturen für Läufer ideal. Beim Laufen kann dann nämlich die entstehende Wärme wesentlich schneller abgeführt werden.

Ist es hingegen sehr kalt und die Laufdistanz sehr lang, so muss man auf ausreichende Energiezufuhr bei gleichzeitig geringer Wärmeabgabe achten. Frieren ist nachteilig, denn dann muss der Körper Energie zum Aufwärmen bereitstellen, die eigentlich für die Fortbewegung reserviert sein sollte.

Leichte, aber warme Kleidung ist in solchen Fälle angeraten. Sie wird ein zu schnelles Auskühlen verhindern.

Auch warme Getränke, die unterwegs gereicht werden, können durch eine wohlige Wärme im Magen ihren Beitrag leisten.

Seitenstiche

Geht man die ersten Kilometer zu schnell an oder nimmt man die falschen Getränke zu sich, so kann es leicht zu empfindlichen Seitenstichen kommen. Es gibt kein allgemein gültiges Mittel, das sofortige Erleichterung verspricht.

Oft hilft schon eine Reduzierung der Geschwindigkeit oder eine Umstellung der Atmung. Es sollte tief durch- und vor allem ausgeatmet werden. Manchmal helfen auch ein paar Dehnübungen für die Bauchmuskulatur.

Bei Seitenstichen hilft oft schon eine Reduzierung der Geschwindigkeit

Armeinsatz

Über die Armhaltung kann man beim Laufen den Stil beeinflussen. Eine lockere Armhaltung überträgt sich auf den Schritt. Verkrampft man die Hände zu Fäusten, so kann man nicht leicht und locker laufen.

An Steigungen hilft ein verstärkter Armeinsatz. Die Arme müssen also beim Bergauflaufen bewusst mehr geschwungen werden. Man «schiebt» gewissermaßen den Berg hinauf.

Ideallinie

Ein Marathon wird immer über die Ideallinie vermessen. Läuft man etwa stets auf derselben Straßenseite, so muss man viele Meter mehr zurücklegen. Je nach Anzahl der Kurven können es bis zu 500 m sein. Entsprechend wird sich auch die Endzeit verschlechtern.

Für den Triathlon gilt natürlich dasselbe. Um die Ideallinie einhalten zu können, muss allerdings die Strecke abgesperrt sein. Ist dies nicht der Fall, sollte man im Rahmen der gegebenen Möglichkeiten die Kurven und Ecken «schneiden», so gut es eben geht.

Dazu muss man den Blick ständig nach vorne richten. Man sucht sich einen Punkt in etwa 100 m Entfernung, der auf der Laufstrecke liegt. Von diesem zieht man in Gedanken die kürzeste Verbindungslinie zu der Stelle, an der man sich gerade befindet. Diese Linie muss natürlich auf der erlaubten Laufstrecke liegen. Sie stellt eine gute Annäherung an die Ideallinie dar.

Mit Blick nach vorn findet man auch am besten die Ideallinie beim Laufen

Möglichst nicht gehen! Einmal aus dem Rhythmus geraten, fällt die Wiederaufnahme des Laufschritts sehr schwer

Rhythmus

Schließlich ist es wichtig, möglichst früh seinen eigenen Rhythmus zu finden. Es sollte aber, wenn irgend möglich, in einem Triathlon nie gegangen werden. Denn kommt der Körper zur Ruhe, und sei es nur für wenige Minuten, so fällt die Wiederaufnahme des Laufschritts sehr schwer.

Die Wechsel

Erfahrene Triathleten wissen, wie wichtig gute Wechsel sind. Die Weichen für die Wechsel werden schon vor dem Start gestellt, in der Wechselzone nämlich. Lange vor dem Startschuss legt man sich hier die im Wettkampf benötigte Kleidung und Ausrüstung zurecht. Planung ist wichtig, um während des Rennens wenig Zeit für das Umziehen zu vergeuden.

Beim Wechsel spielt aber auch die physiologische Vorbereitung auf die neue Disziplin eine wichtige Rolle, sodass man Wechsel im Training als vierte Disziplin im Triathlon ebenso intensiv trainieren sollte.

➤ **TIPP:** Der Sportler sollte nach dem Radtraining häufig noch zwei bis drei Kilometer laufen, um ausreichende Erfahrungen für den Übergang zu sammeln und um den koordinativen Umstellungsprozess auf ein Minimum zu verkürzen

Während der Umstieg vom Schwimmen zum Rad noch relativ problemlos ist, bereitet wie gesagt der Wechsel Rad – Lauf größere Schwierigkeiten. Meist dauert es ein bis zwei oder mehrere Kilometer, bis sich die Muskulatur der neuen Bewegung angepasst hat und die Koordination der Laufbewegung eingespielt ist.

Sehen wir uns an dieser Stelle die Wechsel vom Schwimmen zum Radfahren und vom Radfahren zum Laufen etwas genauer an, denn es hat schon seinen Grund, weshalb diese Wechsel gerne auch als «vierte Disziplin» im Triathlon bezeichnet werden.

Der richtige Wechsel vom Schwimmen zum Radfahren

Nachdem der Athlet das Wasser verlasssen hat, passiert er die Registrierung und öffnet bereits im Laufen zum Fahrrad den Reißverschluss des Neo (Neoprenanzugs). Am Stellplatz für das Rad liegt alles bereit: Sonnenbrille und Helm befinden sich griffbereit am Rad, die Schuhe sind entsprechend präpariert, hängen also eingeklickt in den Pedalen.

Die Startnummer für das Radfahren und Laufen hat der Sportler an einem elastischen Band um die Taille befestigt. Schwimmt er mit Neo, hat er diese bereits unter dem Schutzanzug während des Schwimmens getragen, schwimmt er ohne, legt er Band und Nummer jetzt vor dem Radfahren in der Wechselzone an. Dann muss er nur noch Helm und Brille aufsetzen und das Rad aus der Halterung nehmen.

Geübte Triathleten schwingen sich wie Crossfahrer auf das Rennrad. Auch Sie können diese Technik mit etwas Training erlernen

Geübte schwingen sich nun wie Crossfahrer auf das Rennrad und kurbeln kräftig ein paar Umdrehungen mit nackten Füßen auf den Schuhen, bis die Maschine ausreichend Schwung hat. Dann schlüpfen sie nacheinander in die Schuhe, wobei sie darauf achten, dass sie ihre Anfangsgeschwindigkeit beibehalten.

Sobald die Klettverschlüsse der Schuhe zugezogen sind, ist der erste Wechsel abgeschlossen, und jetzt kann der Athlet auf dem Rad richtig «Gas geben». Auch für diese koordinaten Fähigkeiten fällt kein Meister vom Himmel, ein schneller Wechsel aufs Rad muss ebenso intensiv trainiert werden wie der nun im Folgenden beschriebene Wechsel vom Radfahren zum Laufen. Für den Anfänger kann es sinnvoll sein, bei seinem ersten Wettkampf die Schuhe vor dem Aufstieg aufs Rad anzuziehen.

Der richtige Wechsel vom Radfahren zum Laufen

Im Training einige Varianten durchspielen. Die für Sie geeignetste auswählen, und Sie sind auch bei diesem Wechsel im Wettkampf schnell

Auch beim Wechsel vom Radfahren zum Laufen kann man viel Zeit gut- oder kaputtmachen. Top-Athleten benötigen für diesen Wechsel nicht mehr als 30 Sekunden. Das können Sie auch schaffen, indem Sie im Training einige Varianten durchspielen und dann die für Sie schnellste Variante wählen. Dazu folgende Empfehlungen:

Den letzten Kilometer sollte die Sportlerin/der Sportler mit einer kleinen Übersetzung zur Lockerung der Beinmuskulatur absolvieren. Ebenso sollte in entspannter Position die Rückenmuskulatur gelockert werden.

Ein kleines Stretching der Wadenmuskulatur vor dem Radziel ist ebenfalls sehr hilfreich, indem die Klettverschlüsse der Radschuhe bereits geöffnet und die Fersenkappen nach unten geklappt sind, sodass zum Dehnen der Wadenmuskulatur die Fersen freiliegen.

Nach dem Absteigen übergibt der Athlet einem bereitstehenden Helfer das Rad oder – je nach Organisation des Wettkampfs – deponiert er es selbst am Radstellplatz. Barfuß läuft er dann zu seinen Laufschuhen. Sobald das Rad wieder an seinem Platz steht, nimmt der Athlet den Helm ab.

Durch richtiges Training und optimale Durchführung der Wechsel auch die «vierte Disziplin» im Triathlon beherrschen

Da der Athlet alles gut präpariert hat, sodass die Zunge der Laufschuhe bereits nach außen geklappt ist, kommt er/sie schnell in die Laufschuhe und kann die Tangaverschlüsse zuziehen.

Jetzt muss sie/er nur noch wenn nötig die bereitliegende Mütze zum Schutz gegen die Sonne überziehen, bereits im Laufen die an einem elastischen Band um die Taille getragene und befestigte Startnummer nach vorn gedreht werden, und schon ist auch dieser Wechsel vollzogen.

Diese Wechsel sind zwar mit einigen Anforderungen im koordinativen Bereich verbunden, aber als «vierte Disziplin» im Triathlon ebenfalls trainierbar.

Die Vielseitigkeit der motorischen Beanspruchungsformen unter Dauerbelastung ist die Besonderheit und zugleich die ebenso schöne wie große Herausforderung der faszinierenden Sportart Triathlon. Sie durch Training immer besser zu beherrschen, sollte das Hauptziel jeder Triathletin/jedes Triathleten sein. Viel Spaß beim Training und schöne Wettkämpfe!

Serviceteil

Glossar

Fragen, die immer wieder gestellt werden und die zeigen, dass längst nicht allen in der wachsenden Ausdauersportler-Gemeinde Fachbegriffe aus der Trainingswissenschaft, der Medizin, Sportmedizin und Ernährungslehre hinreichend vertraut sind, haben mich veranlasst, im Rahmen dieses Glossars zusätzlich Orientierungshilfe zu geben. Im Folgenden sind daher Fachwörter und deren Bedeutungen erläutert, wie sie häufig gebraucht werden – auch in den Medien –, aber leider nur selten «übersetzt» und manchmal auch falsch.

Adduktion
Bezeichnet die Bewegung eines Körperteils – z. B. eines Arms oder Beins – in Richtung auf die Körpermitte. Davon abgeleitet sind auch die Begriffe Adduktorenmuskeln oder kurz Adduktoren. Damit werden demnach alle Muskeln bezeichnet, die eine Adduktion bewirken, im speziellen Sinn die drei Adduktoren des Oberschenkels, die das Bein zur Mittellinie des Körpers bewegen. Die Durchführung einer Bewegung, die von der Körpermitte wegführt, wenn man z. B. im Stehen ein Bein zur Seite führt, um nur auf einem Bein zu stehen, heißt entsprechend Abduktion, der diese Bewegung bewirkende Muskel Abduktor.

Adrenalin
Hormon, das in der Nebenniere gebildet und bei Bedarf ins Blut ausgeschüttet wird. Dies ist insbesondere in Stresssituationen der Fall. Durch das ausgeschüttete Adrenalin wird der Herzschlag beschleunigt, der Blutdruck steigt, die Atemfrequenz nimmt zu und der Blutzuckerspiegel wird erhöht. Der Körper wird dadurch in einen Zustand erhöhter Alarmbereitschaft versetzt. Tiere werden durch diese Reaktion in Belastungssituationen in die Lage versetzt, mit maximaler Leistungsfähigkeit zu kämpfen oder zu fliehen. Die durch das Stresshormon Adrenalin zur Verfügung gestellte Zusatzenergie ist danach verbraucht und der Körper kehrt in den Ruhezustand zurück. Beim Menschen wird dagegen der Stress, oder besser die Stressreaktion, häufig nicht mehr körperlich abgebaut.

Aerob
Eigenschaft von Prozessen, deren Ablauf von der Verfügbarkeit von Sauerstoff abhängig ist.

Aerobe Fitness
oder aerobe Leistungsfähigkeit bezeichnet in der Sportmedizin die Fähigkeit, die für körperliche Anstrengungen benötigte Energie durch die Verbrennung von Kohlenhydraten und Fetten unter Ausnutzung von Sauerstoff bereitzustellen. Eine gute aerobe Fitness ist mit einer guten Ausdauerleistungsfähigkeit kombiniert.

Aerobes Training
Training auf der Basis von aeroben (siehe dort) Belastungen mit dem Ziel, die aerobe Kapazität, aerobe Ausdauer und aerobe Leistungsfähigkeit zu verbessern. Am effektivsten wirkt zwar ein Training im Bereich von 90–100 % der maximalen Sauerstoffaufnahme (siehe dort), wobei man aber nicht übersehen darf, dass diese Belastung eine lange Erholungsphase erfordert und jeder Trainingseffekt auch vom individuellen Trainingszustand abhängt. Einsteiger sowie Breiten- und Gesundheitssportler sollten die Belastungen vorwiegend im aeroben Trainingsbereich durchführen, was im Allgemeinen 50–55 % der maximalen Sauerstoffaufnahme oder 70 % der maximalen Herzfrequenz (siehe dort) entspricht. Entgegen der Meinung mancher Fachleute können Belastungen längerer Dauer und niedrigerer Intensität nämlich zu gleich großen Effekten führen wie ein hochintensives Training, das vor allem bei Einsteigern das Risiko des Übertrainings (siehe dort) vergrößert.

Alkaloide
Stickstoffhaltige Substanzen, meist pflanzlicher Herkunft. Einige werden als Arzneimittel verwendet (z.B. Codein, Chinin), viele sind dosisabhängig giftig (z. B. Nikotin).

Allergen
Substanz, die eine allergische Reaktion auslöst, wie Pollen oder Hausstaub.

Aminosäuren
Bausteine aller Eiweiße. Es gibt insgesamt 20 Aminosäuren, die meisten davon kann der Körper selbst herstellen. Die wenigen Aminosäuren, die nicht im Körper produziert werden können und deshalb mit der Nahrung zugeführt werden müssen, werden als essentielle Aminosäuren bezeichnet. Im Verdauungsprozess werden die Nahrungseiweiße in ihre Aminosäurenbausteine zerlegt, mit dem Blut zu ihrem Bestimmungsort transportiert und erneut zu Eiweiß zusammengesetzt.

Anaerob
Ohne Sauerstoff. Begriff, der Prozesse kennzeichnet, deren Verlauf nicht von Sauerstoff abhängig ist.

Anaerobe Belastungen
Bezeichnet Belastungen von kurzer Dauer, für die kein Sauerstoff als Energieträger verfügbar sein muss, sondern Kohlenhydrate, speziell das Glykogen (siehe dort) in den Muskeln, wie z. B. für Gewichtheben, Sprint und für Wurfsportarten, die typisch sind für anaerobe Belastungen.

Anaerobe Dauerleistungsfähigkeit
Maximale Leistung, die etwa 90 Sekunden lang erbracht werden kann.

Anaerobe Kurzzeitleistung
Maximale Belastung, die man innerhalb von 10 Sekunden erbringen kann.

Anaerobe Kapazität
Gesamtmenge an Energie, für deren Bereitstellung kein Sauerstoff erforderlich ist, also vom anaeroben Energiesystem (siehe auch «Blutlaktat», «Laktat» und «Laktatanalyse») bereitgestellt werden kann.

Anaerobe Schwelle
Grenze der Belastungsintensität, ab der das aerobe (siehe dort) Energiesystem nicht mehr in der Lage ist, die erforderlichen Mengen an Adenosintriphosphat, Hauptenergieträger im Organismus, bereitzustellen. Zur Bestimmung des Schwellenwertes gibt es verschiedene Methoden. Vorzugsweise werden die Atemminutenvolumenmethode (siehe dort) und die Stoffwechselmethode über die Laktatbildung (siehe dort) im Blut angewandt. Die Schwellenwerte liegen bei Ausdauertrainierten höher als bei Untrainierten.

Antioxidantien
Nährstoffe, die im Körper die gefährlichen freien Radikale (siehe dort) abfangen und vor ihren gesundheitsschädlichen Auswirkungen schützen. Zu ihnen zählen unter anderem die Vitamine A, C, E und B_1, Carotinoide, Zink, Mangan, Selen und auch Alkohol. Als Zielgrößen für die tägliche Zufuhr antioxidativ wirksamer Vitamine gelten heute: Vitamin E 15–30 mg/Tag, Vitamin C 75–150 mg/Tag, Betacarotin 2–4 mg/Tag. Bei Menschen, die unter einer erhöhten Belastung durch freie Radikale stehen, wie zum Beispiel Raucher, wird auch eine höhere Zufuhr an Antioxidantien empfohlen. Wegen fehlender Langzeitstudien sollten aber die folgenden Dosierungen über einen längeren Zeitraum nicht ohne ärztliche Anweisung überschritten werden: Vitamin E 400 mg, Vitamin C 1000 mg, Betacarotin 10 mg.

Atemminutenvolumenmethode
Methode zur Bestimmung der anaeroben Schwelle (siehe dort), wobei die Zunahme des Atemminutenvolumens – das ist die Luftmenge, die pro Minute ein- und ausgeatmet und im Allgemeinen als die Ausatmungsmenge gemessen und nach einer bestimmten Gleichung angegeben wird – während eines ansteigenden Belastungstests auf einem Laufband oder einem Fahrradergometer bestimmt wird. Die Belastungsintensität, ab der die Atmung überproportional ansteigt, wird als die Intensität bezeichnet, die der anaeroben Schwelle entspricht oder geringfügig darüber liegt.

Ausdauerleistungsfähigkeit
Bezeichnet in der Sportmedizin die Eigenschaft, eine definierte körperliche Anstrengung, z. B. auf dem Fahrradergometer oder auch beim Laufen und anderen Ausdauersportarten, mit nur geringer muskulärer Ermüdung durchzuhalten.

Ballaststoffe
Unverdauliche, faserartige Bestandteile von pflanzlichen Nahrungsmitteln, die vorwiegend in Getreideprodukten, Gemüse und

Früchten enthalten sind. Den Ballaststoffen kommt eine Reihe wichtiger physiologischer Bedeutungen zu, wie z. B: die Beschleunigung der Darmentleerung und die Verminderung des Risikos von Verstopfung. Eine ausgewogene und vielseitige Ernährung sollte daher auch ballaststoffreich sein.

Belastungsintensität
Bezeichnung für die Stärke eines Reizes oder der Menge an Arbeit pro Zeit, die innerhalb einer Trainingseinheit absolviert wird. Im Ausdauer- und Schnelligkeitstraining ergibt sich die Belastungsintensität aus der Geschwindigkeit und Häufigkeit der Trainingsläufe. Für das Krafttraining wird die Belastungsintensität von der Größe des Widerstands bestimmt, gegen den die Bewegung ausgeführt wird.

Betacarotin
Gelber Farbstoff in Nahrungsmitteln wie Möhren, Aprikosen und Mangos. Betacarotin zählt zur Gruppe der Antioxidantien (siehe dort), die im Körper die gefährlichen freien Radikale (siehe dort) abfangen. Bei Bedarf kann Betacarotin im Körper in Vitamin A umgewandelt werden.

Bienenpollen
Pflanzenpollen, gewonnen aus dem Speichel der Bienen und Nektar und im Handel bekannt als «Gelee royal», werden von vielen Sportlern in der Hoffnung auf eine Leistungssteigerung eingenommen. Der wissenschaftliche Nachweis der Leistungssteigerung steht zwar noch aus, erwiesen aber ist, dass es bei anfälligen Menschen zu unerwünschten Reaktionen kommen kann.

Bioflavonoide
Chemische Stoffgruppe, die in Früchten, wie z. B. Zitronen, Pflaumen, Grapefruits, Kirschen, Brombeeren, schwarzen Johannisbeeren, aber auch in Buchweizen, schwarzem Tee und Kohl enthalten sind. Bioflavonoide zählen zur Gruppe der Antioxidantien (siehe dort), die im Körper die gefährlichen freien Radikale (siehe dort) abfangen.

Biologische Verfügbarkeit
Maß für die Nutzbarkeit bestimmter Nahrungsbestandteile für den Körper in Abhängigkeit vom Nahrungsmittel. Eine hohe biologische Verfügbarkeit bedeutet dabei, dass der Körper die Nährstoffe leicht aus der Nahrung herauslösen und für den Stoffwechsel nutzen kann. So ist z. B. das Eisen aus Fleisch biologisch besser verfügbar als das aus Gemüse – was aber nicht zu übermäßigem Fleischverzehr animieren sollte.

B-Komplex
Gruppe der B-Vitamine. Sie sind chemisch nicht miteinander verwandt, kommen aber oft in denselben Nahrungsmitteln vor, wie z. B. in der Milch, Getreideprodukten oder Innereien. Außerdem sind ihre Funktionen im Körper eng miteinander verknüpft. Zum B-Komplex gehören die Vitamine B_1 (Thiamin), B_2 (Riboflavin), Pantothensäure, Vitamin B_6 (Pyridoxin), Niacin, Biotin, Folsäure und Vitamin B_{12}.

Blutlaktat
Im Blut gelöste Milchsäure. Die Messung der Blutlaktatkonzentration unter Belastung ist eine wichtige Methode zur Erfassung der aeroben und anaeroben Kapazität (siehe dort).

Blutzucker
Glukosegehalt des Blutes. Die mit der Nahrung aufgenommenen Kohlenhydrate werden im Verdauungstrakt aufgenommen und verarbeitet, ein Hauptvertreter der dabei entstehenden Stoffe ist Glukose. Bereitstellung und Verarbeitung der Glukose als Energielieferant und Energiespeicher im Körper wird durch einen komplizierten Stoffwechselmechanismus ermöglicht, wobei Glukosebereitstellung und Glukosespeicherung fein aufeinander abgestimmt sind. Praktisch überall, wo im Körper Energie benötigt wird, ist der Zuckerstoffwechsel beteiligt.

Body-Mass-Index (BMI)
Maß für die Über-, Normal- oder Untergewichtigkeit. Der BMI errechnet sich nach der Formel Gewicht in Kilogramm durch das Quadrat der Körperlänge in Meter. Die Normalwerte betragen für Frauen 20 bis 24, für Männer 20 bis 25. Ein Übergewicht besteht bei einem BMI über 25, bei einem BMI über 30 meist eine behandlungsbedürftige Fettsucht (Adipositas).

Brennwert
oder Energieäquivalent bezeichnet den Energiegehalt der unterschiedlichen Nahrungsbestandteile. Je höher der Brennwert, desto größer ist die Energiemenge, die der Körper aus der Verwertung des Nahrungsbestandteils ziehen kann. Üblicherweise wird der Brennwert in Kalorien pro Gramm Nährstoff angegeben. Dieser Wert liegt für Kohlenhydrate und Eiweiße bei 4 kcal/g, für Fette bei 9 kcal/g.

Burnout
Ausgebranntsein, entsteht meist als Resultat von chronischem Stress, der nicht abgebaut wird. Im Sport wird der Begriff benutzt, wenn die Fähigkeiten von Sportlern oder Trainern, schwierige Situationen zu meistern, nicht mehr ausreichend sind.

Carotiniode
Gelbe und rote Farbstoffe in Pflanzen. Eines der Carotinoide ist Betacarotin, das zu den Antioxidantien (siehe dort) zählt. Andere Carotinoide sollen ähnlich günstige Eigenschaften haben.

Cholesterin
Ist ein lebenswichtiger Bestandteil aller Zellen sowie ein Baustein für bestimmte Hormone (die so genannten «Steroidhormone» wie Geschlechtshormone und Adrenalin). Das im Körper befindliche Cholesterin entstammt zwei Quellen: Zum einen wird es mit der Nahrung über tierische Lebensmittel aufgenommen, zum anderen produziert der Körper selbst Cholesterin. Eine langfristig erhöhte Zufuhr oder Produktion von Cholesterin führt über erhöhte Blutcholesterinwerte (so genannte Hypercholesterinämie) zu Ablagerungen in den Wänden der Blutgefäße und zu Arteriosklerose.

Conconi-Test
Der Conconi-Test ist ein leistungsdiagnostisches Verfahren auf der Basis von Herzfrequenzmessungen. Dieser Test wird zur Festlegung der individuellen Belastungsintensitäten im Training und zur Bestimmung der maximalen Herzfrequenz (siehe dort) eingesetzt. Der Conconi-Test beruht darauf, dass die Herzfrequenz im extensiven Bereich linear zur Belastung ansteigt.

Cooper-Test
Test zur Bestimmung der aeroben Ausdauer (siehe dort). Die Aufgabe besteht darin, innerhalb von zwölf Minuten so weit wie möglich zu laufen. Es handelt sich um einen Maximaltest, bei dem der Sportler sich völlig verausgabt, was auch voraussetzt, dass die Ergebnisse vergleichbar sind.

Cunningham/Faulknerscher-Laufbandtest
Test zur Bestimmung der anaeroben (siehe dort) Ausdauer. Der Sportler läuft bis zur subjektiven Erschöpfung mit einer Geschwindigkeit von 8 Meilen pro Stunde (= 12,8 km/h) auf einem Laufband mit einem Neigungswinkel von 20 %. Gemessen wir die Zeit bis zur Erschöpfung in Sekunden.

Diuretika
Arzneimittel zur Förderung der Harnproduktion und der Wasserausscheidung aus dem Körper. Diese Medikamente sind für die Behandlung einer Reihe von Krankheiten wichtig, im Sport aber vom IOC verboten. Missbräuchlich werden sie im Sport eingesetzt, um entweder Übergewicht rasch zu reduzieren oder zur Erhöhung des Urinflusses, um die Konzentration von eingenommenen Dopingsubstanzen im Urin herabzusetzen und ihre Nachweisbarkeit im Dopingtest einzuschränken. Zu den nichtmedikamentösen Diuretika, die von IOC verboten sind, zählen im weiteren Sinn auch Alkohol und Koffein.

Doping
Das Wort stammt von den Kaffern, einer Bevölkerungsgruppe in Südafrika. Mit dem Wort «Dop» bezeichneten sie ein alkoholisches Getränk, das sie als Stimulanz einsetzen. Als Doping gilt heute der nach den Regeln verbotene Einsatz von körperfremden Substanzen oder von physiologischen Substanzen in abnormalen Mengen oder die Anwendung von abnormalen Verfahren zur unfairen, betrügerischen Leistungssteigerung im sportlichen Training und Wettkampf. Welche Substanzen bzw. Verfahren im Einzelnen verboten sind, steht auf der Dopingliste des IOC, die ständig aktualisiert wird.

Elektrolyte
Wasserlösliche Verbindungen, die in Ionen, elektrisch geladene Teile, zerfallen. Zu ihnen zählt jede Substanz – Salz, Säure, Base –, die aufgrund der abgegebenen Ionen die Lösung elektrisch leitfähig macht. Elektrolyte sind im Körper für die Aufrechterhaltung von Zellfunktionen und Flüssigkeitshaushalt zuständig. Das Elektrolyt-Gleichgewicht im Körper ist ein sehr fein abgestimmtes System, das einen gleichbleibenden pH-Wert (der «Säuregehalt» einer Flüssigkeit) und Wassergehalt im mensch-

lichen Organismus garantiert. Zu den Elektrolyten zählen Natrium, Kalium, Calcium, Chlorid und Bicarbonat.

Elektrolytgetränke
Getränke, die Elektrolyte enthalten und die im Sport zum Ausgleich von Flüssigkeits- und Elektrolytverlusten durch Schwitzen bzw. zur Verhinderung von Hitzekrämpfen benutzt werden. Elektrolyte ersetzen jedoch keineswegs den Flüssigkeitsverlust im Körper (Dehydration). Es muss also auf beides geachtet werden: auf Elektrolyte und ebenso ausreichenden Flüssigkeitsersatz. Ein Verlust von z. B. 2 % des Körpergewichts durch ein Flüssigkeitsdefizit kann zu einer Abnahme der muskulären Leistung um 20 % führen.

Empfohlene Tagesmenge
Richtwert für die täglich dem Körper zuzuführende Menge bestimmter Stoffe. Die empfohlene Tagesmenge und der prozentual enthaltene Anteil wird häufig auf dem Etikett von Nahrungsmitteln angegeben. Die angegebenen Mengen beziehen sich allerdings auf den Durchschnittserwachsenen und sind somit nur grobe Richtwerte für eine gesunde Ernährung. Individuelle Unterschiede im Nährstoffbedarf, die z. B. von Alter, Geschlecht, körperlicher Betätigung oder Beruf abhängen, sind dabei nicht berücksichtigt.

Endorphine
Schmerzstillende, beruhigende oder berauschende Substanzen, die im Gehirn gebildet werden und die in ihrer Wirkung den Opiumderivaten, zu denen z. B. Morphin zählt, ähneln. Sie werden vom Körper bei starkem Stress oder übermäßiger Anstrengung freigesetzt.

Energieäquivalent
oder Brennwert (siehe dort). Maß für den Energiegehalt der Nahrungsbestandteile. Er wird üblicherweise in Kalorien oder Joule pro Gramm Nährstoff angegeben.

Energiebedarf
Der Energiebedarf ist abhängig von Alter, Größe, Geschlecht sowie körperlicher und geistiger Aktivität. In ihren Empfehlungen für die tägliche Nährstoffzufuhr gibt die Deutsche Gesellschaft für Ernährung (DGE) wertvolle Orientierungshilfe (siehe dazu im Serviceteil Seite 187 den Literaturhinweis).

Energiegetränke
Sportgetränke, die vor allem Glukose (siehe dort) enthalten und die während körperlicher Belastung verbrauchter Energie so rasch wie möglich ersetzen sollen.

Energieumsatz
Die Verwertung der mit der Nahrung zugeführten Energie und deren Nutzung im Stoffwechsel der Körperzellen. Der Energieumsatz wird in Kalorien angegeben und setzt sich aus Grundumsatz (der Energie, die der Körper im Ruhezustand verbraucht) und den zusätzlichen Energieausgaben des Körpers wie beispielsweise bei körperlichen oder geistigen Anstrengungen, bei Kälte, Schwitzen oder Fieber zusammen. Je länger oder anstrengender die

körperliche oder geistige Arbeit ist, desto höher ist auch der Energieumsatz. Wenn Sie mit der Nahrung mehr Kalorien zuführen, als Sie durch den gesamten Energieumsatz verbrauchen, wird der Überschuss im Körper gesteigert und führt über einen längeren Zeitraum zu Übergewicht.

Entspannung
Durch Entspannung werden Stress und negative Gefühle wie Spannung, Ärger und Angst abgebaut. Entspannungstechniken wie die auf Seite 126 beschriebene progressive Muskelentspannung werden benutzt, um die erwünschte Entspannung herbeizuführen oder vor Wettkämpfen einen optimalen Erregungszustand aufzubauen.

Fahrtspiel
Trainingsform mit Geschwindigkeitswechsel nach individuellem Bedarf. Das Fahrtspiel in seiner relativ unstrukturierten Form wird gerne anstelle des hochstrukturierten Intervalltrainings eingesetzt, um Abwechslung zu erreichen. Es wird auch durchgeführt, um die aerobe und anaerobe Kapazität zu verbessern.

Feldversuch
Wissenschaftliches Experiment, das unter natürlichen Bedingungen durchgeführt wird.

Freie Radikale
Atome oder Molekülbruchstücke, die ein freies Elektron besitzen. Sie reagieren extrem schnell mit anderen Stoffen und sind deshalb nur schwer nachzuweisen. Nachweisbar sind aber die Folgen ihrer Einmischung in den Stoffwechsel und die Schäden, die sie dort verursachen. Sie entstehen in körpereigenen Prozessen wie beim Sauerstoff-Umsatz und bei Entzündungen. Äußere Einflüsse wie Strahlung (Sonne, Höhenstrahlung, UV-Licht), Rauchen, Ozon, Insektenbekämpfungsmittel und bestimmte Arzneimittel führen ebenfalls zur Entstehung von freien Radikalen. Sie werden durch Antioxidantien (siehe dort) im Körper abgefangen und unschädlich gemacht. Wichtig ist deshalb eine ausreichende Zufuhr dieser antioxidativen Stoffe (wie z. B. bestimmte Vitamine) mit der Nahrung.

Fruktose
Fruchtzucker, Kohlenhydrat, enthalten in süßen Früchten und Honig.

Galaktose
Einfachzucker, der in Hefe und Leber enthalten ist, Bestandteil von Milchzucker bzw. Laktose.

Gefäßsystem
In der Fachsprache als vaskuläres System bezeichnet (zum Transport von Flüssigkeiten), das aus dafür spezialisierten Organen und Geweben aufgebaut ist. Spezielle Gefäßsysteme sind das Herz-Kreislauf-System, fachsprachlich das kardiovaskuläre System, aber auch das Lymphgefäßsystem.

Glukagon
In der Bauchspeicheldrüse gebildetes Hormon, das Zuckerreserven im Körper mobilisiert und den Blutzucker ansteigen lässt.

Glukose
Einfachzucker, der als direkter Energielieferant im Körper genutzt wird. Nur wenige Nahrungsmittel enthalten reine Glukose, der Körper erhält die benötigte Menge durch die Aufspaltung von Stärke und Tafelzucker bei der Verdauung. Der Glukosespiegel im Blut, der Blutzuckerspiegel, wird durch die Hormone Insulin und Glukagon geregelt.

Glykogen
Speicherform der Glukose im Körper. Bei erhöhtem Energiebedarf werden die Glykogenreserven rasch ins Blut abgegeben und lassen den Blutzuckerspiegel ansteigen.

Grenzerfahrungen
Seltene Momente höchsten Glücks und vollständiger Erfüllung. Grenzerfahrungen kann ein Sportler im Augenblick der Verwirklichung seiner optimalen Leistung haben. Sportler berichten, dass sie in diesem Bewusstseinszustand gewissermaßen neben sich stehen und dabei höchstes Glücksgefühl erleben. Die physiologische Basis solcher Grenzerfahrungen ist bisher noch nicht geklärt. Näheres siehe auch Runner's High.

Grundumsatz
Verwertung und Umsatz körpereigener Energie im Nüchtern- und Ruhezustand. Er wird in Kalorien angegeben und hängt von Alter, Geschlecht und Körpergewicht ab. Der Energieverbrauch durch körperliche und geistige Aktivitäten ist im Grundumsatz nicht enthalten.

Hämatokrit
Volumenanteil der gesamten Blutzellen, wobei die roten Blutzellen mengenmäßig den größten Anteil ausmachen, ausgedrückt als prozentualer Anteil am Gesamtblut. Seit den Olympischen Spielen 1988 in Calgary ist bekannt, dass Sportler unerlaubt EPO (Erythropoietin) einsetzen, um den Hämatokritwert und damit die maximale Sauerstoffaufnahmefähigkeit (VO_2max) und Ausdauerleistung zu erhöhen, denn EPO steuert die Neubildung der dafür entscheidenden Anzahl roter Blutkörperchen (Erythrozyten), das Blut wird dicker. Das gesundheitliche Risiko des Gedopten besteht darin, dass er bei erhöhter Eindickung (Viskosität) des Blutes und in Kombination mit dauerleistungsbedingter Herzfrequenzverlangsamung (Bradykardie) einen Gefäßveschluss erleidet.

Hämoglobin
Roter Blutfarbstoff, der für den Transport des Sauerstoffs aus der Lunge in den Körper zuständig ist.

HDL-Cholesterin
Spezifische Transportform des wasserunlöslichen Cholesterins im Blut; zuständig für den Cholesterinrücktransport und die Entsorgung der Peripherie von freiem Cholesterin; definiert über die Größe der Transportpartikel (klein bzw. dicht, High-Densitiy-Lipoprotein, HDL): erhöhtes HDL-Cholesterin zählt als Schutzfaktor («gutes» Cholesterin), abgesenktes HDL-Cholesterin (unter 40 mg/dl) als Risikofaktor in der Entstehung der Arteriosklerose und des Herzinfarkts.

Hecheln
Der hohe Atemantrieb, der zu dieser Atemform führt, ist gekennzeichnet von Sauerstoffmangel in den Geweben sowie einer anaeroben Energiebereitstellung. Siehe auch anaerobe Schwelle und Hyperventilation.

HFmax (HF = Herzfrequenz)
Sportmedizinisch übliche Abkürzung für den Begriff «maximale Herzfrequenz», kann in einem standardisierten Belastungstest gemessen werden. Entscheidender als die HFmax ist die jeweilige HF auf einer definierten Belastungsstufe, d. h. bei vorgegebener Intensität (HFrel, relative Herzfrequenz, Herzfrequenzanstieg); die HFrel ist ein Maß und damit ein Beurteilungskriterium für die körperliche Leistungsfähigkeit und kardiorespiratorische Ausdauer (siehe dort), insbesondere für die Ausdauerleistungsfähigkeit.

Hypertonie
Besser: arterielle Hypertonie, bezeichnet den hohen Blutdruck, also dauerhafte Werte im oberen Bereich (systolisch) von mehr als 160 mm/Quecksilbersäule und im unteren Bereich (diastolisch) von mehr als 95 mm Hg. Der Blutdruck ist in vielen Fällen eine Folge der Gefäßwandverkalkung, der Verhärtung und Verdickung der Gefäßwand. Hierdurch verliert das Blutgefäß seine Elastizität, das Herz muss mit höherer Arbeit und höherem Druck den Blutfluss aufrecht erhalten; zudem besteht die Gefahr, dass verkalkte Gefäße dem erhöhten Druck an schwachen Stellen nicht standhalten. Es kommt zu Schlaganfall und Hirnblutung.

Hyperventilation
Übersteigerte Atmung (Ventilation) durch Zunahme von Atemtiefe und Atemfrequenz. Vor kurzen, explosiven Belastungen, wie z. B. vor einem Sprint, ist Hyperventilation theoretisch von Vorteil, da hierdurch mehr Sauerstoff an das Hämoglobin gebunden werden kann. Der Atemantrieb wird dadurch vermindert.

Hypotonie
Zu niedriger Blutdruck, der die Folge z. B. von starkem Flüssigkeitsverlust oder einer Blutung sein kann.

Intervalltraining
Trainingssystem, mit dem innerhalb einer Trainingseinheit jeweils Belastungen (Arbeitsintervalle) mittlerer bis hoher Intensität mit Perioden geringer Belastung (Erholungsphasen) abwechseln.

Kardiorespiratorische Ausdauer
Begriff für die Leistungsfähigkeit des Herz-Kreislauf-Systems, wird entschieden beeinflusst durch die Herzgröße, die Herzfrequenzregulation und die Fähigkeit der Muskulatur, unter Körperarbeit Sauerstoff aufzunehmen und Energieträger (Glukose, Fettsäuren) zu verbrennen. Siehe auch HFmax und VO_2max.

Kardiovaskulär
Das Herz-Kreislauf-System betreffend.

Kardiovaskuläre Leistungsfähigkeit
Fähigkeit von Herz- und Blutgefäßen, die Muskulatur unter Belastung in ausreichender

Menge mit Brennstoffen und Sauerstoff zu versorgen.

Koenzyme
Chemische Stoffe, die zusammen mit Enzymen Stoffwechselprozesse beschleunigen. Koenzyme können Vitamine sein oder enthalten. Koenzym A beispielsweise, das im Kohlenhydrat- und Fettstoffwechsel eine Rolle spielt, enthält Pantothensäure (siehe dort).

Kohlenhydrat-Elektrolyt-Getränk
Sportgetränke, die sowohl Elektrolyte als auch Kohlenhydrate für die Energiebereitstellung enthalten.

Komplexe Kohlenhydrate oder Polysaccharide
Sammelbegriff für Stärke und Ballaststoffe. Sie unterscheiden sich von den Zuckern durch ihren komplexen Aufbau.

Konditionierung
Fachbegriff für Verhaltensänderungen und Verstärkungen, die durch ein Trainingsprogramm erzielt werden.

Koronar
Anatomischer Begriff, zu den Herzkranzgefäßen gehörig.

Laktat
Salz der Milchsäure im Blut. Unter körperlicher Belastung werden bei geringer Intensität niedrige Laktatwerte von 2 bis 4 mmol erreicht, unter maximalen anaeroben Belastungen, wie z. B. beim 400-m-Lauf, können Laktatwerte bis zu 20 mmol erreicht werden.

Laktatanalyser
Messgerät zur automatischen Bestimmung des Laktats in einer Blutprobe aus dem Ohrläppchen oder der Fingerspitze. Das Gerät sollte nur von medizinisch geschultem Personal bedient werden.

Laktose
Milchzucker, der aus Glukose und Galaktose (siehe dort) besteht und im Dünndarm aufgespalten wird.

LDL-Cholesterin
Spezifische Transportform des wasserunlöslichen Cholesterins im Blut; ursächlich für die Versorgung der Peripherie mit Cholesterin; definiert über die Größe der Transportpartikel (geringe Dichte, Low-Density-Lipoprotein, LDL); erhöhtes LDL-Cholesterin zählt als Risikofaktor in der Entstehung der Arteriosklerose und des Herzinfarkts («böses» Cholesterin). Zur besseren Unterscheidung von HDL-Cholesterin (siehe dort), dem «guten» Cholesterin, dient Laien der Merksatz: **L**ASS **D**AS **L**IEBER.

Lipidprofil
Verhältnis der einzelnen Cholesterin-Transportformen im Blut; meist ausgedrückt als Verhältnis aus Gesamtcholesterin zu HDL-Cholesterin oder LDL-Cholesterin zu HDL-Cholesterin; ein niedriges Verhältnis zählt als Schutzfaktor, ein erhöhtes Verhältnis als Risikofaktor in der Entstehung der Arteriosklerose und des Herzinfarkts.

Maximale aerobe Leistungsfähigkeit

Auch als maximale aerobe Leistungsfähigkeit, maximale Ausdauerleistungsfähigkeit und maximale Sauerstoffaufnahme, VO_2 max, bezeichnet. Maximale Menge (V) an Sauerstoff (O_2), die der Luft entnommen, zu den Organen transportiert und dort verwertet werden kann. Sie ist identisch mit der maximalen Sauerstoffmenge, die durch große Muskelgruppen während einer Belastung mit zunehmender Intensität bis zur subjektischen Erschöpfung verbraucht werden kann. Durch ein Ausdauertraining kann die maximale Ausdauerleistungsfähigkeit um etwa 15 bis 20 % verbessert werden. Bei austrainierten Athleten im Ausdauerbereich kann die maximale Sauerstoffaufnahme sogar den doppelten Wert gegenüber Untrainierten erreichen.

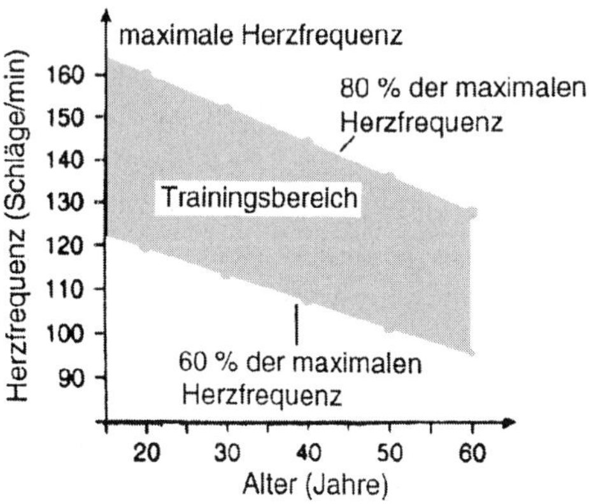

Maximale Herzfrequenz

Höchstmögliche Herzfrequenz, die während einer maximalen Belastung erreicht werden kann. Die maximale Herzfrequenz dient häufig zur Bestimmung der Trainingsherzfrequenz. Sie kann direkt im Versuch ermittelt werden, wie z. B. im Rahmen einer Leistungsdiagnostik. Oft kommen allgemeine Formeln zum Einsatz, etwa die Formel 220 minus Lebensalter in Jahren, die ausdrückt, dass die Maximalfrequenz mit zunehmendem Alter abnimmt. Hierbei handelt es sich allerdings nur um eine Näherungsgleichung mit einer Fehlerbreite von etwa 10 %. Deshalb gilt als akzeptierte Formel: 220 minus Lebensalter plus/minus 10 Schläge pro Minute.

Maximale Sauerstoffaufnahme (VO_2max)

Siehe maximale aerobe Leistungsfähigkeit.

Metabolische Fitness

Begriff zur Beschreibung der im Organismus ablaufenden Stoffwechselprozesse, vorrangig in Bezug auf die Bereitstellung von Sauerstoff und Energieträgern für die arbeitende Muskulatur; eine gute metabolische Fitness schließt somit ein gutes Stoffwechselprofil (siehe dort), eine gute aerobe Kapazität (siehe dort) mit ein; bei zu hohem Körperfettanteil, aber auch durch Überernährung, Fehlernährung und Inaktivität kann es zu Störungen in der metabolischen Fitness kommen, die das Auftreten von Stoffwechsel-Riskofaktoren begünstigen, wie vor allem Altersdiabetes oder Fettstoffwechselstörungen.

Mentales Training

Geistige Vorstellung, wie eine bestimmte Leistung bzw. sportliche Technik durchgeführt werden soll, verbunden mit entsprechend geistigem Training (siehe auch Visualisierung) dieser Vorstellung.

Muskeltonus
Normaler Zustand eines Muskels, der die Bereitschaft des Muskels «ausdrückt», auf einen Reiz mit einem Sichzusammenziehen (Kontraktion) zu reagieren.

Nährstoffe
Sammelbegriff für die mit der Ernährung (Lebensmittel wie auch Nahrungsergänzungen) zugeführten Einzelstoffe; die Nährstoffe werden unterteilt in die Makro-Nährstoffe (Kohlenhydrate, Fette, Eiweiß), Mikro-Nährstoffe (Mineralstoffe, Spurenelemente, Vitamine) und sekundäre Nährstoffe (sekundäre Pflanzenstoffe, Ballaststoffe). Eine ausgewogene und vielseitige Ernährung sichert die Zufuhr aller Makro-, Mikro- und sekundärer Nährstoffe. Abweichungen vom empfohlenen Nährstoffprofil (einseitige Ernährung, überwiegend tierische Lebensmittel) beeinträchtigen die sportliche Leistungsfähigkeit und begünstigen das vorzeitige oder vermehrte Auftreten von Risikofaktoren (siehe auch Antioxidantien).

Omega-3-Fettsäuren
Fettsäuren, die vor allem in Seefisch, manchen Fischölen und Leinsamenöl enthalten sind. Sie wirken antiarteriosklerotisch und reduzieren dadurch das Herzinfarktrisiko. «Fisch gegen Herzinfarkt» ist daher ein guter Slogan, der auch einer wissenschaftlichen Überprüfung standhält.

Petrissage
Massageform, bei der der Masseur den Muskel umfasst und kräftig durchknetet.

Plasma
Flüssigkeit, die mehr als die Hälfte des Blutes ausmacht. Im Plasma wird eine ganz Reihe von Stoffen, wie Proteine, Hormone und Antikörper, durch den Körper transportiert.

Prävention
Vorbeugung. Im medizinischen Sinn Vermeidung von beeinflussbaren Risikofaktoren mit dem Ziel, die Entstehung einer Erkrankung zu verhindern. Bezogen auf Herz-Kreislauf-Erkrankungen bedeutet dies z. B. Senkung des LDL-Cholesterins, Raucherentwöhnung, Abbau von Übergewicht und Bewegungsmangel.

Pulsfrequenz
Zahl der pro Minute über die Schlagadern (Arterien) ablaufenden Druckwellen, die sich an oberflächlich verlaufenden Arterien wie der Halsschlagader oder der «Puls»-Schlagader am Handgelenk tasten lassen. Beim Gesunden sind Puls- und Herzfrequenz identisch, bei Herz-Kreislauf-Erkrankungen können beide Frequenzen voneinander abweichen.

Rehabilitation
Bestmögliche Wiederherstellung der körperlichen Leistungsfähigkeit eines verletzten bzw. erkrankten Menschen. Im Sport wird das Ziel der Rehabilitation darin gesehen, dem verletzten/erkranken Sportler die Wiederaufnahme von Training und Wettkampf zu einer Zeit zu ermöglichen, die unter Berücksichtigung individueller Bedingungen so kurz wie möglich sein sollte.

Risikoprofil
Summe der persönlichen Risikofaktoren, wie z. B. Rauchen, Alkohol- und Drogenmissbrauch, chronischer Stress, Übergewicht, Bluthochdruck, Cholesterinerhöhung. Die Kombination mehrerer Risikofaktoren erhöht das Risiko für die Entstehung von Arteriosklerose, Herzinfarkt und Schlaganfall ganz beträchtlich. Bestehende Risikofaktoren führen zwar nicht immer zur Entwicklung einer Herz-Kreislauf-Erkrankung, aber sie erhöhen die Wahrscheinlichkeit, dass eine solche Erkrankung auftritt. Verschiedene Risikofaktoren können aufeinander einwirken und sich gegenseitig verstärken.

Rückkopplung
Feedback – im Sport die Information, die einem Athleten während oder nach seiner Aktivität mit dem Ziel gegeben wird, ihm eine Bewertung seines Erfolgs bzw. Versagens zu ermöglichen. Diese Form der Rückkopplung wird von vielen Sportlern als der wichtigste Faktor beim Erlernen von Fertigkeiten gesehen.

Runner's High
Ausdruck für das Hochgefühl beim Laufen, aber auch bei anderen intensiven körperlichen Belastungen, das als Folge einer vermehrten Ausschüttung von Endorphinen (siehe dort) gesehen wird.

Spirometer
Gerät zur Messung der Volumina, die im Zuge der Atmung (Ventilation) ein- bzw. ausgeatmet werden.

Spirometrie
Messung der Atmung (Ventilation).

Spurenelemente
Mineralstoffe, die der Körper in winzigen Mengen benötigt. Zu den Spurenelementen gehören u. a. Jod, Eisen, Zink, Selen und Mangan.

Stärke
Komplexes Kohlenhydrat, das aus Glukosebausteinen aufgebaut ist. Stärke ist die wichtigste Energie- und Kohlenhydratquelle der menschlichen Ernährung. Besonders stärkehaltig sind Getreideprodukte, Nudeln, Reis und Kartoffeln.

Stoffwechsel oder Metabolismus
Alle chemischen und physikalischen Prozesse, die im Körper stattfinden, um ihn funktionstüchtig und am Leben zu erhalten. Grundsätzlich werden zwei Arten von Stoffwechselprozessen unterschieden: zum einen die Aufspaltung komplexer Stoffe in einfache Bestandteile, um Energie zu gewinnen (Katabolismus), zum anderen der Aufbau komplexer Stoffe aus einfachen Bestandteilen zur Energiespeicherung und zum Zellwachstum (Anabolismus).

Stoffwechselprofil
Gesamtheit der im Organismus ablaufenden natürlichen Auf-, Um- und Abbauvorgänge, die unser Leben und entsprechend das dafür notwendige Leben der Zellen unserer verschiedenen Organsysteme wie Herz, Gehirn, Leber, Niere, Muskulatur ermöglichen. Mit zunehmendem Alter, zu hohem

Körperfettanteil, aber auch durch Überernährung, Fehlernährung und Inaktivität kann es zu Störungen im Stoffwechsel kommen, die das Auftreten von Stoffwechsel-Risikofaktoren entsprechend begünstigen, z. B. Altersdiabetes, Fettstoffwechselstörungen.

Stretching
Begriff für muskuläre Dehnungsübungen, wörtlich übersetzt Dehnung. Dehnungsübungen der Muskulatur werden zur Verbesserung der Beweglichkeit (Flexibilität) durchgeführt.

Substitutionsgetränk
Kohlenhydrat- bzw. mineralhaltiges Getränk zum Ersatz von Energie bzw. Elektrolyten nach Belastung (siehe auch Elektrolyt- und Energiegetränke).

Superkompensation
Bezeichnung für ein Grundprinzip der physiologischen Trainingsanpassung, um den Organismus nach der Belastung für eine erneute Belastung der gleichen Art besser vorzubereiten. Man entlädt z. B. durch harte Trainingeinheiten im Schwimmen, Laufen oder Radfahren 3–4 Tage vor dem Wettkampf die «Kohlenhydratspeicher», um so eine verstärkte Einlagerung von Glykogen (siehe dort) vor dem Wettkampf zu erzielen. Superkompensation wird daher auch unter der Bezeichnung Kohlenhydratloading durchgeführt (siehe auch Tapering).

Tagesenergieumsatz
Er setzt sich aus dem Grundumsatz (siehe dort) und den zusätzlichen Energieausgaben für körperliche und geistige Aktivität und den Einfluss zusätzlicher Faktoren (Kälte, Schwitzen, Fieber) zusammen.

Tapering
Bezeichnung für die «Zuspitzung» der Leistung für den Wettkampf. Die Gesamtbelastung im Training – Umfang und Intensität – werden verringert, damit der Sportler ausreichende Möglichkeiten erhält, sich aktiv von allen Trainingsbelastungen zu erholen und Energiereserven für den Wettkampf aufzubauen. Am besten mit Trainern oder wettkampferprobten Athleten abstimmen, denn ein falschen Verhalten in dieser Zeit kann den Trainingserfolg einer gesamten Vorbereitungsphase kippen.

Trainingsherzfrequenz
Bezeichnung für die Herzfrequenz unter körperlicher Belastung, die zu einem maximalen Trainingseffekt führt. Für ihre Ermittlung gibt es einige Regeln. Am häufigsten wird von 60 bis 80 % der maximalen Herzfrequenz (siehe dort) ausgegangen. Sie hängt ferner von der Art der körperlichen Belastung sowie dem individuellen Leistungszustand ab. Bei einem anaeroben Training (siehe dort) müssen höhere Herzfrequenzen von bis zu 95 % des individuellen Maximums über relativ kurze Perioden durchgehalten werden, bei einem aeroben Training (siehe dort) niedrigere Herzfrequenzen über längere Zeitdauer. Für Untrainierte gilt jeweils der untere Bereich der angegebenen Bandbreite. Personen, die nicht mehr ganz gesund sind, sollten ihren Arzt nach dem Optimum der Belastung fragen.

Trainingsintensität
Bezeichnung für die Höhe der Trainingsbelastung. Nach dem so genannten Überlastprinzip muss ein Training – in Verbindung mit einer individuellen Leistungsdiagnostik – intensiv genug sein, um eine überdurchschnittliche Anstrengung und damit eine Verbesserung der körperlichen Leistungsfähigkeit zu bewirken.

Übertraining
Trainingsumfang, der zu Überlastungsschäden führen kann und/oder der die Regenerationsfähigkeit in den Erholungsphasen überfordert.

Vaskuläres System
Bezeichnung für Gefäßsystem.

Ventrikel
Bezeichnung für die beiden Herzkammern, die paarig unter den Vorhöfen angelegt sind. Der rechte Ventrikel erhält sauerstoffarmes Blut aus dem rechten Vorhof und pumpt es in die Lungen weiter. Der linke Ventrikel erhält sauerstoffreiches Blut aus den Lungenvenen bzw. dem linken Vorhof. Er pumpt es zur Versorgung des Körperkreislaufs in die Hauptschlagader.

Visualisierung
Form des mentalen Trainings, die ich gerne auch als Psychodynamische Imagination (PDI) bezeichne und mit der sich der Sportler eine genaue Vorstellung (Bild) davon macht, wie er einen bestimmten Bewegungsablauf durchführen und/oder sich in der Wettkampfsituation verhalten will. Im Wettkampf profitiert der Athlet dann von so genannten assoziativen Strategien, indem er seine Aufmerksamkeit z. B. beim Laufen auf Körperfunktionen wie Atmung, Armschwung und Schrittlänge konzentriert oder beim Radfahren das Bild der Pleuelstangen einer Lokomotive vor Augen hat, die sich gleichmäßig stark bewegen. Denkt der Athlet hingegen während des Rennens an eine Schwarzwälder Kirschtorte oder die Party danach, indem er so genannte dissoziative Denkmuster aufbaut, muss er das büßen, denn Profis wie Amateursportler mit assoziativer Technik sind eindeutig denen überlegen, die mit dissoziativen, abschweifenden Denkmustern und mental schwach ein Rennen bestreiten.

VO_2max
Siehe maximale Sauerstoffaufnahme.

Literatur

Aaken, E. v.: Programmiert für hundert Lebensjahre, Celle 1978

Apor, P. u. a. (Hrsg.): Fit und gesund. Triathlon, München 1990

Becker, H.-O./Schenten, D.: Sich selbst und andere bewegen, Offenbach 1995

Bloss, H. A.: Topfit durch Bewegung, München 1993

Boeckh-Behrens/Buskies, W.: Fitness-Krafttraining. Die besten Übungen und Methoden für Sport und Gesundheit, Reinbek 2000

Bremer, D./Engelhardt, M./Hottenrott, K./Neumann, G./Pfützner, A. (Red.): Triathlon. Orthopädische und internistische Aspekte, Ahrensburg 1993

DGE – Deutsche Gesellschaft für Ernährung e. V.: Empfehlungen für die Nährstoffzufuhr, Frankfurt a. M. 2000

Ehrler, W.: Triathlon, Berlin 1993

Engelhardt, M.(Hrsg.): Erfolgreiches Triathlon-Training, München 1994

Engelhardt, M./Neumann, G.: Sportmedizin für alle Ausdauersportarten, München 1994

Freiwald, J.: Aufwärmen im Sport, Reinbek 1991

Hottenrott, K.: Trainingssteuerung im Ausdauersport, Ahrensburg 1993

Hottenrott, K.: Ausdauertraining, Lüneburg 1994

Hottenrott, K./Zülch, M.: Ausdauertrainer Triathlon, Reinbek 2000

Jakowlew, N. N.: Ermüdung im Sport. Grundlagen und Bedeutung, Leistungssport 8 (1978) 6, 513–516

Kempf, H.-D.: Die Herzschule, Reinbek 2000

Kempf, H.-D./Schmelcher, F./Ziegler, Chr.: Trainingsbuch Thera-Band®, Reinbek 2000

Kent, M./Rost, R. (Hrsg.): Wörterbuch Sport und Sportmedizin, Wiesbaden 1996

Keul, J./Hamm, M.: Die richtige Fitness-Ernährung, Heidelberg 1998

Knebel, K.-P.: Funktionsgymnastik, Reinbek 1994

Konopka, P.: Richtig Rennrad fahren, München [4]1998

Konopka, P.: Spaß am Bike, München 1991

Lehmann, M.: Übertraining im Ausdauersport. In: Bremer u. a. (Red.): Triathlon. Orthopädische und internistische Aspekte, Ahrensburg 1993, 85–90

Pfützner, A./Große, S./Baldauf, K./Gohlitz, D./Witt, M.: Koppeltrainin Hauptbestandteil einer triathlonspezifischen Fähigkeitsentwicklung. In: Engelhardt, M./Franz, B./Neumann, G./Pfützner, A. (Red.): Triathlon. Medizinische und methodische Probleme des Trainings, Hamburg 1994, 101–122

Pickenhain, L./Neumann, G./Scharschmidt, F.: Sportmedizin, Bern/Göttingen/Seattle/Toronto 1993

Preuße, U./Horn, H.-H.: Fitness mit dem Thera-Band®, Oberhaching o. J.

Reiß, M./Pfeiffer, U. (Hrsg.): Leistungsreserven im Ausdauertraining, Berlin 1991

Schaar, B./Platen, P.: Inlineskating, Reinbek 2000

Scharnagl, H.: Geistig aktiv und vital bleiben. Wie mentale Stärke und körperliche Aktivität das Altern verzögern. In: Fit und gesund auch ab 50, Heidelberg 1999

Schramm, E. u. a.: Sportschwimmen, Berlin 1987

Schuhn, J. u. a.: bodyfeeling. Toll in Form, Köln 1997

Sommer, H./Rohrscheidt, M. Ch. v./Arza, D.: Leistungssteigerung und Prophylaxe von Überlastung und Verletzung des Haltungs- und Bewegungsapparates im Sport durch «Alternative» Gymnastik. Leichtathletik 51/52 (1987), 1763–1766

Spring, H./Illi, U./Kunz, H.-R./Röthlin, K./Schneder, W./Tritschler, T.: Dehnungs- und Kräftigungsgymnastik, Stuttgart/New York 1986

Steffny, H./Pramann, U.: Perfektes Lauftraining, München 1998

Steffny, M.: Marathon-Training, Mainz 1991

Nützliche Adressen

Attraktive Laufseminare

Die Teilnahme an einem Laufseminar lohnt sich keineswegs nur für Leistungsläufer, die ihre Zeiten noch verbessern möchten, sondern vor allem für Einsteiger, um gerade zu Beginn nichts falsch zu machen. Fragen Sie – deshalb sind unten die Tel. Nr. angegeben –, ob es im Rahmen dieser Angebote tatsächlich auch echte Einsteigergruppen mit Gehpausen gibt.

Arolsen (bei Kassel)

Arolsen (bei Kassel)

Angebot: Lauftraining (Steigerungsläufe, Testläufe, Morgentrab), Leistungsdiagnostik, Vorträge, Stretching, individuelle Trainingsplanung. Zwei Betreuer (Sportlehrer, Trainer) Kosten: 145 DM (1 Übernachtung) bis 365 DM (2 Übernachtungen) ohne Verpflegung.

Teilnehmer: 20; geeignet für Fitness- und Freizeitläufer bis Läufer nationaler Klasse.

Info: Interessengemeinschaft der Langstreckenläufer (IGL), Heinz Spies, Tel. 0421/372797

Bad Wildungen

Bad Wildungen

Angebot: Laufwochen mit Training, sportmedizinische Leistungsdiagnostik, Therapie, Regeneration. Vier Betreuer (u. a. Ralf Salzmann). Kosten: ab 889 DM (1 Woche).

Teilnehmer: 12 bis 15; geeignet für Freizeit- bis Leistungssportler.

Info: Medizinisches Zentrum Parkhöhe, H. Drescher,
Tel. 05621/703621

Dessau (Holsteinische Schweiz)

Dersau (Holsteinische Schweiz)

Angebot: Zielgerichtetes Lauftraining mit Technikschulung, Gymnastik, Lehrgespräche, Verletzungsvorbeugung, Trainingsanalyse. Zwei Betreuer, Kosten: 350 DM ohne Verpflegung.

Teilnehmer: maximal 13; geeignet für Anfänger bis Marathonläufer.

Info: Laufsportschule Andreas, Tel. 04526/1511

St. Moritz

St. Moriz

Angebot: Lauftraining (80 km/Woche), Laufschule, Aquafitness, Stretching, Vorträge, Diätberatung. Kurs auch als Marathonvorbereitung. Vier Betreuer (u. a. die ehemaligen Spitzensportler Dr. Thomas Wessinghage, Dietmar Millonig). Kosten: ab 1200 SFR.
Teilnehmer: bis 48; geeignet für ambitionierte Anfänger wie für Fortgeschrittene.
Info: Ryffel Running Kurse, Tel. 00411/31/9527552

Titsee-Neustadt (Südschwarzwald)

Titisee-Neustadt (Südschwarzwald)

Angebot: Walking- und Lauftraining, auch MTB und Skilanglauf, Vorträge, Laufstilanalyse (Video), Trainingssteuerung nach Herzfrequenz, Laktatmessung, orthopädische und Materialberatung, Gymnastik, Ernährungsberatung, Vollwertkochen. Sieben Betreuer – und zwar ehemalige Spitzenläufer (Herbert Steffny, Charly Doll), Sportärzte, Olympiasieger Georg Thoma. Unterkunft: Vier-Sterne-Hotel. Kosten ab 395 DM (Wochenendkurs) bzw. 958 DM (Laufwoche) inklusive Halbpension.
Teilnehmer: Maximal 30; geeignet für Laufeinsteiger bis Elite.
Info: Herbert Steffny, Run Fit Fun, Tel. 07651/8915, Fax 88136

Fitness, Entspannung im Wasser, Trendsport

Fitness, Entspannung im Wasser, Trendsport

Forever Fit/Performance GmbH
Yorckstraße 20–22
93049 Regensburg
Tel. 0941/396060
Fax 0941/3960620

Deutscher Sauna-Bund e.V.
Kavalleriestraße 9
33602 Bielefeld
Tel. 0521/966790
Fax 0521/9667919

Deutscher Fitness- und
Aerobic-Verband e.V. (DFAV)
Potsdamer Platz 2
3119 Bonn
Tel. 0228/725300
Fax 0228/7253025

Top-Adresse zur Vorbereitung auf Triathlon, Duathlon, für Leistungsdiagnostik und Trainingsbetreuung

Krankengymnastin und Heilpraktikerin, Ernährungsberaterin sowie einem Sportpsychologen beraten.

proformance bietet mehrmals im Jahr eigene **Seminare** zu sportmedizinischen und trainingswissenschaftlichen Themen an.
Gruppen, Vereine und Firmen können eigene Seminare bei proformance buchen.

proformance führt in Zusammenarbeit mit «Freizeit Aktiv Reisen» **Sportreisen** in attraktiver Umgebung mit breiter Angebotspalette und professioneller Betreuung durch.

proformance hält Sie über technische Neuerungen zur Leistungsoptimierung auf dem Laufenden und bietet über *proformance-sales* die Möglichkeit an, individuell geeignete **Produkte** direkt zu beziehen.

proformance hat **Sportkompetenz**.
Die Institutsleiter sowie die Mitarbeiter von proformance besitzen neben dem theoretischen Fachwissen umfangreiche eigene sportliche Erfahrungen.

Stefanie Soeder, Ärztin, verschiedene sportjournalistische Tätigkeiten, mehrfache Deutsche Meisterin (Leichtathletik/Duathlon)
2-fache Weltmeisterschaftsteilnehmerin Eliteklasse Duathlon, Weltcup-Top10-Platzierungen Duathlon

Stefan Nüsser, Diplomsportlehrer, ehemaliger Europameister BMX und ehemals Fahrer Motocross international, Straßenradsport und Mountainbike

Kontakt und Info:
proformance-Instiut für Leistungsoptimierung
Löhdorferstraße 22
42699 Solingen
Tel.: 0212/650290
Fax: 0212/6500113
E-Mail: info@pro-formance.de
Internet: www.pro-formance.de

Bildnachweis

Fotos
Christian Aigner S. 34, 35, 125, 127
Allover (Marco Stirn) S. 43
Mike Harker S. 138, 143
Jürgen Ruoff S . 11
Kirsten Stenzel S. 91
Arne Weychardt S . 96
Franz Wöllzenmüller S. 65, 66, 67, 103, 117, 118

Grafiken, tabellarische Übersichten
AMS/Rudolf Kempf S. 20, 21, 29, 32; 55, 58, 59, 157 (nach Ph. Scheuer); 69 (nach R. Benedix); 133, 135, 137, 139, 140, 145; 190/191 (nach proformance/St. Soeder)

Der Autor

Hermann Scharnagl ist Verlags- und Medienfachmann, Sachbuchautor und Ausdauersportler.
Vor seiner Selbständigkeit mit einem Autoren- und Medienservice sowie Sportmarketing-Service war er für namhafte Verlage als Cheflektor und Verlagsleiter tätig.
Er ist selbst seit vielen Jahren begeisterter Triathlet. Indem er einen ganzheitlich orientierten aktiven Lebensstil nicht nur propagiert, sondern auch praktiziert, zeigt er, dass Erfolge im Beruf mit guten Leistungen im Sport vereinbar sind und sich gegenseitig sogar bedingen. So verkörpert er das in diesem Buch vermittelte Know-how und ist der lebende Beweis für die erfolgreiche Wirkung der hier empfohlenen Programme.